引领交通学科，镌刻时代印记

——同济大学杨佩昆教授学术生涯

同济大学交通运输工程学院 交通工程系 综合交通信息与控制工程系 编著

同济大学出版社
TONGJI UNIVERSITY PRESS

内容简介

杨佩昆先生为同济大学交通工程学科的建立和发展做出了卓越的贡献，也是我国交通工程学科主要的开拓者和奠基人。本书真实记录了杨佩昆先生从事交通工程学科六十余年的教学研究历史，包含了杨佩昆先生1950年参加高考进入上海复旦大学土木系学习至今的教学科研历程，详细记录了杨先生的交通工程教学研究之道，并系统梳理了六十年来同济大学交通工程学科在学术研究和工程实践方面的发展历程，展现了同济大学交通工程学科的学术底蕴与学科精神。

本书适合希望了解交通工程学科的一般读者阅读。

图书在版编目（CIP）数据

引领交通学科，镌刻时代印记：同济大学杨佩昆教授学术生涯 / 同济大学交通运输工程学院交通工程系，同济大学交通运输工程学院综合交通信息与控制系编著 . -- 上海：同济大学出版社，2020.5

ISBN 978-7-5608-8851-4

Ⅰ . ①引… Ⅱ . ①同… ②同… Ⅲ . ①杨佩昆－纪念文集 Ⅳ . ① K826.16-53

中国版本图书馆 CIP 数据核字（2020）第 007828 号

引领交通学科，镌刻时代印记——同济大学杨佩昆教授学术生涯

同济大学交通运输工程学院 交通工程系 / 综合交通信息与控制工程系 **编著**

责任编辑 高晓辉 宋 立 责任校对 徐春莲 封面设计 钱如潺

出版发行 同济大学出版社 www.tongjipress.com.cn

（地址：上海市四平路1239号 邮编：200092 电话：021-65985622）

经 销 全国各地新华书店

印 刷 上海安枫印务有限公司

开 本 710mm × 980mm 1/16

印 张 14

字 数 280 000

版 次 2020年5月第1版 2020年5月第1次印刷

书 号 ISBN 978-7-5608-8851-4

定 价 82.00元

写在出版前的“读后感”

《引领交通学科，镌刻时代印记：同济大学杨佩昆教授学术生涯》即将出版。老师信任，写序不敢，回忆学生受益老师教导和帮助的史实，融入书中，十分愿意。

难忘的60年代第一春。这就是那个时代，兴高采烈，进入同济大学的校门，专业就是城市建设系城市建设专业，现在正好相隔一个甲子。读《引领交通学科，镌刻时代印记：同济大学杨佩昆教授学术生涯》，十分亲切，五年学习生活再现、崇明岛劳动时的师生合影、我们年级的毕业照留影、毕业30周年纪念的聚会、同济大学百年校庆、2012年八十华诞寿筵……受启蒙教育至今已经六十年了，杨先生学术人生、为师品行等历历在目，又一次回忆。

回忆当时课程，“城市道路与交通”“城市运输”“城市经济和运行”等，城建教研室为我们专业编写教材，新专业和新教材，创新艰辛。回忆自1965年毕业之后不同岗位的那些事情，社会实践丰富了我对城市道路交通内涵的认识，城市道路交通不只是适应机动化提升的需求，更重要的是改善城市土地空间利用，完善城市功能。想讲的是，基础是当年“城市道路与交通”的课程。

20世纪70年代中，张秋先生来华讲学之后，全国多所高校开设了交通工程专业，出版交通工程学教材。一般都认为这是中国交通工程学科的起步。回顾我大学学习期间，20 世纪 60 年代初，我们的课程使用教材《城市道路与交通》，尽管那时私家车极少，自行车也是难求的“奢侈品”，以解放牌 4 吨卡车为机动车研究对象，研究城市道路快慢车道宽度为主的结构要素、统计并预计交通流量确定机动车道数、研究最关键矛盾要点——交叉口运行效率，这是我们的交通工程的启蒙课程 (见该教科书目录)。从交通入手讲城市道路设计，从纵断面到横断面，从地上路面竖向设计到地下的管线布局，公交车站的港湾设计等。可以讲，《城市道路与交通》就是适合我国国情的第一本交通工程教材，是交通工程学科的雏形。

读完本书稿之后，知道了更多的信息：在“文革”后期，杨佩昆先生沉心图书馆，研究国际动态，适应机动车化发展，推动交通工程学科建设；适应工业化、信息化发展，开展前沿研究，硕果累累；与时俱进地建设交通工程学科，培养工程技术和科研人才。

讲到为同济大学申请、经教育部批准办城市交通交叉学科的事情，要回顾城建专业的学生背景，自任职主管城市交通的建设部城建司司长讲起。1994 年 8 月，我代表建设部与世界银行签订备忘录，我国第一次组织国际和国内专家、世行亚行官员和专家、地方城市政府共同参与和开展了我国大城市交通问题课题研究。经历了一年多工作，形成了专题报告（*WORLD BANK DISCUSSION PAPER NO.352*），英文版由世界银行出版。以此，于 1995 年 11 月由建设部、财政部、中国人民银行、世界银行、亚洲开发银行在北京召开了“中国城市交通战略研讨会”，来自中央十余个部委和 50 个城市政府的工作人员，以及同济大学、东南大学、清华大学等学校和相关科研机构的教授、学者参会。同济大学徐循初、杨佩昆、姚祖康等老师参会。会议内容“涉及机动化、交通污染、交通运输管理体制、公共交通改革、大运量快速交通系统建设、交通基础设施私人融资、道路使用——收费、城市土地利用——交通模式、交通规划等诸多领域”。着重要提到的是杨佩昆先生受邀担任此会的执委。会议形成共识，发布了纲领性文件《北京宣言：中国城市交通发展战略》，提出了指导我国城市交通发展的五项原则以及衡量城市交通规划和政策的四项标准；提出了城市交通行业应采取的八项行动。详见《中国城市交通发展战略》一书(中国建筑工业出版社 1997 年 7 月版)。这就是城市交通交叉学科的雏形。

我在工作岗位上也反复思考，如何建设通达、安全、环保的城市交通。城市政府有责任支持国家总体目标，又要更好关注城市规划的实施和居民的出行需求。基于城市规划、城市道路与交通、城市运输、城市经济和运行等课程的知识和实践活动，形成我至今推进“城市交通学”的基本认识。我国经历了自行车王国到快速机动化时代，经历了住房和房地产业带动城市快速增长及城市交通拥堵。自 2013 年以来，由国际欧亚科学院中国科学中心发起，同济大学交通学院等著名高校院系、中国城市规划设计研究院和北京交通发展研究院、各地城市交通研究单位等 30 多个单位，自发组织了“中国城市交通发展论坛”，定期不定期地开展小范围的敞开性思想学术交流，研讨公众关注的焦点问题，特别是新型工业化、高速城镇化、快速发展信息化时期，城市交通遇到的问题和对策，必要时向国务院领导和有关部门建言。

2015 年 5 月，城市交通规划学会在杭州市举办年会，已经 83 岁高龄的杨佩昆先生就坐在贵宾席上。这次会议我报告的题目是“论‘城市交通学’”，是论坛成员单位的集体心声，提出以多学科的思维、系统论的方法研究城市交通——“城市交通学”。这时候我得到的最大支持来自杨佩昆先生，因为是启蒙老师的力量。尊敬的杨先生为我发表在《城市交通》2015 年第 5 期的《论“城市交通学”》文稿提修改意见，连同文字的错误都一一帮助纠正。四年来，杨先生一直关注、推动着建立城市交通交叉学科的进展。

《城市道路交叉口规划规范》倾注了杨先生 50 多年来的心血。在《城市道路与交通》里交叉口是独立的一章。在学生时代，我和同学还参加了上海市西藏南路延安东路交叉口、虬江路天目路交叉口的流量统计分析。读了本书稿，始终有条主线，就是不同时代，对交叉路口研究从实践开始不断深入，从感性认识逐步理性化思考，从国内实际到国际经验和理论的融合，从统计数据画“正”字开始到信息化时代的数据统计分析，50多年的里程，跟随着时代曙光一步一步走过来。特别自1998年起让成果上升为上海地方规程，继续花了近八年时间，2011年完成了国家规范编审工作，即《城市道路交叉口规划规范》，并获得了主管部门的“优秀规范奖”。可以讲，这是全体城市交通规划工作者给杨先生八十华诞的生日礼物，规范的技术路线体现杨先生的理念和方法。交通工程学科有系统的内容，但交叉路口是不可回避的课题。从学科带头人的角度，全面推进交通工程学科中又突出城市交叉路口的独特优势，可以讲是对杨佩昆先生的学术生涯的描述。

六十年的师生友情，祝福杨佩昆先生健康快乐！

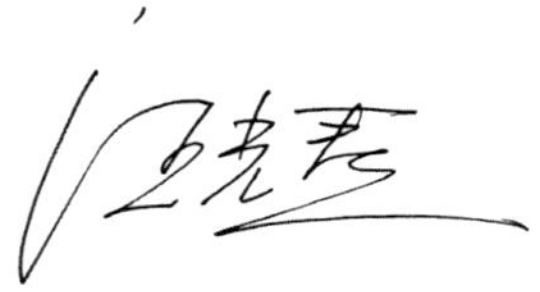

2020年2月

前　言

杨佩昆先生为同济大学交通工程学科的建立和发展做出了卓越的贡献，也是我国交通工程学科主要的开拓者和奠基人。1961 年，在老一辈教授带领下，并在总结和提升同济大学城市建设专业 5 年教学与研究的基础上，杨佩昆先生参编完成了全国第一本《城市道路与交通》统编教材，“交通”这一名词在国内高校教科书中首次正式亮相。之后，杨佩昆先生带领学生开展自行车通行能力、交叉口信号控制等教学科研工作，开启了中国“城市道路与交通”教学以及今后发展研究“交通工程学科”的大门。1979 年，同济大学成立了中国大陆第一个交通工程研究室；1983 年以后同济大学又相继获批交通工程学科国内第一个硕士点、博士点、博士后流动站等，同济交通工程学科走上快速发展的道路。

作为交通工程学科发展的奠基者与践行者，同济大学交通工程学科乃至中国交通工程的发展历程，杨先生都如数家珍。为真实记录杨佩昆先生从事交通工程学科 60 余年的教学研究历史，通过同济大学出版社选派编辑采用面对面采访杨佩昆先生，编辑整理杨先生口述实录，收集不同时期的重要文字和图片资料，并最终交由杨先生审阅修改的方式完成了本书的写作。本书的主要内容包含了杨佩昆先生 1950 年参加高考进入上海复旦大学土木系学习至今的教学科研历程，详细记录了杨先生的交通工程教学研究之道，并系统梳理了六十年来同济大学交通工程学科在学术研究和工程实践方面的发展历程，展现了同济大学交通工程学科的学术底蕴与学科精神。

身系百年同济，杨佩昆教授投身交通工程研究一甲子，桃李天下，践行了“同心同德同舟楫，济人济事济天下”的同济精神。时至今日，杨先生仍坚持奋斗在交通工程研究和实践的第一线，学而不厌，诲人不倦。编写本书，既是为了传承历史，更是为了弘扬老一辈交通学者几十年如一日，孜孜不倦潜心研究的伟大精神，通过此书表达我们对同济大学交通工程学科老一辈开拓者的崇高敬意。同时，也是为了总结经验教训，为青年学者们留下一笔宝贵的历史财富。

本书的编写得到了同济大学党委宣传部、交通运输工程学院的大力支持，交通工程系、综合交通信息与控制工程系组织以李克平、杨晓光、倪颖教授等为核心的团队开展编写工作，编写过程中得到了交通工程系、综合交通信息与控制工程系多位老师的大力支持和帮助，杨佩昆先生的弟子们也集思广益，为本书的最终出版出谋划策。全书由高晓辉编辑统稿，在此一并感谢。

同济大学交通工程系、综合交通信息与控制工程系
2020 年 1 月

目　录

写在出版前的“读后感” / 汪光焘

前言

第一个人生转折点……001

教学改革，学习苏联教学体制……005

单打独斗的助教生涯得锤炼……009

第二个人生转折点……017

勤获交通工程学术研究“第一桶金”……029

“山中无老虎，猴子称大王”……037

十年动乱躲不过的磨难……042

蹉跎岁月中酝酿“中国交通工程”……047

幸得学术研究“第二桶金”……056

受邀参与译、编工作……059

自行车王国中探求车流规律……062

李国豪支持创建国内第一个交通工程研究室……071

第一个先机：第一个公派赴美进修交通工程的访问学者……079

推广效益显著、简单易行的“新式交叉口” …… 090
第二个先机：同济大学成为国内第一个培养交通工程学科研究生的高校 …… 105
第三个先机：主持国家“七五”重大科技攻关项目 …… 111
国内外学术交流 …… 124
同济大学设立交通工程本科专业，1984 年开始招收本科生 …… 144
三次答辩赢得世界银行贷款资助项目 …… 148
最早走进“智能交通（ITS）”的中国践行者 …… 154
完成国家标准《城市道路交叉口规划规范》 …… 164
芬芳桃李，设立人才基金敬师恩 …… 197
编后记 …… 203
附　录 …… 206

第一个人生转折点

大学里的一位同窗被杨佩昆视为政治思想的启蒙人和引路人，是对其人生影响最大的人，为他主动选择人生道路打下了思想基础。大学时代是他人生政治思想的转折点。

1950 年，杨佩昆参加高考，这年的 5 月 26 日，教育部发布了新中国第一份高校招生考试文件《关于高等学校一九五〇年度暑期招考新生的规定》，要求各大行政区教育部门“根据该地区的情况，分别在适当地点定期实行全部或局部高等学校联合或统一招生”。当年，上海设立了南北两大区域统一考试的考场，考试时间是错开的，两个区域的考试，杨佩昆都报名参考了。南区，他第一志愿报考上海交通大学土木工程系，第二志愿报考复旦大学土木工程系；北区，第一志愿报考清华大学土木系，第二志愿报考燕京大学。结果，考分不高，南区考取了复旦大学，北区燕京大学录取了他。最后他放弃了燕京大学，就近进了复旦大学土木工程系（以下简称复旦土木系）。

1950 年秋天，杨佩昆跨进复旦大学的校门后，只上了一年级的课程。1951 年，因复旦大学没有工学院，土木工程系设在理学院，不符当时的院系归属系统，复旦土木系就被调并到上海交通大学（以下简称交大）土木工程系。

在复旦进交大那一学期的开学前——按那时交大惯例，新进校的学生都要在校医院做体检——杨佩昆被检出轻度肺结核，系幼年时患过的肺病复发。交大规定：患轻度肺结核的学生可以上课学习，但必须住进一栋专供肺病学生住的名叫电信斋的宿舍，在生活上与其他同学隔离起来。杨佩昆被安排与

图 1　陈国彬照片

图 2　电信斋同班小组同学合影

陈国彬同学（图 1）住一间房间。陈国彬比杨佩昆年长一两岁，是土木系高一班的同学。他是四川人，个子不高，学习努力，能说会道，出口成章，对客观事物敏感，很会分析问题，与杨佩昆以前接触的那些同学都不一样。后来才知道，他是中共地下党党员，曾担任过上海市学联主席。陈国彬为人诚恳谦虚，他像兄长一样关心杨佩昆，杨佩昆很快就被折服，很愿意与他接近。

秋季学期，杨佩昆转到交大土木系读了半年书。春季学期，交大开始展开包括老师、学生在内的知识分子思想改造运动。期间全部停课，学生以 6~8 人为单位，编成学习小组，杨佩昆和其他 5 名住电信斋的同班同学编为一个小组（图 2）。

运动要求每一个从旧社会过来的知识分子以自我检查、批评与自我批评的方式，作个人检讨，检讨身上存在的资产阶级和小资产阶级思想及其表现，来一个“洗心革面”。检讨被组内成员认为不认真、不深刻的成员，会被帮助教育；仍不能被认可的，会受到批评。杨佩昆从小家中虽称不上大富大贵，但始终衣食无忧，零用钱花起来也比较随便，还常从家中带些小吃食品到宿舍来吃。他在交大的学习成绩还算不错，但显得很轻松，不是那种看上去十分刻苦、十分勤勉的样子，他的外在表现甚至让同学们觉得有点“吊儿郎当”。

陈国彬不仅是杨佩昆的“病友”，还是他的诤友。思想改造运动一开始，陈国彬根据同杨佩昆共同生活半年的经历，很直爽地指出杨佩昆身上的小资产阶级行为与思想表现。杨佩昆乍听之下，惊愕、不理解：什么是小资产阶级行为与思想？居家生活，读书还算用功，从不逾矩，哪里来的小资产阶级行为？冥思苦想了几天，想到与同一学习小组中生活勤俭朴实、学习勤奋努力的同学相比，自己的生活习性、学习态度确有问题；再想到自己在中学时代瞒报免交学费的不规矩行为，第一次意识到自己身上原来还有那么多“不健康”的思想与行为，实在不符陈国彬所讲新社会思想与行为的标准。他才理解到这是陈国彬在给他指路、引导。

于是，杨佩昆立改前几次自我批评时的敷衍态度，把中学时代热衷于吃吃玩玩的“坏思想”、蒙骗免交学费等糗事统统抖了出来，受到学习小组同学的表扬，小组长还把他这种自我检讨的情况向上级作了汇报。上级选定他作为自觉思想改造的典型，要他到全校大会上去作公开检讨。杨佩昆在台上向全校师生交代了自己的“坏思想”和骗钱糗事。他在会上诚恳表态：要洗心革面，与过去的小资产阶级生活方式和思想决裂，努力按照新社会的要求做一个积极的、在政治思想上要求进步的新人。会后不久，小组长来动员他参加新民主主义青年团，并愿做他的入团介绍人。杨佩昆欣然提交了入团申请报告，并很快被吸收成为一名新民主主义青年团团员。后来，他还被选为学生代表，作为联络员，派去旁听教师的思想改造活动。这场“思想改造运动”成为彻底改变杨佩昆人生的转折点，他因此十分感念陈国彬这位政治思想上的启蒙人、引路人。

在以后的日子里，两人一直保持着很好的关系。陈国彬毕业后被派去建铁路，这是他大学里学的专业。他去建的是大庆油田的铁路，一开始，建设大庆油田是保密的，杨佩昆在很长时间失去了他的消息。很多年以后，他在《上海交大报》的“思源校友年度捐赠”版上看到了陈国彬的名字。于是，他到交大校友办公室去请求帮助，欣悉了陈国彬的通信地址与电话号码。

杨佩昆一回家就用电话与陈国彬重叙旧情，以后逢年过节杨佩昆都会打电话问候他。在杨佩昆心里，陈国彬被视为对自己改变人生政治思想有重大影响的一位诤友。

上海交通大学的土木系，从三年级开始分四个专科，即结构、铁路、市政、公路。这些都是当时国家建设的急需专科。但在人们的一般认识中，其中公路科将来要去修筑公路，首先要跋山涉水去定线，都是没有路的地方；开山筑路还要爆破，环境很危险。在人们的心目中，干这一行艰苦、危险，没有多大前途。当时系里要求学生们自行报名，选学哪一个专科。

杨佩昆原来想与陈国彬一样，报选铁路科。后来看到班里的团支部书记顾嘉麒和几位团员带头选了公路科，他想："自己也是团员，而且在全校大会上曾宣誓要求进步，应克服怕艰苦、计较个人得失的思想，我也该报名！"在这件事情上，杨佩昆没有征求家里人的意见，完全自主决定。最后，一共有 8 名学生报名选学了这门专科。

因为是自己选择的专科，杨佩昆学得很认真，也很开心。他晚年时回忆，在交大三年级之前没有分专科时，自己的成绩很一般，分专科后，成绩最好的同学去了结构专科，而在交大公路专科班里，直到院系调整后进同济"汽车干路与城市道路专业"，自己也可算是最好中的一个了。也许正因为喜欢这个专业并用功学习的人数少，杨佩昆容易得"最好"。这时的"最好"，却又孕育了他以后几十年中诸多的"最好"。

教学改革，学习苏联教学体制

新中国成立以后，受到帝国主义的全面封锁。20世纪50年代，从政治、社会、经济体制到文化、教育方方面面，新中国都在向苏联学习。

那时候流传的一句口号家喻户晓："苏联的今天就是我们的明天。"民众大多认为，社会主义阵营"老大哥"苏联的一切都是先进美好的，大学更是全面学习苏联。1952年思想改造运动结束之后，全国开展高校院系大调整。那时，上海有两所设有土木系的国立大学：交大（复旦土木工程系已于1951年调整到交大）、同济；五所私立大学：大同（校长就是以后当同济副校长的吴子翰教授）、光华、大夏、圣约翰和震旦（设有建筑系）。上海所有公、私立高校的土木、建筑系全都并入同济大学，同济大学的非土木、建筑系则分别并入其他高校。至此，同济大学从综合性大学变为以土建为主的单科性工科学校。从此，国内高校全是公立大学。

1952年暑假期间，由当时土木系中设有结构、公路、铁路、市政各科的国立和私立大学各派代表来同济，按科分组，参加"学习苏联高校教学体制学习会"（以下简称"学习会"）。公路科，交大派陈本端教授为代表，派龚雨雷以教师代表身份、杨佩昆以学生代表身份来当秘书；私立大学派曾任光华大学教授的翁朝庆参会。陈本端曾任交大土木系主任，1952年前在当时的《工程建设》杂志上，连续两期发表了《苏联柔性路面设计》（上、下）两篇文章。思想改造运动后期，华东行政区交通部长黄逸峰来交大做动员老师学习苏联先进科技的报告，报告中就以陈本端的文章为例，表扬了陈本端。陈本端成为当时学习苏联先进科技的模范。

龚雨雷老师在思想改造运动初期，是土木系教师思改组中态度最积极、交代问题最清楚的一位年轻老师，后来，同杨佩昆一样，被土木系教师思改工作组选为联络员。两人一起在土木系教师组中做记录，向工作组汇报。

“学习会”的第一阶段是学习苏联高校的教学体制。苏联高校学制为五年，教学组织设置体制不同于过去高校的校—院—系体系，而是校—系—教研室—专业体系，对教学管理体制非常严谨细致：各个专业都有一套“教学计划表”，表中列出五年中每学期须学的全部课程、每年暑期实习的安排以及最后一学期须做的毕业设计，毕业设计须经答辩委员会的审核通过；每位任课老师必须制订其课程全部教学内容安排的“教学大纲”，“教学大纲”须经教研室讨论通过；任课老师还须按“教学大纲”制订一份精细到每门课程每次讲什么内容的“教学日历”。龚先生注意到：苏联有一个与交大公路科对口的“汽车干道与城市道路专业”（后来简称“道路专业”）。这个专业的“教学计划表”中，列出须学的基础课与其他土木类专业差不多，但在课程的学时安排上有较大的差异，学时比其他专业多的课程有测量、地质、水力水分等；学时比其他专业少的课程有力学类课程、桥梁等。但专业课程，除主课“公路工程”“筑路材料”外，还有“城市道路设计”“道路施工组织设计”“公路工程养护管理”“路面路基结构”等，而没有相邻的“铁路工程”“给水、排水工程”“城市规划”等与汽车干道、城市道路相关的知识。这个专业的实习内容，第一年是认识实习，以后按序是测量与地质实习、定线实习、施工实习。龚先生一面对苏联教学管理体制的严谨和实习内容的安排深有所感，说：怪不得苏联能出人才，发展科学。但对课程设置的专业化，他感叹说：这“专业”学习的知识面太狭窄，不能与交大土木系公路科相比，毕业后就业的适应能力太差，可能因此不知道在设计城市道路时，要怎么符合城市规划的意图；在修建城市道路时，不知道怎么与给、排水管道相处等。陈、翁两位教授对龚先生的这些见解，点头赞同。接着他提出建议：精简“道路施工组织设计”“公路工程养护管理”“路面路基结构”等课程的内容，并入“公路工程”课内，增加相邻的“铁路工程”与相关的“给水、排水工程”课程。陈、翁两位表示同意，但说这样大的改动恐怕要请示一下。结果是一点都不能改动。

第二阶段是讨论如何把五年制改成当时实行的四年制。讨论的关键问题是如何把在五年内学习的课程压缩在四年内学完。这下可是好机会，陈、翁两位老师分别提出各自的意见；龚先生则再次提出上次的建议，但是没有提及要增加其他课程。还是照样要请示，答复是课程设置不能改动，可以酌情减少每门课程的学时数。龚先生十分无奈。作为学生代表的杨佩昆，在这样的学习会上，只有学习的资格。间或老师们问杨佩昆有什么意见时，他也只能以笑代答。但在这次会上，他却学得了苏联教学体制的一整套教学工作的安排；从老师们的讨论中，还学得了龚先生发表的对苏联教学体制、实习安排、课程设置优劣的整体评价和改善课程设置的建议等见解，深受教育，对他以后当助教及系秘书的工作，助益匪浅。

到了 1953 年 2 月，学校甚至将苏联的排课方式也搬过来，采用“六节一贯制”：早上 7：30 上课，中午 12：45 下课，整个上午连上六节课。中间休息时，全校发放馒头给学生当点心垫饥。下午不上课，全是学生自学时间。晚上，学生必须按时集中到教室晚自修，各门课程的助教按规定时间到教室来为学生答疑或向学生质疑。同学们大都努力学习。

随着院系调整，杨佩昆也从上海交通大学来到了同济大学。他在交大所在的是土木工程系公路组，到了同济后，自然对口成了当时同济所设“公路与铁路工程系”（这个系分合变化十分频繁，后来变成了单独的“道路工程系”）汽车干路与城市道路专业的学生。这个班级，从交大来了四五个学生，其他高校来了六七名学生，首届汽车干路与城市道路专业共 11 名学生（图 1）。

杨佩昆来到同济后，明显地感觉到，这里接受的苏联教学模式与在交大所接受的欧美系教学模式有很大的不同。在交大土木系公路科时，学习的课程涉及土木工程范畴的诸多方面，培养的学生知识面较为宽广；而来同济后，苏联模式的道路专业，专业课虽有好多门，却只相当于交大土木系公路科的“公路工程”一门课。由此亲身感受，更加深了对龚先生提出的对苏联专业化课程设置的批评与改善建议等高见的钦佩。

1949 年后，中国百废待兴，人才紧缺，急需大学毕业生。高年级的学生被组织参加了治理淮河的重大工程。杨佩昆这一届学制缩短为三年。原本排在最后两年的课程要并作一年学完，也就只能学两门主课，无法安排学习其他课程了。

思想改造运动、院系调整之后的一年大学生活，使杨佩昆从一个懵懵懂懂的少年人变为有明确人生观、价值观和责任感的有志青年。

图 1　同班同学与系主任陈本端教授合影

单打独斗的助教生涯得锤炼

在前辈师长的潜移默化中成长。杨佩昆在八年的助教生涯中从未懈怠，他所有的学习和付出都在日后得到了回报。

1953年夏天，杨佩昆大学毕业，班里的同学被分配到全国各地，只有他一个人留校在道路教研室当助教。班级团支部书记顾嘉麒，分配到国家计划委员会，又被国家计划委员会安排去青海省计划委员会建设工程咨询公司工作，后任公司总经理。他们班日后还出了三位省交通厅厅长：陈冠军为江苏省厅长，曹右元为辽宁省厅长，熊秋水为陕西省厅长。还有薛振维在成都当交通局长，赵有庆在上海浦东工务所当所长，梁富权、周远棣、周常宣在重庆交通学院当教授等。其他失联的同学，也大多在各自的岗位上为国家道路建设做出了卓越的贡献。

这一年，分配给同济各系的助教有七十几位，因人数众多，选派代表集体报到。报到后，学校即组织这批新助教突击学习俄语三个星期。

当时，比杨佩昆高一届的学长沙庆林，是道路教研室里唯一一位助教。就在杨佩昆大学毕业这一年，沙庆林被选派前往苏联留学而去学俄文。于是，道路教研室就只有杨佩昆一个助教了。道路专业所有专业课的辅导工作都得由他一人承担，任务十分繁重。常说竞争可激活人的能动性，但是，没有竞争，所有的机会可都是你的了，关键是看能否抓住良机、把握良机。如此重任，确让杨佩昆获得了更多、更好地继续学习的良机。

从1953年到1955年，至有新助教留任为止，他一个人辅导一个专修班、一个本科四年级班，一共有五门专业课，还要带学生外出实习，辅导学生做毕业设计。这样的工作整整做了两年。期间，他还担任了系主任秘书，负责学生的学习管理工作。

每天的生活忙碌又充实，他全身心投入工作和学习。从留校工作起，他就一直住在同济新村的单身宿舍“同字楼”，即使在结婚、生子后，家搬到妻子单位分配的华东师范大学职工新村时，他也仍然在“同字楼”住了好多年，到周六才回家。直到被委任为城市建设教研室主任，学校分配三居室教工宿舍后，全家才搬到同济新村居住。1961年，杨佩昆与华东师范大学的女教师吴蕙君结婚。当时的社会风气使然，年轻的知识分子都崇尚“革命化”结婚，他们的婚房就是杨佩昆原来的单身宿舍“同字楼”，亲属长辈也不用到场，总支书记是证婚人，同事和学生是礼宾，新人们招待大家的就是桌上放些糖果、花生。

他要辅导的有些课程，自己也没有学过，这对他来说是很大的压力，但他把压力变动力，专心、认真随班去听每一位专业老师的讲课，一方面进行知识补缺，拓宽自己的专业基础知识面，一方面通过这些学习，力求将助教工作做到最好，能充分帮助到学生。学生对这位年轻的助教没有距离感，特别是一些优秀学生，会提出比较深刻的问题向杨佩昆咨询，他尽可能给学生完美的回复；如果当场回答不了，就会说：“让我回去思考思考，再给你答案。”他和学生建立起一种互尊互学的良好关系，并意识到这就是所谓的“教学相长”，要多注意从学生的提问中学习。用现在的话来说，就是他努力在做一名“全能助教”“精品助教”。

学习苏联的教学，注重实习。道路工程专业第一年的“认识实习”，就是通过种种参观活动了解和认识本专业；第二年的“测量实习”和“地质实习”，杨佩昆带领学生到杭州的山上去做地形测量，然后跟随地质老师去敲石头，认识不同的地质，了解当地的水文状况，从而了解怎样的地质条件不能定线修路、怎样的地质条件修路时要采取防护措施等；第三年的“定线实习”，要带领学生背着测量仪器到山区做定线测量，测量后在转弯处“插大旗”；第四年的“施工实习”，是带领学生到实际的筑路现场，观察并学习修路、筑路的操作方法与程序和质量控制措施与标准。杨佩昆带领学生去过上海老北站火车站，观察那里修筑一条翻建的水泥路面，从中也获得了过去所没有的实践知识，在辅导学生时能够清晰明了地解释清楚。在十多年后的“文革”后期，杨佩昆在安徽歙县山区那时的“小三线”半导体厂区，指导修筑了一条水泥路面，其中的经验就来自这次的现场观摩、学习。

当时道路教研室有六位教授：陈本端、罗孝登、翁朝庆、程良生教授，赵骅、龚雨雷副教授。还有几位讲师，其中一位是徐邕生（不久，因患肺脓肿而回家休养）。

从 1954 年 10 月起，苏联专家陆续来到同济大学，担任校、系、专业顾问，对教学、科研工作进行指导，学校成立了专家办公室，配备了多名俄语翻译。当时道路教研室申请苏联专家被批准，苏联派来了一位道路工程学专家诺西奇（图 1）。

杨佩昆在当学生和助教时代都听过这几位教授的讲课，风格和效果不尽相同。在学生时代，陈本端先生上课，板书、板画工整，先写一个标题，然

图 1　道路教研室全体教师和当时请来的苏联专家合影

后边讲、边写、边画，讲解清晰，还略配表情。特别精彩的是，讲解山区公路选线的几种典型路线在纸上定线时，从等高线图上怎么找山谷线、山脊线、跨越线、跨谷线等。例如，定山脊线，他先在黑板上画出一幅又长又扁的等高线图，然后指着长线两端，十分简洁地说：这就是定山脊线的宜选地方。又如，如何选定跨越线？他先说：关键是要在等高线图上找到坳口，然后在黑板上画出一幅并排两个馒头形的等高线图，指着两个馒头中间的凹处，说：这里就是坳口。讲得十分形象、简洁，学生容易理解。杨佩昆当他助教时，他常关照杨佩昆，要听取学生反应，向他汇报，教学态度十分严谨。

罗先生讲课话不多，有些不必讲的绪论、每章的卷首、卷尾等内容，都指定学生去自学，但他选定该讲的要点内容都讲得清清楚楚、循序渐进、深入浅出、明白易懂。

翁先生讲课的特点是：拿着一张写满了讲课提纲的香烟牌子来，一开讲就把内容讲得举重若轻、分析透彻、滔滔不绝、妙趣横生，颇受学生好评。

程先生讲课，有一次写板书时，把图画倒了，自己却还不知道，有时还会出错，学生只得唏嘘不已。

赵先生讲课轻重不分，什么都讲，有点啰唆。

杨佩昆从任助教开始，就当龚雨雷先生辅导助教多年。

龚先生是他最敬佩也是关系最亲近的前辈（图 2）。直到晚年，杨佩昆说起他就称恩师。龚先生讲授的是“城市道路设计”，在当时是一门新课程。过去大学里教授教的“公路工程”，都是市外的公路设计。院系调整后的同济大学，按苏联教学计划，首开“城市道路设计”这门专业课，是很有学科上的进步意义的。龚先生上课思路清晰，有条不紊，讲课时不啰嗦，对教材和参考书的内容，就是抓住讲清

图 2　龚先生伏案工作

三点，即要点、重点、难点。这一教学方法让杨佩昆受益匪浅，成为他做教师、讲课终身效仿的一条经验。

大学教师经过前期的“思想改造运动”，被引导进入新社会的思想轨道，为改变国家的落后面貌尽快培养建设人才，工作热情大多十分高涨。当时学校里、社会上学习俄语蔚然成风，与杨佩昆一起留高校的七十多位毕业生，被学校集中起来学习、进修俄语。教师们就用突击学会的俄文翻译俄文教材，很多老教授白天上课，晚上“开夜车”搞翻译，一片热火朝天的景象。据《同济大学百年志》记载，1952 年第一学期，有 5 种课程采用苏联教本，翻译新编讲义 93 种，翻译苏联教材 3 种。

教师上课用的讲义甚至是“现炒现卖”交到学生手里。当时，杨佩昆作为助教，要负责将教师翻译的讲义文稿送到教材科文印室。龚先生的俄文也完全是自学的，硬是做到能翻译、编写上课的教材。杨佩昆记忆最深的是，每隔一两天就要到龚先生家去等候取龚先生翻译、编写的教材文稿。龚先生有 6 个孩子，最小的那时还是婴孩，他和妻子分头照管这么多孩子，杨佩昆在等候取稿的时候，常帮着逗孩子玩耍。有时一个孩子哭闹不肯吃饭，看见杨佩昆来了，就说要“杨叔叔喂”。杨佩昆在一旁等着，常见龚先生一手摇着扇子，一手拿着笔写，桌子上是俄汉词典，旁边是他的“小六子”，他不时查阅词典，有时还要抱起哭闹的孩子哄。文稿翻译常常持续到半夜一两点钟，杨佩昆就在一旁等着。这一幅别开生面的伴师夜译图，杨佩昆到晚年说起来还津津乐道，龚先生的孩子长大成人后还一直喊他“杨叔叔”。

在城市建设教研室时，他旁听了罗孝登教授和城市规划教研室金经昌教授的讲课。

罗孝登先生是杨佩昆所敬重的前辈之一，是位和善、慈祥的长者。他参考苏联教科书编写的《城市运输》讲义，十分精练，精简前言后语中的废言和正文中的赘句赘义，精选技术、学术要点。后来在把讲义改编为《城市运输》教科书之前，还专程走访上海公用事业局主管公共交通的邬渭贤总工程师，请教取得上海公交线路的选线、最佳长度、公交车站站点布置原则、公交车的养护、维修等的实践经验，并精选编入教科书。听罗先生讲课时，感受到了罗先生精益求精的严谨师道。罗先生也是从教材中精选讲授要点、重点、难点内容，有些非此三点内容，只是提出请学生自学。这给杨佩昆留下了深刻印象。

金经昌教授是中国“城市规划”课程教学的奠基人之一。他毕业于德国达姆斯塔特工业大学，曾参加1946—1949年的“大上海都市计划”，学识渊博，讲课生动有趣。金先生讲授的“城市规划”课程非常有特点，在中国具有开创性的意义。当年清华大学也有城市规划专业，但是清华注重的是城市建设、建筑物的艺术性规划，即注重城市建筑的艺术性布局，关注建筑群的大小、高低错落有致，关注城市“天际线”的确定，关注建筑布局如何体现城市风格等。而金经昌先生讲授的是城市的工程规划，工程规划要解决的是城市建设的实用性问题，也就是注重各种大、小交通的规划：机场、火车站选址，港口布局；输送这些大交通枢纽客流的城市公共交通的布线；城市道路交通系统规划；城市供水和排水管、线规划；桥梁在城市道路系统中的合理布局，以及沿河沿海堤坝、挡土墙等城市工程结构物的布局，等等。不知金经昌先生曾做过哪些城市的规划，或某项具体工程设计，但他讲课却是上天入地，侃侃而谈，不仅让听课者得到知识和学术上的收获，他所展现出来的宽厚知识结构也深深打动了杨佩昆，给予他很大的启发：要当一个好教师，必须要有像金先生那样的宽厚知识结构。听金先生讲课，是杨佩昆很享受的事情，而金先生在讲述交通规划的内容时，会笑眯眯地问坐在下面的杨佩昆：“你意下如何？”让杨佩昆倍感亲切。金经昌出神入化的讲课让杨佩昆听得津津有味，他由此深深体会到“城市规划”这门课程对于学交通工程的人来说，具有高屋建瓴、统领全局思考问题的重要作用。日后他带研究生，也要求学生选修“城市规划”课程。杨佩昆本人则因为有了“规划”的思维和知识，具备了对城市规划与建设的宏观概念，他三十年后对中国交通工程学科的创立和发展能起引领作用，这不得不说是原因之一。

前辈师长的典范，潜移默化影响着杨佩昆的为师之道。杨佩昆对自己的要求是：一定要传承师长们的师德，要做一个有师道的教师；必须要努力学习、有渊博的知识；讲课必须研通教材，辨明要点、重点、难点内容；认真备好讲稿，结构清晰明了、条理清楚；对晚辈也要谦和有礼，不自视甚高。他因此一直受到同仁和学生的尊敬。在他身处人生高峰时且不论，就是在“文革”初期，造反学生要给杨佩昆戴高帽游街时的逆境中，他也得到了助教们的保护。

1953 届是院系调整后的第一届毕业生，也等于是“新同济”的第一届毕业生，往后同济大学的毕业生的届数都从他们这里开始。同济大学百年校庆时，1953 届校友向母校赠送了刻有“智圆行方”字样的雕塑。2003 年道路专业学生毕业 50 周年时，杨佩昆等 1953 届的耄耋老人聚集在校门前（图 3）与雕

图 3　1953 届同学毕业 50 周年时在校门前合影

塑前（图 4）合影，引来了年轻校友的注目，他们并不了解“1953 届”所包含的继往开来的历史意义。他们前来询问后，觉得很不寻常，一下子都跟着站在雕塑前留影。

图 4　1953 届同学毕业 50 周年时在雕塑前留影

第二个人生转折点

不能忘却的是城市建设系和城市建设专业。杨佩昆见证了同济大学城市建设系、教研室及其城市建设专业从诞生到被“砸烂”。他认定城建专业存在的十年是人才培养的黄金十年。杨佩昆自己从交大道路科到同济道路教研室道路专业，学和教的都是道路学科。调至城市建设系后，初学城市交通充实了他学习交通学科的知识库。这是他学习交通学科的起始源，也是他人生学术事业的转折点。

在1952年院系调整前，交大土木系道路科只有“公路工程”一门课，没有“城市道路”课程。同济“汽车干道与城市道路专业”，龚雨雷先生讲过“城市道路设计”课程，且教学效果很好，但用的教材是从苏联文献中选译的讲义。相对于当时这样一门很新的专业课程，他总感有所不足。那时同济大学各专业按苏联课程设置，多有新课程，都要申请邀请苏联专家来讲授。道路系又提出申请，要聘请苏联“城市道路”课的教授来帮助讲授课程，以提高这门课的教学质量。

1956年8月初，这一申请获得批准。苏联派遣莫斯科城市建设学院的杜拉也夫教授到校指导，为期一年。当时的薛尚实校长照例设晚宴为杜拉也夫接风。这天受邀参加宴会的有道桥系系主任陈本端教授，俄语口译员、专业翻译赵骅教授，杨佩昆则以系秘书身份随系主任参加了宴会。

会上，薛尚实校长致欢迎词后，介绍同济大学学习苏联后的系、教研室、专业设置情况。他的话还没有讲完，杜拉也夫就插话，接着一番对话。“看来你们还没有设置城市建设系与城市建设专业。”他接着说，“我们首都还专设有莫斯科城市建设学院，学院的毕业生，不少都是各城市主管城市建设的副市长或助理、建设局局长、总工程师等。你们现在不培养这一专业的学生，以后哪来有城市建设专业知识的副市长、总工程师？看来，我首先应该帮你们向教育部申请成立这个系和这个专业。”杜拉也夫这番话，让薛校长和陈本端主任感到很突然，特别是他最后表示要直接找教育部的话，很有分量，这句话既表明他帮助同济大学的热心，也表明了苏联专家具有“通天”的地位，有无形的越俎代庖权力。那时候如果对苏联专家的建议置若罔闻，打哈哈不落实，政治后果会很严重。薛校长和陈主任对视了几秒钟，校长对主任说：“看来我们要立刻成立城市建设系！”主任随之点点头。薛校长当场作出安排，对杜拉也夫说：“好，遵从专家意见，立刻成立城市建设系、城市建设教研室和城市建设专业。我现在就任命在座的赵骅教授任城市建设系主任，杨佩昆任系秘书，立即开始城市建设系教师和学生的调配组合工作。教师来源，请陈主任支持，任赵主任挑选；学生来源，请杨秘书在道路专业一、二、三年级中各选调20名，转入城市建设专业。我再向城市规划专业选调10名，一共30名学生组成为一个小班。请赵主任按苏联城建专业的教学计划安排专业课程，落实上课教师，并请专家指导，在开学之前编出专业课讲义。基础课由我负责落实教师和教学工作。9月份开学就正式上课。你看，可以吗？”杜拉也夫笑答：“很好，非常钦佩校长的这一及时决断和安排。我再补充几点：城市建设系，除城市建设教研室，讲授‘城市道路’‘城市运输’和‘城市经济’三门课程外，还需要成立一个城市规划教研室，承担‘城市规划’课程；再要成立一个城市工程结构教研室，承担包含城市桥、涵、隧、墙等内容的‘城市工程结构物’课程。我带来了苏联城市建设专业的教学计划、各课程的教学大纲、城市建设专业现用的教科书和参考书，你们可以看看。”杜拉也夫接着对大家说：“你们可以按教学计划安排课程及授课教师，按各课程教学大纲，翻译这些教材与参考书，先编写授课讲义。”随即他把带来的一个大皮包交给赵主任，接着问：“你们还有什么问题？”校长望着赵骅，赵骅说："让我们按专家的指示先把工作做起来，有问题再向专家请教。"杜拉也夫说："很好，我们还要合作一年呐。"接着，大家跟随薛校长起立，向专家敬酒，欢迎专家到来并感谢专家的即席指导，齐声"干杯"。

这就是说，苏联专家要求新成立的城市建设系一共要设立三个有关的教研室。杨佩昆进了率先成立的城市建设教研室。

杜拉也夫带来的书还真不少，包括苏联科学院通讯院士斯脱拉缅可夫编著的《城市街道与道路》《城市规划与公用设施》，彼沙也夫的《城市运输》、波良可夫的《城市交通与街道规划》等。从这些文献可以看出：20世纪50年代，苏联的城市道路与交通工程，已有以生活功能为主的"街道"与以交通功能为主的"道路"之分；可以看到城市街、道规划对交通规划的重要作用；还可以看到苏联"城市运输"等公共交通的实践以及取得的成就。杨佩昆在交大土木系公路科时，学习的只是一门英文版教材 *Highway Engineering*（《公路工程》）的课程；1956年前，在同济"汽车干道与城市道路"专业学的、当助教后辅导的也都是公路工程范畴的课程，就是多了一门"城市道路"课，从未听到过"城市街道""城市交通"和"城市运输"这些名称。可见，早在1956年，同济大学已是国内引进这些新学科的先锋。

晚宴结束送走专家，薛校长问陈、赵两位主任：还有什么要求？赵主任当即向陈主任提出要求：请调派罗孝登教授任城市建设教研室主任，并请调王子恒、周商吾等几位老助教。赵主任提出：自任"城市道路"课程教师，并任命杨佩昆当助教；请罗教授讲授"城市运输"课程，并向薛校长提出调城市规划教研室徐循初担任助教；同时请校长物色"城市经济"课程教师（当时学校尚无此课教师）。薛校长、陈主任都欣然同意。城建系和教研室的主任、系秘书和几位老助教都从道路教研室调来；当时道路教研室除罗、赵两位教授外，还留陈本端、翁朝庆两位。调配到城建系、室的教授和助教几乎占了道路室人员的半数。可见，城建教研室和专业，实是道路室的衍生教研室、专业。

接着，薛校长对陈主任说："现在就电话通知罗、徐两位，请他们明天上午9点到我办公室来，我们一起召开城市建设教研室成立大会，并讨论工作安排。"第二天的会上，校长说明了贯彻落实新来的苏联专家建议；宣布立即创建城市建设新专业的决定，并立即调配教师和学生，组建城市建设系与城市建设教研室；同时宣布各项任命。他接着提出当务之急的任务是：参考苏联的课程教学大纲与专家送来的苏联教材，立即着手翻译、编写讲义，关键是必须保证9月份新学年一开学就能上课。他鼓励大家："离开学只有一个月，这样短期内要完成这样艰巨的任务，辛苦大家了。要根据可能条件，尽力摘要编出第一稿讲义，确保开学上课，以后再逐步改善。感谢大家为培养第一批城市建设专家做出的贡献。"听到这突如其来的决定和任务，罗孝登和徐循初两位面现惊愕，与新任命的赵骅主任面面相觑。

赵主任说："我们都按校长的指示，尽力摘要译编出第一版讲义好吧？"他自己翻译《城市道路》，把城市运输课的教学大纲和彼沙也夫的《城市运输》交给了罗教授。接着问杨佩昆愿协助译哪本书，杨佩昆选了波良可夫的《城市交通与街道规划》。接着，大家商量，什么时候可以交手稿送教材科付印？确定最后期限在开学前三天。大家正担忧教材科来不及刻印，薛校长在一旁说："我来通知教材科。也请他们辛苦一下，特事特办嘛。"

杨佩昆翻译苏联专家带来的《城市交通与街道规划》，有新的发现，这是他第一次了解到学术上关于"交通"的概念，过去从未在相关教科书上见过这个概念。一般人口头上都把"道路"和"交通"混为一谈，而在学术上，"道路"和"交通"有关系，但又是两个完全不同的概念："道路工程"研究的是如何设计、建好道路；"城市交通"研究的则是在城市道路上车辆运行的规律与道路及交叉口上的通行能力等问题。中国在20世纪50年代的城市中，机动车辆不多，对"城市交通"的研究也因此还是空白。

奋于开拓的同济大学，勇接这一重任。在1956年夏天这个独特的当口，以这样独特的方式，同济大学创建了国内第一个与城市交通相关的新的系和专业——城市建设系和城市建设专业。因此，同济还接受过从清华大学、天津大学等有城市规划、道路专业的高校派来城市建设系的不少“进修教师”（图 1）。

这个系和专业，开启了中国“城市道路与交通”的教学以及今后发展研究“交通学科”的大门。从此，同济大学就开始与“交通”结下了永续的不解厚缘。二十多年后，同济大学成为中国大陆填补“交通工程学”研究空白的第一高校，对中国“交通工程学”研究的起步和带动其发展做出卓越贡献。

图 1　城市建设系青年教师与进修生合影

杨佩昆是这一事件的见证人，与此同时，他个人的学术、学科方向也就此偏离了过去的道路学科，转向交通学科。这也是他人生第二个转折点：学术与事业的转折点。

杜拉也夫在同济大学待了一年，讲授“城市道路”课程。杜拉也夫的翻译叫张我华，她工作很努力，课余时间就来向杨佩昆等教师讨教专业词汇的意思，帮助苏联专家上好课。杨佩昆听专家讲课，从中开始了解、进入“交通”之门，得益匪浅。

杜拉也夫当时要招一名研究生，选中了杨佩昆，虽然最后没有正式的名分，但杨佩昆跟着他学了处理冬天路面“冻胀”的方法。杜拉也夫了解到中国北方的道路在冬天有“冻胀”的现象，主要原因是地下水位高，离地面很近，地下水结冰膨胀，破坏了路面。杜拉也夫说，苏联很多地方冬天比中国北方还要冷，但有很好的办法解决“冻胀”问题。他指导杨佩昆做这一课题。解决的办法并不难理解：在一段道路的两侧，隔一定距离，平排挖一对填满砂砾的滤水井，使地下水能流进井里，再将井里的水纵向接入排水管排进集水窨井中去，以一定深度降低路面下面的地下水位，使地下水不致结冰，就不会发生路面“冻胀”问题。设计的关键是如何设置井的深度、间距和排水管。设计图纸画出后，深得专家的认同。后来，以苏联专家指导的研究成果的名义，杨佩昆联系到北京市政设计院，要求去那里做实验。北京市政设计院十分爽快地答应，在清华大学后门的支路划分了一段道路给杨佩昆做实验。他根据对当地道路与地下水位等调查的实际情况，重新做了设计。但遗憾的是这条路最终并没有修建，杨佩昆只是从理论上做了这个课题。不过，北京市政设计院为了慰劳他，送给他一张招待票，他有幸观赏到苏联最著名的芭蕾舞艺术家乌兰诺娃的《天鹅湖》的表演，留下了一段美好记忆。

同济大学城市建设系城市建设专业，在一个苏联教授强势的话语中戏剧性地诞生。但是，被从外系调进该系的学生心里不痛快，不光原来城市规划专业的学生不痛快，道路专业的学生也不痛快。他们认为，城市建设专业学习的课程比别的专业多，似乎有关城市建设的内容样样都要学，结果样样都不精。他们担心毕业后，自己什么专业特长也没有，既不会做规划图，也不会设计、修建道路、桥梁。这种不痛快，那时被称为“有专业思想问题”。

系主任请杜拉也夫来给学生们解决“专业思想问题”。在全体学生大会上，他说：“你们知道在苏联，城市建设专业毕业的学生都是干什么的吗？都是当专管城市建设工程的副市长、城建局长和总工程师的啊！其他专业的学生学得专，但是只专一项工程，其他工程他们什么都不懂。你们对城市建设工程有关的课程样样都学，样样都懂，这就是你们的优势。只有这样样样都懂，才能成为领导、管理各专项工程师的城市建设副市长或总工程师的人才。”他的这些话，当时可能给学生鼓了劲，打了气，一时缓解了学生们的“专业思想问题”，不料日后却成为葬送城市建设专业的祸根。

城市建设系只存活了十年，即从1956年至1966年。从1959年开始，中国和苏联的蜜月期结束，从两党关系恶化，最终发展到两国关系恶化。很长一段时间“修正主义”“霸权主义”是中国人口中苏联的代名词，凡是被认为与“苏修”沾上边的人和事都受到抨击或打击。1966年开始的“文化大革命”中，“造反派”当然没有放过这个城市建设系及其专业，因其担有两项罪名：第一，它是“苏修”炮制的产物；第二，它鼓吹“读书做官论”，杜拉也夫当年说的话就是罪证。

杨佩昆回忆城市建设系的十年，却认为那是一段培养人才的黄金时期。在他的认识里，中国的大学自从学习苏联的“专业化”后，学生的知识面太窄，走上了一条不归路，至今难返。教师和学生知识面狭窄，他们学到的知识，以及知识的积累和储备不仅不能望他的老师的项背，也远不及他这一辈知识分子。但是，城市建设系的城市建设专业教学却是一个例外，当初苏联专家说这个专业是培养未来建设和管理城市的副市长、总工程师的，所以这个系的学生有关城市建设的课程样样学、样样懂。教师既传授城市建设的宏观理念，也讲授微观知识；既教授理论，也教授实际设计技术。学生学城市道路、城市交通、桥梁、给排水和各种工程结构物，也学城市规划。毕业的学生会测量城市地形、当时的街道原状；会画图，还会把图上的设计方案通过测量落实到地面；他们会做城市道路、桥梁、隧道、坝岸、挡土墙、涵洞、给排水管道等的设计，还懂得做城市规划及相关的交通规划、城市道路交叉口设计、计算交叉口通行能力。图2为城市建设专业65届毕业生留影。

“文化大革命”中，在“造反派”“砸烂”城市建设系的声浪高起时，该系的两位青年教师周商吾和潘侃对此痛心疾首，他们走出校园，四处奔走，试图从社会上获得保护城市建设系的支持。他们走访了苏州、无锡、杭州、

图2　城市建设专业65届毕业生留影

徐州、南京等地，向有城市建设专业毕业生的用人单位作调查。调查的结论是，同济大学城市建设系所培养的学生，在地方上大受欢迎，他们多能很快建功立业，脱颖而出。听说同济大学“造反派”要砸掉城市建设系，都表示万万不能断了我们最需要的城市建设全能人才之路。特别是徐州市建委，反应十分强烈，说：“我们最欢迎同济城市建设专业培养出来的人才，就是你们送来的汪光焘、王静霞两位。我们城市建设局，最需要的就是既会搞测量，又会画图，还会做规划的人才，最重要的是不光会画设计图，还能让设计落地，开花结果。汪、王两位一到我们局，几年来就样样都会做，就是我们局最需要的人才。最不欢迎的就是只会画图、纸上谈兵的学生，而刚进单位工作的其他毕业生这种情况很普遍。两位在徐州做了很多事情，影响很大。当初南京听说了汪、王两位的能力和成绩，以江苏省省会的名义，要调他们去南京工作，我们坚决不放人。”

几年中，他们双双为徐州的城市建设作出了杰出贡献。王静霞先从技术员、工程师、科长、处长，累升任城市建设局局长，后来调任城乡建设部任城市规划设计研究院院长，现任国务院参事；汪光焘则由技术员累升为徐州城乡建设委员会副总工程师、副主任、副市长，以后国家城乡建设部要调汪光焘，他才离开徐州。之后，汪光焘又调去哈尔滨当市长，在那里，他做了很多城市建设的好事，其中有两件更是被人们牢记：一件是清理拆除了包围圣索菲亚教堂的破旧建筑，把这座远东地区最大的东正教堂富丽堂皇、典雅超俗的风貌，展示给哈尔滨民众；另一件是将市中心的中央大道改成步行街，发挥了这条著名俄罗斯式大街的商业、休闲及观光旅游功能。汪光焘后来迁任北京市副市长，除诸多政绩外，在他亲历现场调研的基础上，对改善北京环路交通，建、改环路立体交叉等城市交通建、改工程上，做出显著的业绩。接着，他回城乡建设部任部长。任上，他拟定了一项规划，并向部委各职能部门宣布：要各部门组织编订其管辖的城市建设各类建筑物和市政工程的规划、设计标准或规范，为随后陆续发布的城建各类建筑物和市政工程国内首批系列国（部）颁布标准和规范做出了重大贡献。最后他在全国人大环境与资源保护委员会主任委员位置上退休。他与杨佩昆的师生情谊深厚，有若干次遇到要调任的事情，他会打电话告知老师，并征询老师的看法。退休后，至今还常同杨佩昆探讨他创立“城市交通学”“新常态下交通理论研究”等新理念及学术问题。

城市建设系、专业，短短十年的历史，正如杜拉也夫所说，确为国家培养、输送了一大批市政、道路建设的精英人才。他们毕业后，被安排到全国各地各建设部门工作，多因业绩突出，先后被委以各部门工程、管理领导的重任。从截至 1998 年的几届城市建设专业毕业生，返校聚会留下的“同学通信录”中，选一部分有代表性的同济城市建设系毕业生的杰出校友。朱兆芳，天津市政工程设计研究院总工程师，京、津、沪全国三大市政设计院中三位“中国工程设计大师”之一，并荣获天津市特等劳动模范、全国优秀科技工作者、全国先进工作者、三八红旗手等荣誉称号。在北京的还有解思忠，先任当时城乡建设部教育司司长，后调任朱镕基总理教育工作参谋；文国玮，是清华大学教授。在上海的有：谭企坤，曾任土地局局长、建委副主任、地铁建设委科技委顾问；耿毓秀，规划局总工；徐卫民，公交公司设计院院长；杨永夷，轻工业工程设计院主任；蔡尔海，公用事业局工程承包公司总经理；毛德明，张江高科技开发公司总经理等。在广西南宁、北海有“四杰”，那时，南宁、北海都还十分荒凉，正待开发。南宁李春芳，广西建设厅城市规划风景园林处处长、全国女规划师协会副理事长、当年中国四大女规划师之一，她组织编撰了广西大部分地、市的城市规划；方学明，南宁市城市规划设计院总工程师，规划、设计了广西各城市的城市规划和工程设计；周同雷，广西建设厅城建处处长，受聘为南宁市城市建设顾问，退休后，受聘为广西建设厅城市建设咨询公司室主任；邹妮妮，到北海时，正当要开发建设北海，她力主保留具有历史意义的老城，在老城外另建新城，她的规划方案得到上级评审通过，建设成现在的北海市。

当年广西南宁和北海的现代化，可以说就是由这“四杰”一手打造出来的。在江苏，沈青松，无锡建设委员会主任；刘广洪，连云港市政公用局局长；单锦华，镇江规划设计研究院院长。在浙江，李家鸿，浙江建设厅厅长。在安徽，汤惠农，芜湖规划设计研究院副院长；丁立坤，淮南规划设计研究院院长。在山东，朱宝林，济南城市建设局副局长。在广东，邓汉英，广州建设委员会主任；李同德，广州银海集团总工；顾汇达，深圳城市规划设计院院长。在福建，庄子鹤，晋江建设委员会主任。在江西，蒋尤华，江西路桥工程局副总工；孟筱明，赣州地区交通局副局长。在贵州，王正贵，贵州高等级公路局副局长。在湖北，眭录明，武汉城市规划设计院总工。在云南，陈兴华，昆明城市规划设计院总工。在河南，米来山，平顶山交通局总工。在黑龙江，李树彬，哈尔滨市政工程设计院副院长；韩锡正，牡丹江市规划局长。在吉林，张宪平，长春市政工程设计院副院长，等等。

被“砸烂”的同济大学城市建设系再也没有恢复，系里的教师原从哪里来就回到哪里去，杨佩昆以及周商吾、王子恒、陆向东等助教全回到了道路系。城市建设系十年不算短也不算太长的历史，在土木系与道路交通系联合举办的土木系科建立百周年纪念会上，纪念会主持者邀请城市建设系毕业生汪光焘在纪念会上致开幕辞，杨佩昆看到汪光焘上台致开幕辞，十分高兴。但遗憾的是，纪念会颁发的《同济大学土木系科百年发展“图片展”》小册子里，城市建设系并没有得到专门记载，被排斥在土木系科之外。他们不知道汪光焘是城市建设系的毕业生，他们也不知道城市建设系城市建设专业学习的全是土木工程系科的课程。

杨佩昆见证了城市建设系的历史，为国家培养杰出城市建设人才，城市建设系记载着杨佩昆生机勃勃的青春年华。如今半个多世纪过去，很多当年的教师已经作古，除了杨佩昆，不知还留下几个见证人！图 3 和图 4 为城市建设专业 65 届毕业三十周年纪念会。

图 3　城市建设专业 65 届毕业三十周年纪念聚会

图 4　纪念聚会上杨佩昆讲话

勤获交通工程学术研究“第一桶金”

首次登台讲课，为不辜负教职，杨佩昆更有心质疑苏联版教材模糊之处，为解心中的疑惑，他申请去当挂职交警，从此，道路交叉口和南来北往的车行通过状况是他一辈子离不开的研究对象。他当交警在交叉口执勤，对交叉口车辆运行建立了清晰的感性知识。

20 世纪 50 年代，大学里助教一旦到期要升讲师，要求是很高的，规定十分严格，助教必须在试讲课后，学生没有意见，才能通过。教研室十分重视助教首次讲课，要求他必须先面对教研室全体教师试讲，课后按意见改进再试讲，直到通过后，才能正式上堂面对学生讲课。

1958 年秋季，杨佩昆 26 岁，他被批准第一次登台讲课，对象是城市建设专业四年级学生，讲的课程是“城市道路设计”。为了这一天，他已经花了很多工夫备课，写了讲稿（图 1、图 2），他不止一次在前辈讲师、教授面前试讲“过堂”。几次试讲，他逐步仿效、使用他所敬佩的龚雨雷老师的讲课抓 “重点、难点、要点”的“宝典”。

在这一课程中，他讲了“平面交叉口设计”“非机动车道设计”与用图解法讲了难于用文字、语言表达的“平坡路段锯齿形街沟设计”等内容（图 3—图 5）。

这一天，杨佩昆很有自信地走进教室，虽然下面坐着的学生有比他年龄还大的“调干生”，但他并不怯场。所谓调干生就是来自企事业单位以及军队系统、经组织调派或本人申请进中等专业学校或高等学校学习的人员。杨佩昆能感觉到，一开始学生的思想不那么集中，能感觉到学生对自己不太以

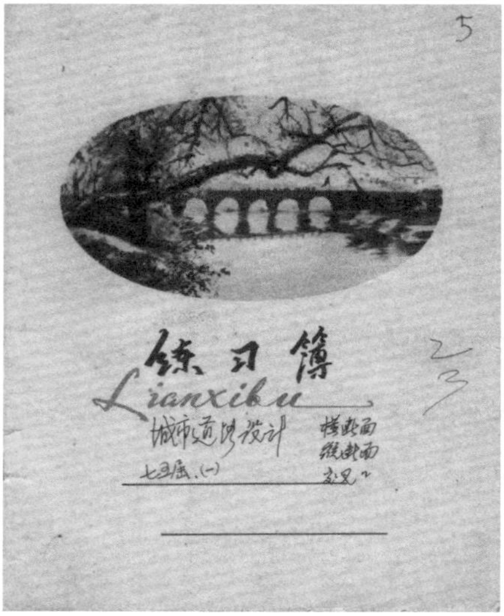

图 1　“城市道路设计”讲稿封面

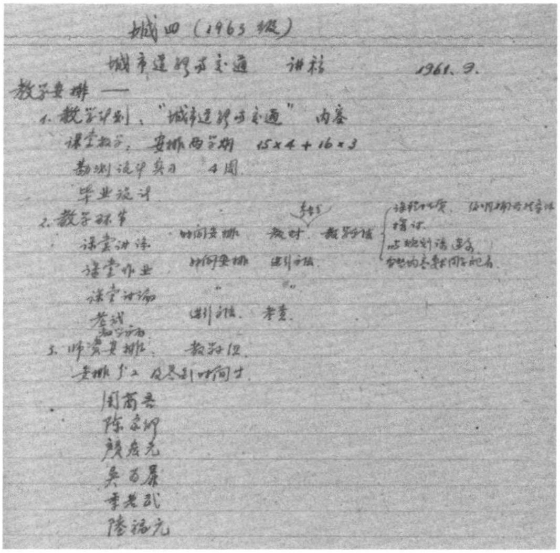

图 2　“城市道路设计”讲稿

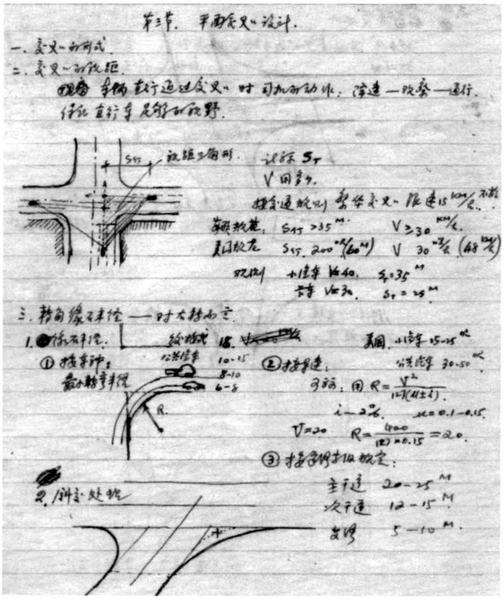

图 3 平面交叉口设计

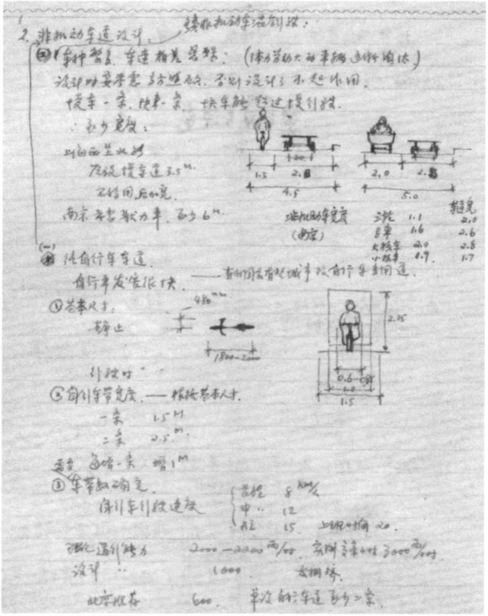

图 4　非机动车道设计

为然。因为与平时不同的是，走进教室来上课的不是年长的教授、讲师，而是他这么个毛头小伙子。但是，当他在黑板上流利地写出讲课的标题，开宗明义进入讲课内容，他的表达、他的姿态、他的语调很快将整个教室的视线集中到自己身上。很多年以后，他的学生还会说起对他第一次上课的印象，

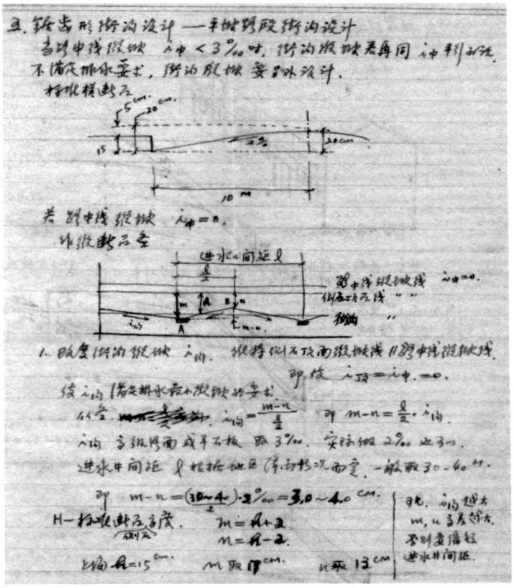

图 5　锯齿形街沟设计

对他表示敬佩。那些调干生学习努力，成绩优秀，也与杨佩昆结下深厚的师生情谊。

接着，1959 年春季，他给城市建设专业干部班讲授“道路路基路面建筑”；秋季，给城市建设专业五年级讲授“城市道路建筑”。1961 年，秋冬季学期，《城市道路与交通》教材出版后，给城市建设专业四年级讲授“城市道路与交通”课程。

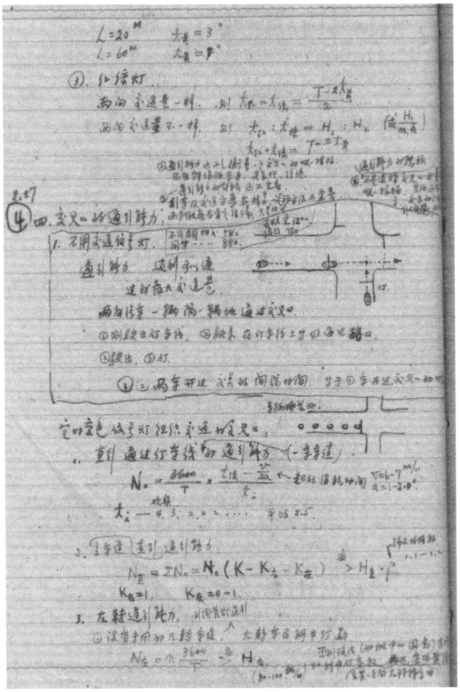

图 6　交叉口的通行能力

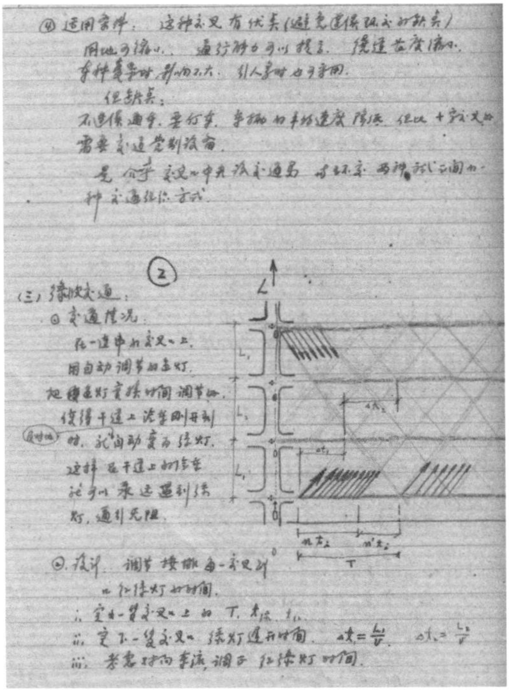

图 7　绿波交通信号

“城市道路与交通”课程中，包含了部分他翻译的苏联教科书中有关“交通”的内容。如交叉口的通行能力（图 6）、绿波交通信号（图 7）等。正

图 8　交警杨佩昆

式上课，他钻研教材，看到“交叉口设计”这一章，总感到教材中隐含着模糊的概念，交通信号控制交叉口车辆通行能力的计算公式有问题，从逻辑上看，有说不通的地方。“通行能力”对道路交通工程的理论或设计，都是一个非常重要的要素，而交叉口信号灯的配时对通行能力的影响究竟真实状况如何，杨佩昆没有感性认识。这时，他萌发了到车辆通行现场做实地观察的想法，他想，最好去交叉口跟班当一名交通警察，好好观察一下（图 8）。

过去人们都习惯于听从组织安排，很少有人提出去做一件组织安排之外的事情，尤其还是要脱离学校的正常教学工作。但他还是提出了申请，不去当交警观察这件事，他心里怎么也过不了教科书上的这个坎。应该说，这些年，同济大学各系各专业到生产建设第一线进行实习、参加实践的不少，杨佩昆所在系和专业也不例外，然而去当跟班警察这样的事情还从来没有过。系主任赵骅教授看着杨佩昆一步步成长，很赞赏他在学术上的钻研精神，对他敢想、敢质疑、敢求证、敢为人先的态度很支持，给了他整整一个学期的时间，以脱产进修的名义去当警察。1960 年下半年开学前，带着介绍信，杨佩昆找到上海交警大队，一看是同济大学来的年轻教师，接待部门的态度很热情。为了满足杨佩昆到现场观察道路交通的车流通过状况的要求，他们很快决定把他安排到黄浦区上海车辆最繁忙的路段当交通警察，杨佩昆高兴极了。他换上了警服，领取了交警执勤手册（图 9），开始与交警们同住同吃同站岗。

手册上有很多公共电话号码，还有各条公交线路，要求记熟，手册上还有“三敬五必”守则，如有市民来问询，必须要敬礼；必须要回答；处理车辆违章，必须先敬礼，等等。杨佩昆先是被安排在上海地标“大世界”所在

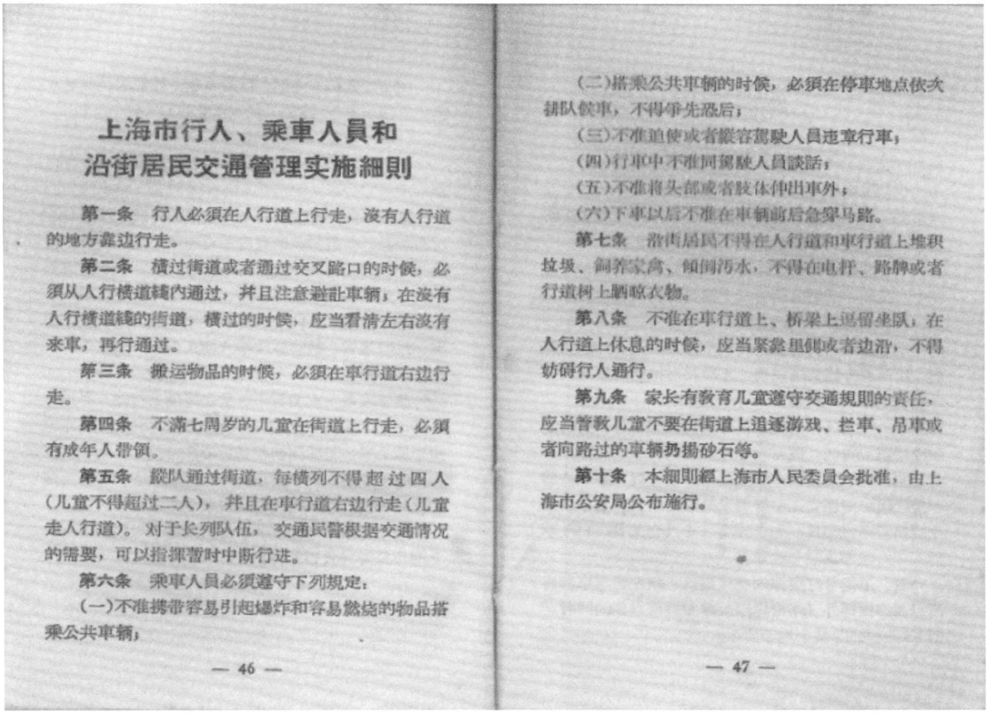

上海市行人、乘車人員和沿街居民交通管理实施細則

第一条　行人必須在人行道上行走，沒有人行道的地方靠边行走。

第二条　橫过街道或者通过交叉路口的时候，必須从人行橫道綫內通过，并且注意避让車辆，在沒有人行橫道綫的街道，橫过的时候，应当看清左右沒有来車，再行通过。

第三条　搬运物品的时候，必須在車行道右边行走。

第四条　不滿七周岁的儿童在街道上行走，必須有成年人帶領。

第五条　縱队通过街道，每橫列不得超过四人（儿童不得超过二人），并且在車行道右边行走（儿童走人行道）。对于長列队伍，交通民警根据交通情况的需要，可以指揮暂时中断行进。

第六条　乘車人員必須遵守下列規定：

（一）不准携带容易引起爆炸和容易燃烧的物品搭乘公共車辆；

— 46 —

（二）搭乘公共車辆的时候，必須在停車地点依次排队候車，不得爭先恐后；

（三）不准迫使或者縱容駕駛人員违章行車；

（四）行車中不准同駕駛人員談話；

（五）不准將头部或者肢体伸出車外；

（六）下車以后不准在車辆前后急穿马路。

第七条　沿街居民不得在人行道和車行道上堆积垃圾、飼养家禽、傾倒污水，不得在电杆、路牌或者行道树上晒晾衣物。

第八条　不准在車行道上、桥梁上逗留坐卧；在人行道上休息的时候，应当緊靠里側或者边沿，不得妨碍行人通行。

第九条　家長有教育儿童遵守交通規則的責任，应当管教儿童不要在街道上追逐游戏、拦車、吊車或者向路过的車辆扔掷砂石等。

第十条　本細則經上海市人民委員会批准，由上海市公安局公布施行。

— 47 —

图 9　交警执勤手册图

的西藏路、延安路交叉口四侧站岗，管管行人和路边的车辆。几天后，一位主管交警带他上了交叉口架设在路中的岗亭。当时的交通信号灯是红绿黄三色灯，连接着岗亭里的信号操作器，操作器面上的手摇转盘上显示了东西、南北向亮红、绿、黄灯的刻度盘。上亭后，他对杨佩昆说：“你来实习，要学习的主要内容就在这里。”接着他示范坐在转椅上不停地来回转动，眼观下面路上四方，指着叫杨佩昆看下面路上刚出现的双向车辆相互紧凑交叉通过的地点，同时对杨佩昆说：“特别要看清并记住这种各向车辆通过彼此相冲突的这一地点，当一向绿灯末尾开出停车线的车辆通过这一点时，是调另一向绿灯的最好时刻。但是你必须看着路面上的车辆，不能同时看这个刻度盘，只能凭你在摇转盘时听到的咯咯声来判断调灯是否正确。”杨佩昆见这个刻度盘这么重要，而且操作难度又这样高，心想必须好好记住。为了能熟记这个刻度盘，下岗后，他画了一张刻度盘及每格刻度对应各向车辆通过交

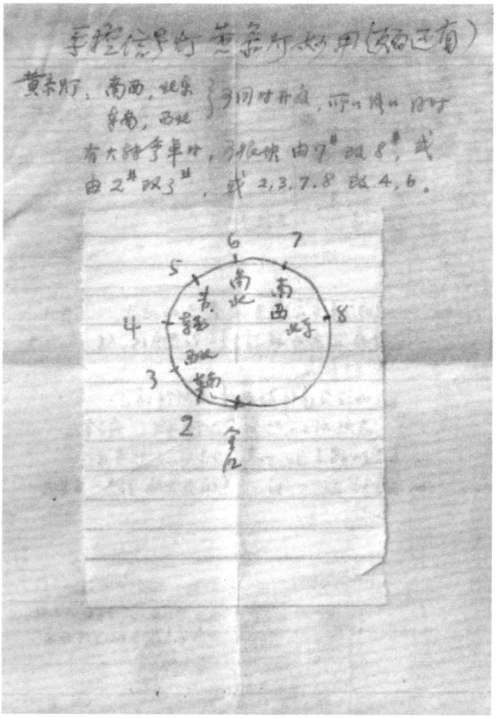

图 10　刻度盘

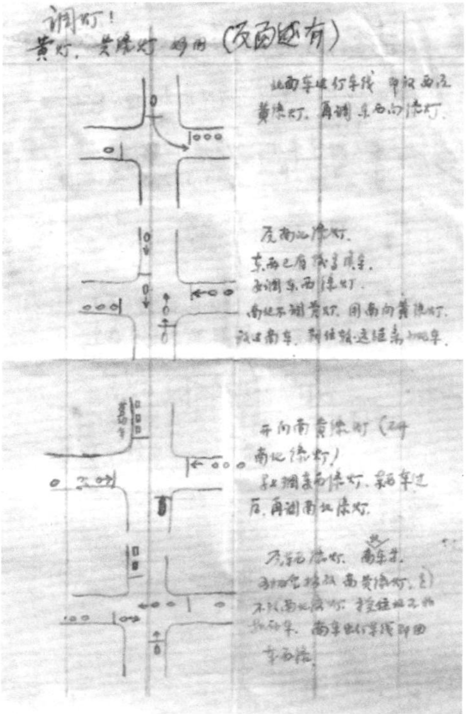

图 11　对应各向车辆通过交叉口的运行图

叉口的运行图，贴在交警手册的首页上，以便看图熟记（图 10 和图 11）。

杨佩昆听到调控信号灯难度这么高，在这个车水马龙的交叉口开红绿灯可不是闹着玩的，他心里打着鼓，手不觉颤抖起来。主管警察说：“不用紧张，我在旁边看着呢。”就这样小心翼翼地锻炼了一岗。岗亭上调灯的交警与在路上站岗的交警，两小时换一班岗。杨佩昆在岗亭上调灯的短短两小时中，精神高度紧张，下了岗亭，他觉得这一天累极了。换班后回宿舍休息时，回忆主管交警在岗亭上指着路面对他说的话——“特别要看清并记住这种各向车辆通过彼此相冲突的这一地点”——启发了他：这正是他要弄清的教材中所写计算交叉口通行能力公式疑团的关键。于是，在以后上岗亭调灯时，他就特别注意观察各向车辆在相互交叉点的交叉情况。观察几天后，发现大世界交通信号在两相位控制状态下，左转车在到达与对向直行车交叉点之前，须停车等候连续通行的直行车队中出现有空当时才可通过；后面到的左转车，须等到绿灯末尾最后一辆直行车通过后才可通行，并不是左转车驶出停车线就算已通过了交叉口。周日回家时，剖析出教材中通行能力公式的错误，正是以左转车驶出停车线就算已通过交叉口来计算的，这样计算得出的通行能力显然偏大。当交警实习，终于达到目的，他真是喜不自禁。就此打算在实习结束回校后，要组织室内同仁，到“大世界”交叉口来，观测各向车辆通过各类交叉点时所需的交叉时间，借以分析得出车辆通过交叉口通行能力的正确计算公式。另外，这次实习，杨佩昆还得到一些意外收获，待他学过定时交通信号配时计算理论后，才恍然大悟：那时的人控信号，须凭交警多年观察累积的经验，他们发现，在交叉口中有个“最佳地点”，一向绿灯尾车通过该点时，是调灯的最佳时刻，此时，另一向头车正好与前车以最短安全间距交叉而过，如此，竟可省掉定时信号的3秒黄灯损失时间，相应提高了通行能力。杨佩昆于是就想能否研究出一种能模仿交警人控信号灯的方法。

正高兴于受主管交警指导的启发，却没有想到第二天，有很多公交车司机向正在站岗的交警反映，对昨天大世界路口的信号灯变换很不满，说：怎么一点都不配合我们。这是怎么回事呢？原来，那时候的公交车不是烧汽油而是烧煤气，汽车顶部都装了一个大大的煤气包。为什么会这样呢？因为那时国家经济落入困难非常大的时期，汽油供应十分短缺，不知是谁发明了以烧煤气替代烧汽油。公交车烧煤气的一大缺点就是发动机启动慢。公交车站设在交叉路口前面二三十米，有经验的交警会在公交车启动后开到路口时开绿灯，或让已经开启的绿灯延时，使经过路口的公交车不停车，快速通过。而杨佩昆不了解这一点，机械地操作，让公交车在路口“吃红灯”熄火，弄得司机很恼火。慢慢地，杨佩昆学会了“察言观色”，坐在岗亭开红绿灯，不仅指挥车辆南来北往，东走西行，保证交通安全，还要为这些公交车服务，合理地让公交车快速通过交叉口。

近四个月的交警实习历程中，杨佩昆在西藏路的几个交叉口轮流值岗。除了在岗亭操作信号灯外，他也拿指挥棒在路面指挥车辆直行、左转、右转。

和其他正式交警不同，杨佩昆执行任务时，还有自己的“心眼”，特别注意车辆通过各交叉口时的各种状况。他在不同的交叉口，观察到在红绿灯控制下，车辆出停车线后，通过交叉口及交叉口内各特征点所需的时间，各类交叉口各不相同，他就在心中暗暗梳理着所看到的车辆通过交叉口的状况的类型。后来，他学习到交通流理论时，站在马路上、坐在岗亭上所看到的景象，明镜似地出现在脑海，就比较容易理解那些抽象复杂的公式。在岗位上他虽已经看到了各类交叉口的交通流现象，但自己还无暇做具体的数据测试和记录。

做交通警察点点滴滴的经历让杨佩昆受益匪浅。他学习到交警现场指挥调度车辆有序运行的经验，初步了解和印证了道路交叉口人工控制信号灯与车辆通行能力的关系。这段经历不仅使他对苏联教科书上的公式有了自己清晰的辨识，更使杨佩昆大胆尝试了一种探求真理的方式，这种方式为他开启了科学研究的大门，为他的科学研究打下了一个坚实的感性认识基础。他运用这种方式，对“车辆运行状态”有了现实的判断能力。他以后在同济优越的环境中，开创了中国交通工程学科的研究，可以说也是从这次做交通警察所获得的经验起步的。现场测试，可说是杨佩昆在交通研究中所经历的基础性工作方法。当交通警察探索得到的认知，以及所获得的方法论是杨佩昆学术生涯中得到的“第一桶金”。

“山中无老虎，猴子称大王”

同济大学为杨佩昆搭建了个人发展的第一个平台：任命他接任城建教研室主任职务。杨佩昆在30岁不到的年龄，带领几位更年轻的同仁们，组成了那个艰苦年代“特别能战斗”的团队。

1961年年底快到了，还在交警岗位的杨佩昆得到学校来的通知，催他结束当交警的实践，立即返校。原来，系主任赵骅教授被组织调动到武汉城建学院（现已并入华中科技大学）当系主任，罗孝登教授调动到福州大学土木系当系主任。城市建设系没有了系主任。于是，学校把给排水系调入城市建设系，任原给排水系系主任胡家骏教授为城市建设系系主任。这时，城市建设教研室主任的职位空缺，就命杨佩昆回校继任。交警大队的警察们与杨佩昆朝夕相处近四个月之久，对这个年轻的大学教师不嫌辛苦和马路嘈杂来实习当交警很佩服，这时听说他要回校当主任了，更多了几分敬重。

这一年，杨佩昆当了教研室主任，也因此升了讲师，照他的话说，就是“山中无老虎，猴子称大王”。城市建设系的两位前辈调走了，杨佩昆30岁不到成了系里的元老，同仁们比他年纪更轻，这是当时全校最年轻的教研室，充满了朝气蓬勃的活力。

他到晚年还念念不忘地说：这是同济大学给他搭建的第一个平台。

也就是在这一年，学校传达当时刘少奇主席对高校提出的要求：“中国学习苏联已逾十年，高校一直使用翻译苏联教材编写的讲义。在这十年中，我们也已积累了不少自己的实践经验，应该好好总结这些经验，结合苏联教材，编出我们自己的教材。”同济大学是当时全国唯一有城市建设专业的学

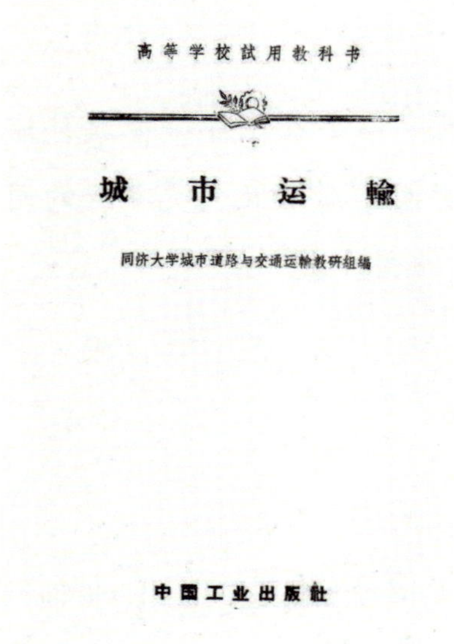

图 1 《城市运输》教材封面

图 2 《城市道路与交通》教材封面

校，所以编写城建专业全国统编教材的任务就落实给了同济。同济要为城市建设专业主编“城市道路”和“城市运输”（图1）两门课程的统编教材。于是学校只得请刚调到武汉的赵骅教授和调到福州的罗孝登教授临时回校，来代表同济任两门课程教材的主编。《城市道路》教材，请赵骅教授主编，杨佩昆参编；《城市运输》教材，请罗孝登教授主编，徐循初参编。在《城市道路》编写内容分工时，杨佩昆提了个建议：“我们过去编写的讲义中，用了一些我从波良可夫的《城市交通与街道规划》中翻译的部分有关交通的内容，是否可把这本正式编写的教材改名为‘城市道路与交通’？”意见得到赵骅教授的赞同。全国第一本《城市道路与交通》统编教材就这样诞生了，在国内高校教科书中“交通”这一名词正式首次亮相（图2）。

杨佩昆当了教研室主任，做事情可以不用单枪匹马了。自从当过执勤交警后，他就放不下对观察到的道路交叉口车辆的通行状况的调查研究。当时他一个人在站岗指挥交通、岗亭上操控信号灯时，既不能用秒表掐时间，也不能立即用笔记下。现在他可以在教研室多邀几位同仁一起来做这件事了。另外，他觉得其他青年同仁也应该像他一样，到实践中去获得感性认识，才能较深入地理解教科书上的理论，进而才可以把课教好。于是，杨佩昆组织室里的青年同仁周商吾、潘侃、王子恒、马如龙等，到“大世界”（上海延安路、西藏路口）等交叉口去实地测试、研究如下数据：当时在两相位信号控制下，左转车与对向直行车从各自停车线通过双方冲突点的时间；直行、左转车辆同时到达冲突点时，需等候、减速通过的时间；左转车穿越直行车流时，需要前后两直行车间空隙时间等的实测数据，并用数据来验证当警察前思考的问题和当警察时所观察到的实情。

在他逐渐形成的观念里，不光是认为教师应该这样去第一线获得感性认识，学生也应该进行这种收集现场数据的实践活动。从此，在本科生实习期间，安排了交叉口交通运行状况的观测。当时在学的汪光焘、王静霞两位，就在实习期间，到上海天目路—虬江路交叉口，做过车辆运行状况与通行能力的实测、研究；往后，对他的研究生也安排了去道路交叉口观测车辆通行数据的实践。

杨佩昆当了主任，要应对的事务更多了，不光是教学上的事情，还要组织教研室同仁完成学校布置的为社会服务的任务。

20 世纪 60 年代初，是国家经济最困难的时期，但有利于发展生产方面的建设没有停顿。上海市政府决定把崇明北岸的滩涂开发建设成农场，定名为“崇明围垦”工程。当时要建 10 个农场，除 1 个是高教农场，由各高校派人来围垦建设外，其余 9 个分配给全市各个区，由各区组织人马围垦建设。建设的步骤是组织建立围垦“第一战斗队”，率先进入滩涂芦苇荡里砍芦苇；“第二战斗队”，做测量和滩涂地块规划；“第三战斗队”，在开辟出来的滩涂上筑坝造田。

自从院系调整，成为土木学科最齐全的高校以来，国家搞建设，上项目，同济大学就不会被落下。在这场围垦造田的工程中，与其他建设单位不同的是，同济大学干的既不是砍芦苇，也不是筑坝造田，而是要用到专业知识的“活儿”：在摊满砍下的芦苇的滩涂上做滩涂测量、分块、堤坝定位规划，根据滩涂外边缘线划分 10 个农场的边界范围，并将道路交通、基本建设的蓝图都确定描绘出来。接受了市里分配的任务后，当时的王涛校长把任务落实到城市建设教研室，因为城市建设专业学生学的土木工程课程比校内任何一个专业都学得全，学得多。当时的学生还都有相当高的政治思想觉悟，因此他们“特别能战斗”。杨佩昆就承担了落实、完成这项任务的责任。城市建设教研室全部教师带着四年级的学生六十多人一起上阵奔赴崇明滩涂，分散在将要建设的十个农场地域（图 3）。杨佩昆与他们同行同在，到一个个农场所在的地域做指导和巡查工作。当时的生活条件异常艰苦，白天，头顶艳阳工作；晚上，睡在砍下的芦苇铺的地铺上，即使在芦苇上铺了草席，垫被都是潮的；喝的是咸水，吃的是白菜帮子。连着干了两个月，他们很好地完成了任务，但人都浮肿了。

当时有传言，浮肿会影响生育。回校后，上海市政府安排当时的市人民医院专门对他们做检查、治疗；检查证实不会影响生育，接着给他们打吊针补补营养。同时，校长亲自签发手令，拨发校内储存的黄豆，做豆浆，在食堂开专窗，专供持有城市建设专业师生卡的师生饮用。

图 3　崇明围垦师生合影

1960年，杨佩昆荣获学校授予的“文教方面社会主义建设先进工作者”称号（图4），而后教研室被评为“模范教研室”。原本他个人和教研室都要作为同济大学代表送达上海市参评市级先进，后因正处在国家经济困难时期，为节约举办大会活动经费，市政府确定暂停这一评选活动。

奖給
文教方面社会主义建設先进工作者
杨佩昆 同志

图4 学校奖状

1964年，安徽北部的濉溪县发现了煤矿，探明是淮南煤矿延伸过来的。国家决定要开发淮北煤矿，同时要建设一个濉溪市，必须要在当地地形测量及选址的基础上做新城规划。这个任务又找到了同济大学，王涛校长再次把任务落实到城市建设教研室。淮北地区因受淮河泛滥的祸害，十分贫穷，当地的生活异常艰苦，再加上60年代国家严重经济困难，杨佩昆带领师生到那里做项目，经受了莫大的考验。当时专业人才奇缺，濉溪县管建设规划的竟然只是一个会计，什么都不懂。而同济的这些学生不仅学习过道路、给排水、测量知识，还学习过城市规划，这些专业知识在实际的城市建设中非常管用。平时城市建设专业的学生还有“专业思想”，认为学的东西多而不精，不像其他系的专业性那么强，以后就业也没有优势，而在这样的实践任务中，同济城市建设专业学生的综合专业素质就突显了优势。任务前半期，由杨佩昆带领留任助教及五年级全体学生，完成测量及选址工作；后半期由周商吾老师接任完成规划任务。后来，当地政府基本上按规划方案把这个城市建设起来了，1974年濉溪市改名为淮北市。

十年动乱躲不过的磨难

“文革”前，杨佩昆学习和事业蒸蒸日上，但挡不过“文革”动乱中“造反派”的作难，杨佩昆被关押“牛棚”一年。出棚后，杨佩昆随大家到“五七”干校学习、锻炼。在帮助迁到当地“小三线”的上海电子元件厂修路时，同厂里的张工结下了深厚友谊，这给杨佩昆日后学术研究带来“第二桶金”。

1956年，杨佩昆从道路教研室奉命调到同济大学首设的城市建设教研室。从此，他由学、教道路课程转向学、教交通课程，这是他学术事业上的一个转折点。1960年他被委任为城市建设教研室主任，并破格升任讲师，遂开始组织展开对车辆通过交叉口运行参数的调查研究，积累了一批数据，并思考运用这些数据构建两相位信号控制交叉口通行能力的计算模式。直至此时，他在学习、学术、事业上可谓一帆风顺、蒸蒸日上。然而突如其来的十年“文化大革命”（简称“文革”），使他和广大的知识分子一样，遭遇了厄运。

1966—1967年的“文革”初期，“四人帮”鼓励和怂恿人们起来造反，打倒“走资本主义道路的当权派”，从上往下制造了“阶级斗争”和无数大批的“阶级敌人”。于是，各行各业冒出一大批无法无天的“造反派”，中学和大学里则是“红卫兵”的天下，普通而正常的年轻人一夜变成“狂徒”。他们循着以言治罪的意识形态，恣意拘禁、审讯他们按照当时的“阶级划分论”甄别出来的“反动、有罪”的人，干部和知识分子多被划入其中。新定性的“罪人”有“走资本主义道路的当权派”和“反动学术权威”，老的“罪人”是历史上已定过性或新挖掘出的地富反坏右分子（地主、富农、反革命分子、右派），统称“牛鬼蛇神”，这些人在精神和肉体上遭受了无理、无情、无耻的打击和摧残。当时，同济大学城市建设系三年级出了个造反精神十足的学生，叫陈敢峰，他后来成为掌权的红卫兵“东方红兵团”头头，还当过同济大学校革委会主任。后来“东方红兵团”在同济大学翻云覆雨，在上海乃至全国都有“威名”。

1966 年 8 月 9 日被《同济大学百年校志》记载为“八九事件”：这一天校园里人山人海，凡有空的场地都在揪斗“牛鬼蛇神”，100 多位干部和教职工遭揪斗，甚至被戴高帽“游街”。这天，城市建设系的造反派学生准备把杨佩昆作为“反动学术权威”拉出来戴高帽子游街，教研室里的几位助教周商吾、王子恒和潘侃等，这时却能逆浊流勇敢地站出来保护杨佩昆，对这批学生说：“你们不能碰杨老师！”杨佩昆躲过一劫。然而“运动”发展到后来，“阶级斗争”越来越厉害，杨佩昆还是被关押了。

当时中学、大学、文艺、文化单位等都设立了关押“牛鬼蛇神”的“牛棚”，大学的学生宿舍成为“牛棚”，关押了很多“有罪”的干部和教师。杨佩昆因才 5 岁的孩子在华东师范大学教师宿舍“筒子楼”里喊错了口号，被关进了“牛棚”。

杨佩昆被关押后，在被“审问”中才慢慢发现，造反派关押自己的最终目的是要他揭发已经被关押的城市建设系总支书记江东和系团总支书记倪汉章是“特务”。这两个人怎么成特务了？杨佩昆是万万不会编造出什么证据的，因此被一直关到“工宣队”进校。在杨佩昆心里，江东是一位待人很宽厚的老干部，1957 年的“反右”运动中保护了系里不少知识分子免遭划为“右派分子”的厄运。与此相反的是，道路系总支书记抓“右派”很积极，被打成“右派”的教师人数很多。有两个很要好的女教师，一起说了“右派言论”，在道路系的一个被打成“右派”，另一个后来说：“幸好我在城建系，否则也要成‘右派’。”江东本人在 1959 年“反右”运动中却因此受到批判。

杨佩昆出了“牛棚”后才听说，造反派当时挖出了一件“大案”。地下建筑与工程系（简称地下系）一位干部在严酷的逼供下，编造了一个子虚乌有的地下军统特务组织，说同济隐藏有几十个特务，被牵扯进来的干部、教师一个个被抓，被关押，还被逼着继续揭发新的隐藏者。

1968年8月25日，中共中央等部门联合发出《关于派工人宣传队进驻学校的通知》（“工人宣传队”简称工宣队）。工宣队进驻同济大学后，关在“牛棚”里的干部、教师经甄别，大部分恢复自由，这时杨佩昆已被关了一年多。

1968年，黑龙江省一所农场依据1966年5月7日毛泽东就干部和知识分子改造的“五七”指示，将农场更名为五七干部学校（简称五七干校），城市里的大批干部和知识分子被下放到干校学习、劳动锻炼。10月5日人民日报发表文章支持五七干校的成立。此后，全国各地的党政机关和高校都纷纷响应，在农村、山区举办五七干校。干部、教师、专家、文艺工作者等轮流下放到干校，参加学习、劳动锻炼。“文革”后的1979年2月7日，国务院发出《关于停办五七干校有关问题的通知》后，各地陆续停办。

同济大学五七干校设在安徽省歙县。那里的山谷中也是被选定为建设“小三线”的地区。当年除了“小三线”，还有“大三线”，这是新中国成立后，为开发内地和老、少、边、穷地区经济，同时也考虑国防需要而进行的工业布局。当时，歙县作为“小三线”设有一家生产半导体的上海电子元件厂。

1969年，杨佩昆被安排进五七干校学习、劳动。一天，电子元件厂负责人找到同济大学五七干校，要求帮助他们修建一条水泥路，因为电子元件厂生产车间前是一条土路，整天尘土飞扬，影响到半导体产品的合格率。五七干校里同济土木工程人才齐备，而杨佩昆是学过道路工程的。干校领导就派他前往。

该厂一位姓张的工程师接待了杨佩昆。到达该厂时，已是中午时分，张工陪杨佩昆在厂食堂午餐。饭后，张工带他到现场观察砂土路原状、两侧环境，丈量长宽尺寸。杨佩昆对张工说：“先要把砂土路铲掉，再建水泥路面。”

张工说："就建在砂土路上好了。"杨佩昆说："这样这条道路将要抬高 40 厘米。"他答："不要紧。"张工按照杨佩昆的要求，召集了厂里的泥水工、木工到现场来讨论如何施工。

杨佩昆与工人对话："过去哪位铺过水泥路面？""没有。""建厂后，还留下些什么混凝土施工器具？""有搅拌机、插入式振捣棒、扎钢筋钩。""知道搅拌机应放在哪里吗？""近水的地方，周围要有可足够堆放砂石材料的地方。""很好，还有没有沥青和加热锅？""没有。""搭过混凝土路边模板吗？""没有。""那好，先请木工师傅准备宽约 3～4 厘米、高 40 厘米的长条模板，总长度要有原路长度的一倍；再做一批方木棒三角撑，从头到尾每隔 70～80 厘米把模板撑在原路的两面边缘；再准备几块 60~70 厘米长、约 30 厘米高、0.5 厘米厚、腕力能操作的薄括板。请泥工师傅准备一批草包和油毛毡，总数要足够能覆盖全路面；准备沥青和加热锅。""张工，能不能弄到一台平板振捣器和切缝机？否则要请木工师傅用方形厚木板钉在木棍上做十个夯实板。"然后，杨佩昆讲了摊铺水泥混凝土路面施工过程。

杨佩昆这是第一次亲自指挥筑路，但纸上谈兵讲授道路设计和道路施工已经多年，带学生到施工现场参观也有多次，所以他指挥淡定自若。张工的专业是电子工程，他原以为筑一条路很简单，这时不得不对杨佩昆及其工作另眼相看了。当晚，张工请杨佩昆他到家去吃饭。

施工有条不紊地进行，在泥土地面上放钢筋网，铺砂石，铺油毛毡，一层层上去，最后再浇上拌好的混凝土，路面还要一段段留有缝隙，缝隙里浇上沥青等。那天混凝土铺完后大雨来临，厂里人急坏了，路被冲垮怎么办？而杨佩昆胸有成竹地让工人们立即把事先关照他们备好的草编包袋搬出来，赶快盖住路面。过几天雨停了，太阳出来了，工人要把草包掀掉，杨佩昆马上制止说，不能掀掉，草包要盖 28 天，而且每天要在上面洒水。他还告诉工人们，水泥一定要"湿治"才能在固化过程中达到强度要求。张工在一旁观察到杨佩昆做事的专业态度以及与人交流的谦和，心里留下了很好的印象。

施工结束后，张工又请杨佩昆到家吃饭，还亲自随车送他回干校。一个多月后，该厂还给干校领导送了一封给杨佩昆的感谢信。

杨佩昆与张工相互熟悉起来并成为朋友。杨佩昆没有想到，这山沟沟里建立的一段交情，对他日后重返岗位及事业起飞起了重要作用。

杨佩昆到干校劳动，头上还戴着无形的“帽子”，属于“革命群众”之外的另类。但是在那样的环境里他并没有愁眉苦脸、郁郁寡欢，而是把劳动当作学习一项新技能的机会，吃苦肯干。经过锻炼，他看上去瘦弱的身子，挑起担子走山路不输别人，包括这次帮助修路。杨佩昆的种种表现，让干校领导对他也另眼相看了。

蹉跎岁月中酝酿“中国交通工程”

“文革”后期，图书馆成为杨佩昆最好的避风港和加油站。在这里，他第一次从国外书刊上认识了“交通工程学”这门新兴学科，至此开始了对交通学理论的学习和书籍翻译，自行带领志同道合的同事去道路交通现场做调查、分析、研究。同济大学创办国内第一个交通工程研究室并任他为室主任后，交通工程学终于成为他终生钻研的学科。

“文革”中，城市建设系因苏修的产物和“读书当官论”两条罪名而被“造反派”“砸烂”。杨佩昆所在的城市建设教研室不复存在，室里教师们的去向安排遵循“哪里来，回哪里”的原则，杨佩昆从五七干校返校后，回到了原来的道路教研室。即使已恢复自由，杨佩昆在道路教研室仍被视为“另册”上的人而被晾在一边很长时间。

1970年同济大学首批被批准招收“工农兵学员”。杨佩昆被安排给“工农兵学员”补习了两个学期的数学课。学员的受教育程度相差甚大，好的已达高中程度，差的小学尚未毕业。杨佩昆特别关注这些差生，为他们专开“营养餐”。后来又陆续来了不少旁听生。因此，杨佩昆同“工农兵学员”结下了“良缘”。在1970年从上海到安徽广德长达一个月的“拉练运动”中，幸得“工农兵学员”帮助背包裹的倍加照顾，当时瘦弱带病的杨佩昆总算圆满“拉”完了全程。

但高等院校仍然很长时间没有恢复正常运转，很多教师没有课可教，除了每周两次的政治学习外，无所事事。戴着“臭老九”的帽子，很多人战战兢兢又很迷惘，不知前途在哪里，有些甘当“逍遥派”，浑浑噩噩混日子。

杨佩昆似乎也不知道前途在哪里，但他不相信这种不要科学、践踏知识的不正常的社会状况会一直持续下去。他自己找事做，来充实提高自己。

幸好同济大学图书馆恢复开放，还有新进来的国外图书和期刊。杨佩昆闲着无事，成为图书馆的常客。那时读者寥寥，杨佩昆倒可以静下心来翻阅那些少有人问津的英文版期刊和图书。看着看着，他发现外部世界已经发生很大变化，新的科技进步引他注目，尤其是他读到英美等交通发达国家所提出的交通工程概念，让他耳目一新。他记得那是 1975 年的时候，他翻到 1966 上半年的一期美国 *HRB*（*Highway Research Board*）出版物，注意到其中有一段“本刊更名为 *TRB*（*Traffic Research Board*）”的说明，大意是：因我们的研究内容已超出道路工程的范围，涉及大量交通工程的内容。他还注意到下半年的一期中，又刊出了一段“本刊更名为 *Transportation Research Board*”的类似说明，大意是：因除交通工程外，研究还涉及运输工程。后来，英国的 *RRL*（*Road Research Lab.*）跟着改名为 *TRRL*（*Traffic & Road Research Lab.*），接着澳大利亚的 *ARRB*（*Australia Road Research Board*）也改名为 *ARRB-T*（*Transport*）。

1966 年出版的美国刊物，杨佩昆 1975 年才翻阅到，中间已经过了 9 年。一本旧期刊的两次更名，激发了杨佩昆的专业敏感。处在与世界学术前沿隔离状态的杨佩昆发现了“新大陆”——道路工程之外有一个新的“交通工程”；再之外，又有一个“运输工程”。至于为什么会有这样的新概念、新学科，杨佩昆满怀好奇和疑惑，但没有答案。

后来他在上海市图书馆查到 20 世纪 50 年代出版的《大英百科全书》，马上借了在馆内查阅起来，一看上面有“交通工程学”的词条。翻到这一词条查看，上面根据“科学学”的定义来说明“交通工程学”。一个学科能否被评称为“学”需有五个条件，即有明确的研究目标、内容、范围、方法和有明确的基础学科的支持。词条上释述了“交通工程学”的研究目标、内容、范围、方法和支持学科。看了这短短一条词条的释述，杨佩昆茅塞顿开，心想，过去在道路系学习和刚工作时只知道有“公路工程”或“道路工程”（Highway Engineering）。直到1956年，同济大学创办城市建设系、城市建设专业，自己从道路系被调到城市建设系，开始翻译学习苏联教材和参考书后，才知道公路和一般的道路之外，还有“城市道路”“街道”与“交通”等另一类需要学习和研究的知识。而知识还在更新，他想到，对于“交通”，自己之前也只是理解为车辆在路上的一种运行现象。看到*HRB*期刊的更名后，才知道“交通”已发展为一类独立的工程，被称为“交通工程”，而且还由此衍生出“运输工程”。现在他查阅到《大英百科全书》的词条，更明白“交通”不仅是一类工程，还符合“科学学”五个条件的定义，可称为“学”了，即被学术界认评为与数学、物理学、化学等传统学科并列的“交通工程学”。

弄明白了这一点，他好不兴奋，交通工程既是一门学科，里面必定包含很多自己还不懂的理论和技术。但当时既无导师可咨询，也并无同辈可交流。平心而论，当时像杨佩昆一样专注并钻研于专业的同仁也不多，在“文革”那样的特殊年代，杨佩昆更显得孤独了。

1984年，当同济大学设立交通工程本科专业，迎接首届新生入学时，杨佩昆根据《大英百科全书》上的这一条目，给新生说明交通工程被评为“交通工程学”的意义，交通工程专业的学习内容和专业培养目标。他抱有的希望是，新一代学生能克服“专业思想”，继往开来，在这个学科中脱颖而出。

图书馆的书和期刊只能馆内阅读，不能外借，于是杨佩昆把图书馆当作了有空必去的地方，一待就是一整天。他借助字典，把英、俄、日文献中一些他认为重要的内容摘译下来，有些则将原文译录下来。摘译和译录的文稿，按篇用钉书机或曲别针集装成本，累计总有数十本，至今还保留着（图1、图2）。这些译稿的内容都是杨佩昆本人学习、日后撰文写作的基础。留至今日、已经泛黄的手稿本，密密麻麻都是整齐端正的小字，还附有硫酸纸描印的曲线图，足以彰显杨佩昆能够在这个领域比别人先行一步的基础。

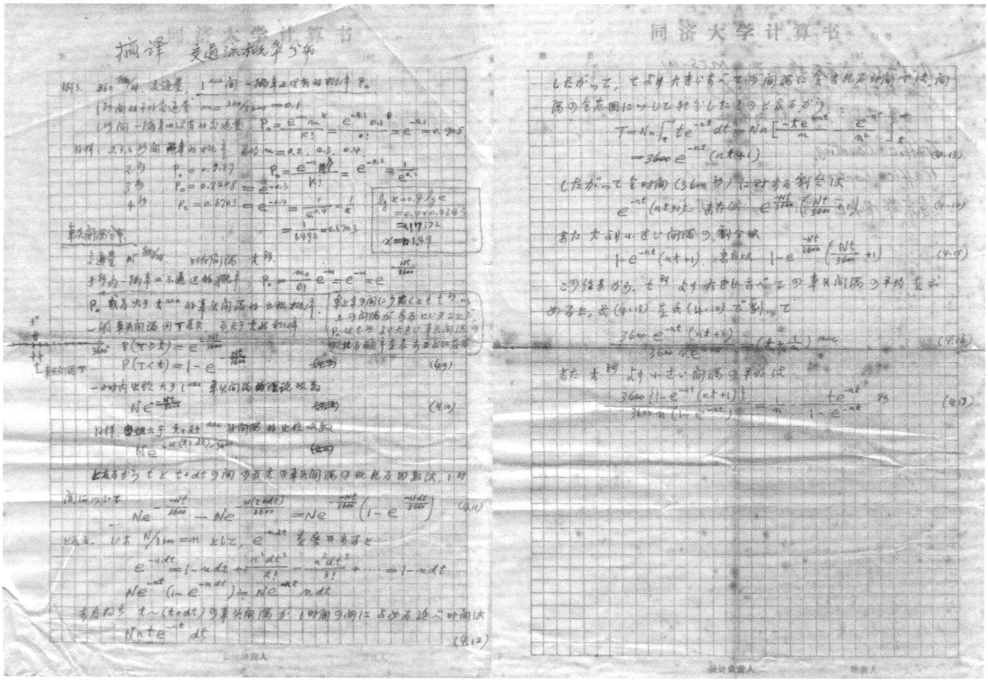

图 1　摘译和译录的文稿

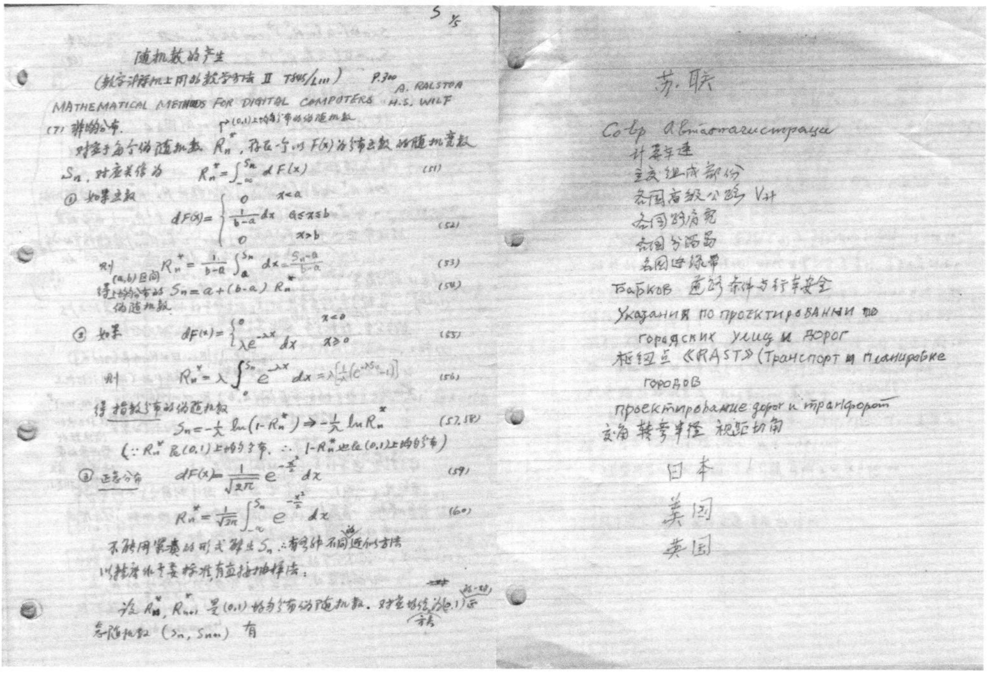

图 2　摘译和译录的英、俄、日文献的文稿

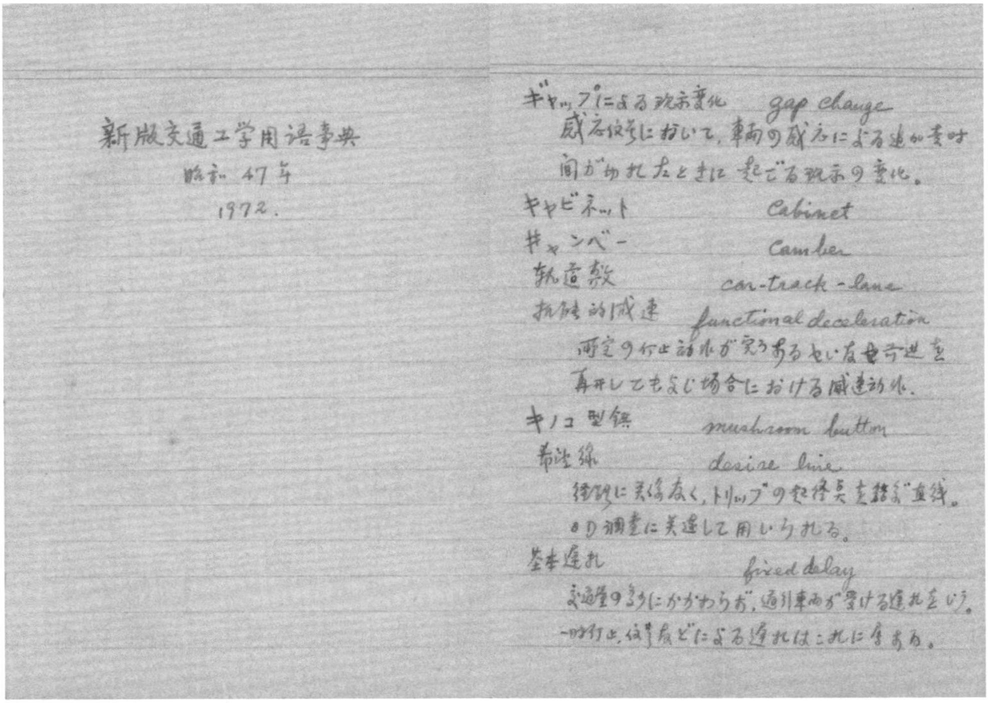
新版交通工学用語事典
昭和47年
1972.

ギャップによる現示変化 gap change
感応信号において、車両の感応による延長時間が切れたときに起こる現示の変化。
キャビネット Cabinet
キャンバー Camber
軌道数 car-track-lane
機能的減速 functional deceleration
所定の停止線が完全あるいは全停止…
再开しても支障ない場合における減速行為。
キノコ型鋲 mushroom button
希望線 desire line
経路に関係なく、トリップの起終点を結ぶ直線。
OD調査に関連して用いられる。
基本遅れ fixed delay
交通量の多少にかかわらず、通行車両が受ける遅れをいう。
一時停止、信号などによる遅れはこれに含まれる。

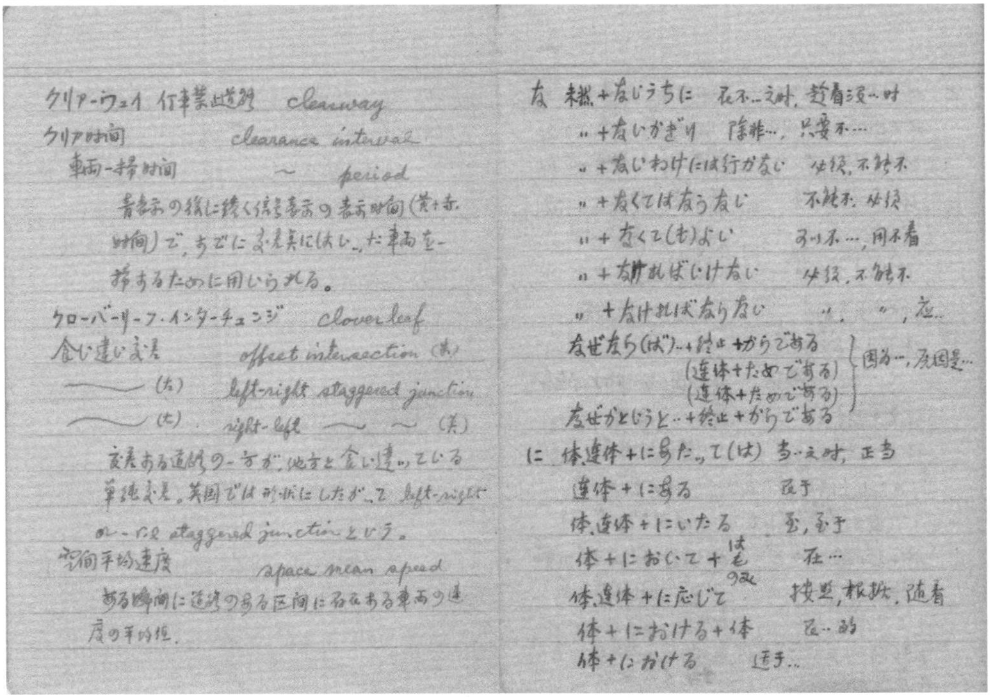
クリアーウェイ 停車禁止道路 clearway
クリア時間 clearance interval
車両一掃時間 ~ period
青表示の後に続く信号表示の表示時間（黄＋赤時間）で、すでに交差点に進入した車両を一掃するために用いられる。
クローバーリーフ・インターチェンジ clover leaf
食い違い交差 offset intersection (米)
——(右) left-right staggered junction
——(左) right-left ~ ~ (英)
交差する道路の一方が他方と食い違っている単純交差。英国では形状にしたがって left-right or r-l staggered junction という。
空間平均速度 space mean speed
ある瞬間に道路のある区間に存在する車両の速度の平均値。

な 未然＋ないうちに 在不…之时，趁着没…时
〃＋ないかぎり 除非…，只要不…
〃＋ないわけにはいかない 必须，不能不
〃＋なくてはならない 不能不，必须
〃＋なくて(も)よい 可以不…，用不着
〃＋なければいけない 必须，不能不
〃＋なければならない 〃，〃，应
なぜなら(ば)…＋終止＋からである (連体＋ためである) (連体＋ためである) 因为…，原因是…
なぜかというと…＋終止＋からである
に 体、連体＋にあたって(は) 当…之时，正当
連体＋にある 在于
体、連体＋にいたる 到，至于
体＋において＋は/も/の 在…
体、連体＋に応じて 按照，根据，随着
体＋における＋体 在…的
体＋における 适于…

图3 《事典》及其中部分词条和附录页面

在用字典翻译这些文献时，他把一本 1972 年日本出版的日英《新版交通工学用语事典》（简称《事典》）连带其中的附录——日语常用“成语”，全部抄了下来（图 3）。

受《事典》的启发，他在翻译各种文献时，把有关交通专业的名词都随手记下。有些名词，一般英汉词典的译义同文意相符，还有不少不相符的，他还得按文意苦思出一个合意的专业译名。如此，陆续积累了大量这样散记的译名，但以后再遇到曾见过的名词时，不易查找。他就想到把这些散记的译名，干脆按英文字母整理编成一本自名为《交通工程专业词汇》的小词典（图 4）。这本小词典，在他以后的译著工作中发挥了很大的作用。

此外，他也特别关注摘录国内各城市的道路、交通、公交的统计数据（图 5），还邀上海市交通处、规划设计院合作做上海市交通流量、车速、油耗调查分析（图 6）。他看到上海外滩将要改道的信息后，在改道前即组织观测了改道前的行车情况；改道完成后，再观测改道后的行车情况，然后对照前后观测数据分析改道的效果（图 7）。

自从明白了“交通工程”独立于诸学科的意义，杨佩昆就确立了深入学习、钻研“交通工程学”的研究方向。他想到在图书馆曾见过《交通流理论》（*Traffic Flow Theory*）一书，立即借来阅读，接着又决定把全书译录下来，留作长期

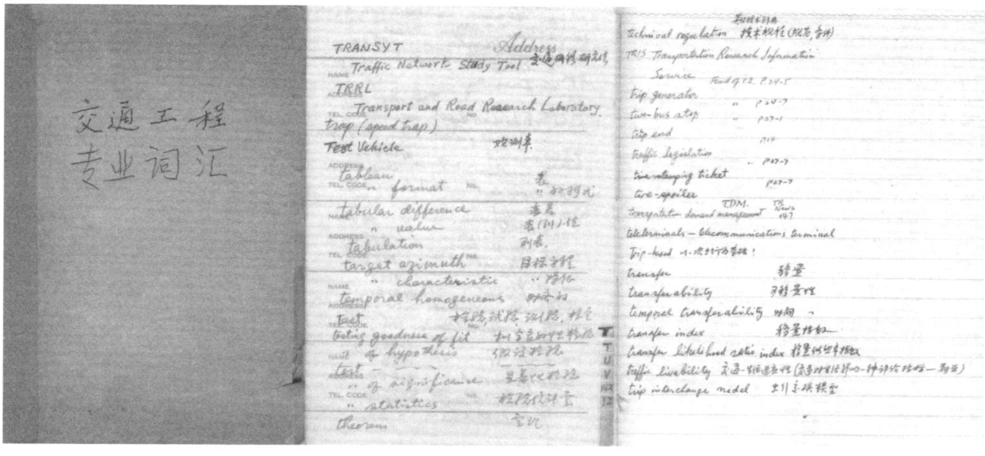

图 4　《交通工程专业词汇》小词典及其中部分词条页面

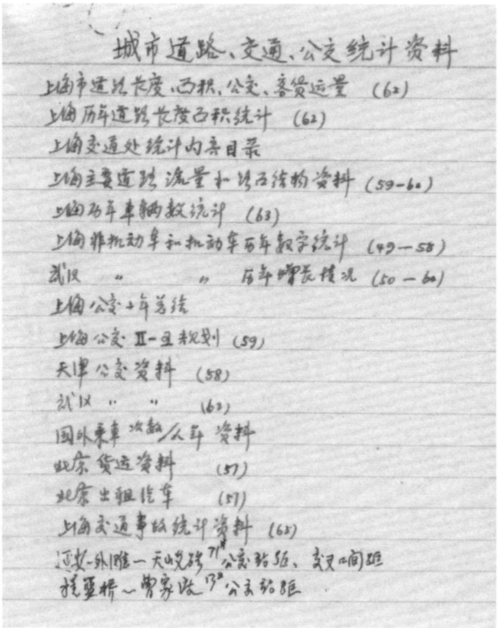

城市道路、交通、公交统计资料
上海市道路长度、面积、公交、客货运量 (62)
上海历年道路长度面积统计 (62)
上海交通处统计内容目录
上海主要道路流量和结构物资料 (59—60)
上海历年车辆数统计 (63)
上海非机动车和机动车历年数字统计 (49—58)
武汉 〃 〃 历年增长情况 (50—60)
上海公交十年总结
上海公交 II—五规划 (59)
天津公交资料 (58)
武汉 〃 〃 (62)
国外乘车次数/人年资料
北京货运资料 (57)
北京出租汽车 (57)
上海交通事故统计资料 (62)
延安—外滩—天山路71路公交站距、交叉口间距
提篮桥—曹家渡13路公交站距

图 5　国内各城市的道路、交通、公交统计数据

上海市交通流量、车速、油耗
调查分析总结报告

同济大学道路与交通工程研究所
上海市公安局交通处
上海市规划设计院
一九八八年四月

图 6　上海市交通流量、车速、油耗调查分析总结报告

学习参考，到1975年才把整本书都翻译完毕（图8）。他的小字典中又增添了不少专业名词。当时，他认为此书纯属不知名学者作理论分析的西方著作，那时的出版社不会接受此类译作的出版，所以手稿一直留着，没有投稿。

杨佩昆在“文革”末期那样的环境下，靠一己的专业敏感和不懈的钻研，获得了对“交通工程学”的先知先识。在那个混乱而又极度封闭的年代，杨佩昆从馆藏图书里获得比别人多一点从理论和学术的角度看世界“交通工程学”的眼光，心里由此播下了

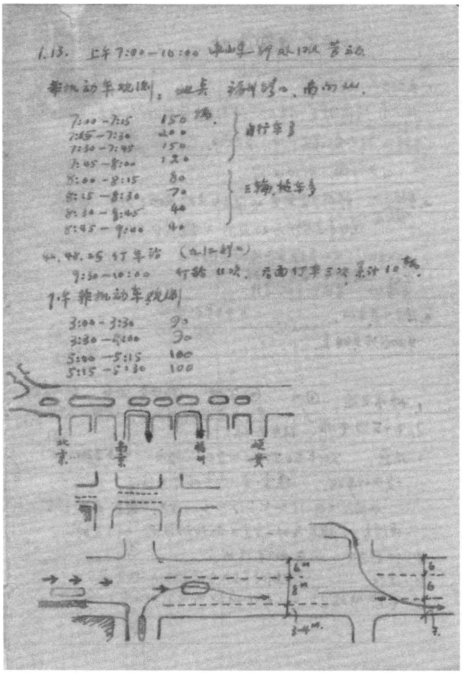

图 7　外滩改道通车前后行车情况观测

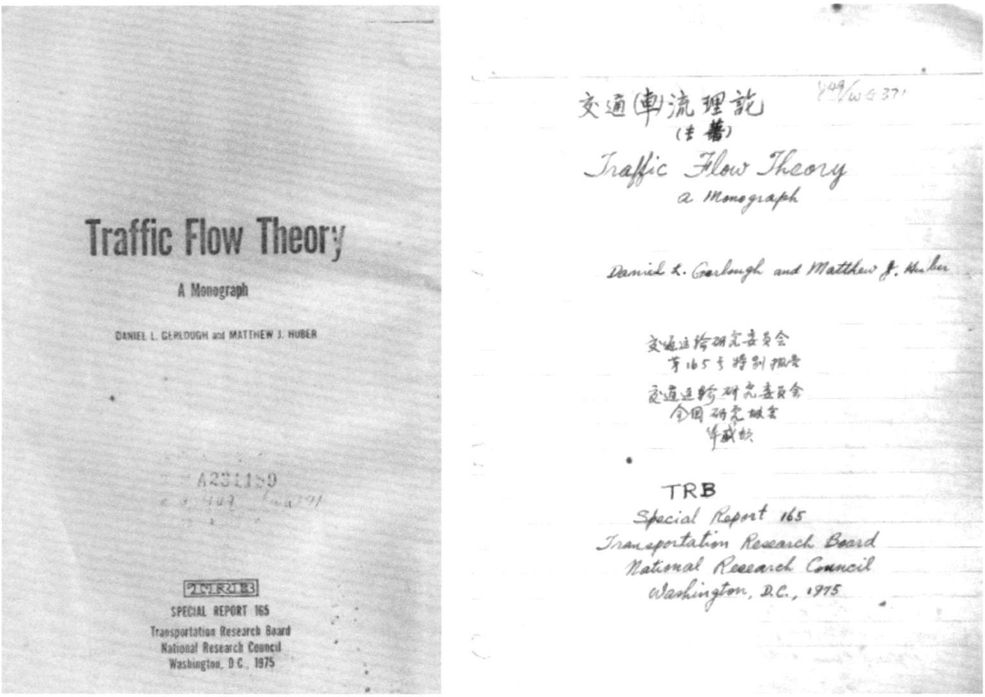

图 8 《交通流理论》原版封面和译录扉页

立志学习、钻研“交通工程学”的种子。日后他在这一学科领域有了许多“第一次”“第一个”，也就是水到渠成、顺理成章的事。

在那段空闲的日子，杨佩昆除了利用图书馆来自我充实自我提高外，总有重搞研究的壮志。他忘不了当交警时对研究交叉路口车辆通行能力获得的感性认识，以及在城市建设教研室时对大世界等交叉口所做的实测，很想再亲自去做一做观测、分析、研究。

1977 年，虽然没有什么身份，但是一直惦念着搞交通工程研究的他征得道路教研室有志同仁徐慰慈、乔妙华的支持，去交叉口观测车辆通行状况的数据。这时，援外回国的志士彭国雄也欣然支持加入了他们的队伍。以后，这几位都成为同济大学开创中国交通工程学科研究的先锋。他们再去大世界交叉口进行观测、研究车辆通过信号控制交叉口的运行参数，并扩大了观测、研究的内容，广及绿灯启亮时车辆的启动时间与加速度、停车线与冲突点间距和车辆驶出停车线到通过冲突点的时间、绿灯期间车辆以常速从停车线驶达冲突点的时间、两向直行车（或一直行一左转车）前后通过冲突点的极限时差、左转车穿过对向前后两直行车间的可穿越空当等。这次观测经历了相当长的一段时间，积累了大量有价值的数据、资料。1979 年，中国第一个交通工程研究室成立后，他们把这批观测数据统计、分析结果，分专题、分工陆续（从 1980 年到 1981 年）写成 20 篇文章，用道路交通研究所里自己的打印设备，打印成 20 本《交通工程技术资料》，分送给全国有关的院校与单位。这是国内从未有过的交通工程技术交流资料。这批资料是“空前绝后”的——像他们这样到现场去观测第一手数据，并作统计、分析，得出的这样一批交流资料，是国内以前、此后从未有人做过的工作。

幸得学术研究“第二桶金”

令他兴奋的是，几年前在“小三线”认识的朋友——张工，帮他获得学习“运筹学”的机会，运筹学是学习研究交通工程学必要的数学知识，为他打下了研究交通工程学的理论基础。

1976年10月，“文革”终于结束。对教师而言，“文革”不仅中断了学习和学术进程，还造成了一个学习知识和钻研业务要受打压的环境。而杨佩昆同日后在学术上有建树有成就的学者一样，在逆境中做到坚持和不放弃。当国家的各个领域都开始拨乱反正，一切都在复苏时，客观的机遇以及主动的追求，都使得杨佩昆对交通工程学这门学科的学习越来越有劲。俗话说“机会都是留给有准备的人”，这一点在杨佩昆身上有最明显的体现。

“文革”结束的头一两年，“极左”余毒尚未彻底清除，杨佩昆仍被当作一个有“问题”的人，仍处于“闲散”阶段。但是“闲散之人”却有机会另练一套“闲散之功”。

1978年的一天，杨佩昆接到一个电话，一听是在五七干校时认识的上海电子元件厂张工打来的。多日不见，相互寒暄一番后，张工说：“我现在调到上海第二工业大学（简称二工大）当教师。”并说：“有关部门要在上海理工大学举办一个‘系统工程’培训班，为全国各高校培训‘系统工程’讲课教师。培训班上要讲‘运筹学’中的各分支课程。我有幸参加这个培训班当学员，我可以设法帮你也办一张旁听证，你是不是有兴趣选听几门对你有用的课程？”

杨佩昆当即非常高兴地回答：“太好了，十分感谢。请帮我选听数理统计、线性规划、概率论、排队论四门课好吗？”“我试试看。”隔了三天，张工又来电说：“旁听证已办好，后天下午开课，一点半之前来上海理工大学，我在门口等你，我们一起去听课。”当年杨佩昆在五七干校时，帮助张工所在的电子元件厂修了一条水泥混凝土路面，几年后张工记起他，并且还告诉他这么好的事情，杨佩昆真是求之不得，感激不尽。杨佩昆一直也没有搞明白张工凭什么对自己这么仗义。

当时，运筹学在国内完全是空白，没有几个人了解它。在国际上，这也是一门年轻的学科，发展于第二次世界大战后，1957 年前后正式定名，1960 年左右形成体系。而杨佩昆在图书馆里翻阅图书期刊，已经知道有这门学科，且知道这门学科在现代交通工程学中有广泛的应用，是现代交通工程学的数学基础理论之一。

图 1　学习笔记封面

在上海理工大学举办的这次学习班，正式学员都是一些从事数学教学的老师，当时学习班里给学员上课的教师都来自中国科学院，如徐光辉等，他们在日后都成为中国科学院院士。

当时，杨佩昆在系里仍处于无人管问的状况，也不用什么人批准。他兴冲冲地进入这个培训班，如同久旱逢甘露，如饥似渴地听了整整一学期的课。他一课不落，每次都认真做好笔记，笔记本保留至今（图 1—图 4）。

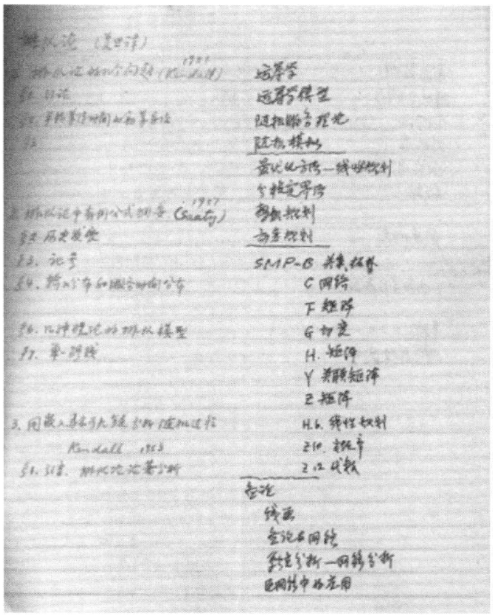
图 2　学习笔记本

晚年他回忆说：“这次学习对我来说太重要了。我能够在交通工程学这门学科的

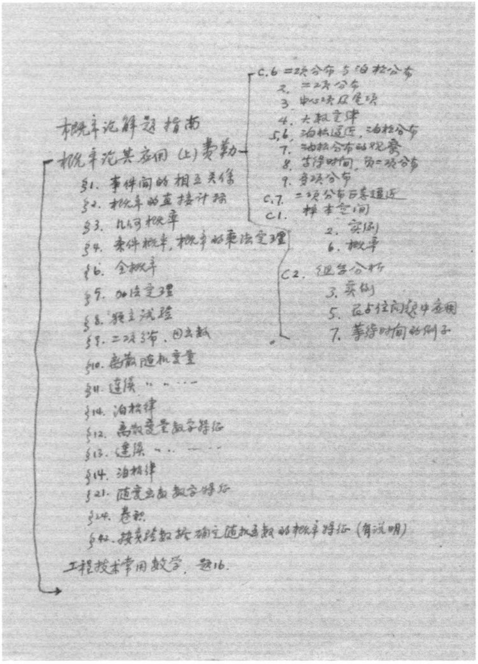

图 3　概率论笔记

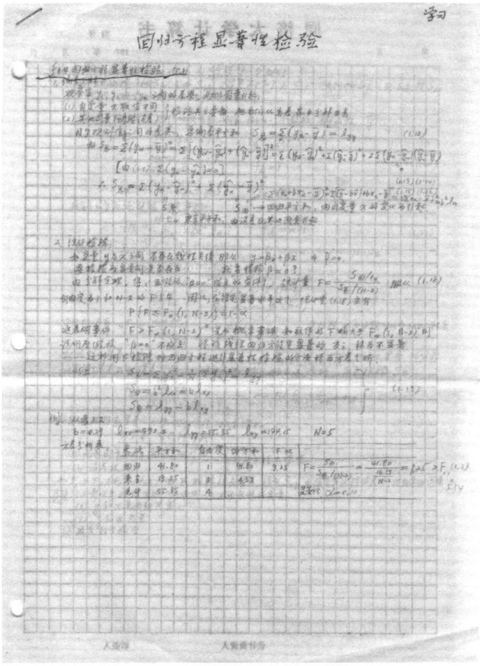

图 4　回归方程显著性检验笔记

科研工作中取得些成果，有两件事最重要：第一件事是 1960 年我去上海交警大队当交警，观察到道路交叉口车辆的运行状况，掌握了收集基础数据的方法，这给我日后开展这门学科的研究建立了感性认识的基础；第二件事就是获得这样一个重要的良机，学习了运筹学知识，打下了研究交通工程学的数学理论知识的基础。两者结合，让我了解了这门新兴学科的内在感性知识以及相关理性知识的结构组成，懂得了在科研工作中如何从感性的调查、观测取得基础数据到理性地分析数据、取得研究成果。这为我日后开展科学研究建立了坚实的认知基础。”

受邀参与译、编工作

上海市政工程局总工程师张佐周，是一位在市政、道路工程上很有学识及经验功底的老前辈，深受国内业界尊重。他也是杨佩昆的忘年交，杨佩昆深得他的厚爱，屡次受邀参与由他主持的译、编工作。《交通专业小词典》派上了大用处。

1978 年 3 月，在北京举行了 1949 年以来全国第一次科学技术大会。会上邓小平提出了“科学技术是第一生产力”。“科学”，在这片丰饶的国土上，经历了一段时期的冰冻雪封，终于迎来了久违的春天。

全国第一次科技大会召开时，张佐周被市里推选为上海市参会团员。会议期间，他在国际书展上看到一本英文版的图书《道路交通分析与设计》（*Road Traffic Analysis and Design*），作者是 R. J. 索尔特（图 1）。翻阅一下，他觉得书里道路交通的技术内容都从未见过，就买了回来。回上海后，他找到赵骅教授，同时也找了杨佩昆，商量一起合作翻译这本书。当时大家都想做事，也没有版权概念，就都欣然同意。

图 1　《道路交通分析与设计》封面

此书分三篇，张佐周翻译第一篇《城市道路规划》，赵骅翻译第二篇《道路交通的分析与设计》，杨佩昆看第三篇篇幅最少，就选译第三篇《交通的信号控制》。此篇篇幅虽少，却是最前沿的内容。当时国内还从未翻译过这方面内容。此篇中，一些专有名词，普通词典上没有合适贴切的

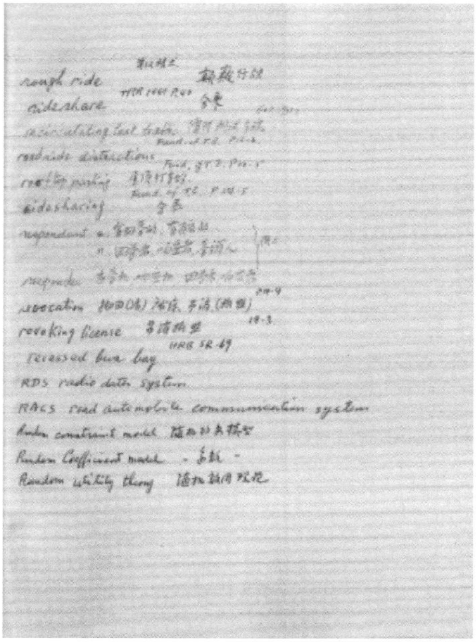

图 2　翻译专有名词

汉语词义。《交通专业小词典》上能查到的，就用上了；没有的，杨佩昆需要对照上下文、从学术意义来理解，冥思苦想，自己创译出一个适应学术意义的新汉语词汇，如 equisat，经反复推敲文意后，译为“等饱和度”；flexiprog 译为“可变连续通行”；aproach，经推敲文意后，译为“进口道”这一新名词; lag 译为“余隙”，等等（图 2）。这些字的译义又充实了《交通专业小词典》的内容。

晚年回忆这段翻译经历，杨佩昆说起 20 世纪前后，西风东渐，哲人先辈引进科学技术以及新思想时，在翻译上创造了很多新词汇，应用至今。比如严复根据日文首创翻译的“物理”“化学”“几何”都非常贴切。他们三人在国门再次打开的特殊年代，也得到一个创造新词汇的机会，翻译英国人 R. J. 索尔特的这本书所创译的某些新词汇，现在已在专业书中被人们应用，这也算是一点小小的开创性贡献吧！这本书翻译完，于 1982 年由中国建筑工业出版社出版。有了这番经历，杨佩昆的收获是，以后阅读交通学科的学术文章和图书更顺畅了。

1982—1983 年，由赵祖康（曾任上海市副市长）、李国豪主持，组织人力编写《道路与交通工程词典》，请张总主编交通工程类词条，请杨佩昆当编委，协助张总补充交通词条，《交通专业小词典》又派上了用场。

1989 年，赵祖康提出请黄兴安（时任市政工程局局长）主持改编他主编的《英汉道路工程词汇》（第三版）。杨佩昆被邀为编委，并由黄局长指定他专门补充交通工程方面的专业词条。《英汉道路工程词汇》（第三版）于 1991 年出版。赵祖康住院期间，再次请黄兴安主持改编《英汉道路工程词汇》

图 3 《英汉道路工程词汇》第四版编委

（第四版）。杨佩昆再次被邀为编委（图 3）。第四版于 2001 年出版。杨佩昆自编的《交通专业小词典》再次派上了用场。

自行车王国中探求车流规律

20 世纪 70—90 年代，中国堪称“自行车王国”，自行车是人们的主要出行交通工具。在杨佩昆长期的交通工程研究生涯中，少不了对自行车车流规律的研究，从中探得了自行车的“散布 + 叠加”规律。他对自行车与机动车混合行驶、相互干扰状况观察取得的精细资料，使得他的研究成果具有中国自行车交通的特征，在与国外同行交流中，具有鲜明的中国学者特征。

在中国受帝国主义封锁、物质匮乏的年代，自行车是紧俏商品，需凭票供应。20 世纪 70 年代，年轻人结婚购买自行车与当今购买小汽车有同样的心理效应。自行车是人们重要的交通出行工具，也是家庭重要的固定资产，人们普遍具有购买自行车的期望。到了 80 年代，自行车生产和保有量激增，据统计，中国在 1983 年，城乡自行车总量达到 3 亿辆，至 1989 年增至 4 亿辆，部分城市几乎人均一辆。在上下班的交通高峰时段，自行车在道路上拥挤如同潮涌，“自行车王国”当之无愧（图 1、图 2）。

杨佩昆还摘录了 1982 年上海自行车调查数据的资料。

严重的问题是，当时道路上自行车与机动车混行，相互干扰，造成城市交通效率低下，交通事故频发。因此，在相当长一段时间内，杨佩昆研究中国的交通流，少不了对自行车运行状态的观察和研究。在当时要想解决交通困境，先得摸清现象后面的规律，杨佩昆带领研究室最早开始观测当时中国城市自行车流运行规律。在北京、上海、天津等城市观测项目广及左转及侧向自行车对机动车的影响、绿灯初中末期左转自行车到达数量及分布、自行

图 1　北京自行车车流

图 2　上海 80 年代“拥挤的自行车车流”

车红灯末期排队车数及耗时、对向直行车绿初到达与左转自行车冲突点时长、绿灯中期出现空档及绿灯末期通过冲突点后剩余时间内可通过的自行车数、受自行车影响后机动车损失时间、自行车饱和流量等（图 3）。

他保留至今的一本 1982 年的手稿，泛黄的纸上写的是研究报告《红绿灯交叉口自行车对机动车通行能力的影响》，其中写出了他做以上各项观测

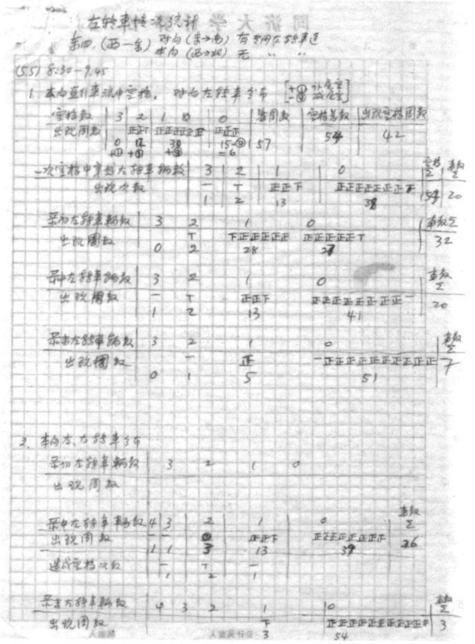

（a）自行车左转影响

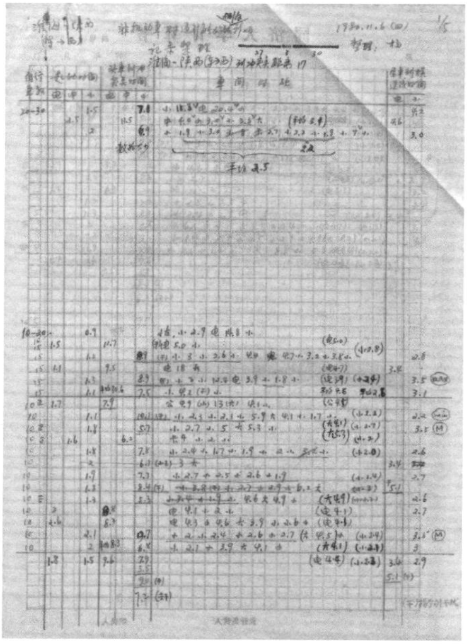

（b）自行车侧向影响

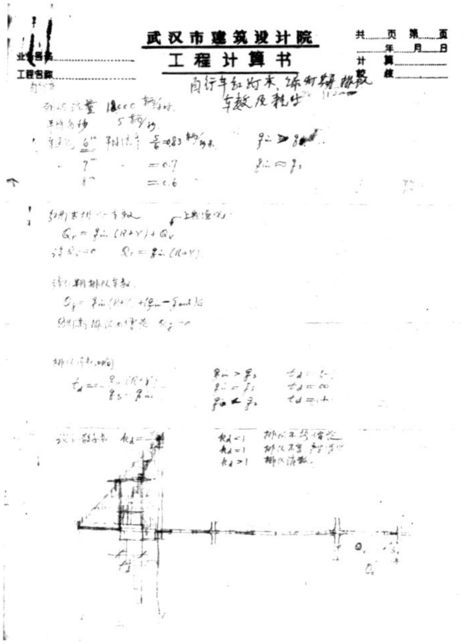

（c）自行车红灯末期排队车数及耗时

（d）自行车饱和流量的确定

图3　自行车观测记录

的缘由、过程与结论（图 4）。

杨佩昆的研究脉络以及之前和之后研究的思路、风格、态度从中可见端倪。手稿多次修改，描绘了考察当年自行车与机动车混合行驶时，相互间在交叉口的实际交叉状况，从中可以看到他的精细目光（现场实测了两者诸多时间要素，并作记录分析），也可以看到当年机动车和自行车混行严重的场面。手稿写道：“红灯时并排到达停在停车线后的机动车、自行车，当绿灯启亮时，自行车因启动灵活，总是抢先在机动车前蜂拥驶出停车线，影响以致延缓机动车的启动时间，特别是左转自行车，抢先在机动车之前左转，延缓机动车通过交叉口的时间更明显。当机动车行驶超过并行的自行车，后续的机动车成队连续行驶时，自行车只得在机动车侧骑行，机动车摆脱自行车的干扰，开始畅通行驶。因此，构成这类影响的主要是红灯期间到达、在停车线后待行的自行车。而绿灯期间到达的自行车在此影响不大。绿灯初期来不及抢先左转以及后到的左转自行车，在机动车成列行驶时，只得在旁俟机左转。当机动车流中自然出现空当时，自行车穿越左转。一般俟机左转的自行车，大都在机动车流中只要出现一点可乘之隙，即行强越左转，迫使后面机动车减速甚至停车，待自行车左转后重新启动行驶。绿灯期间等不到机动车空当的左转自行车以及绿灯末期到达的左转自行车，只能待至绿灯结束，在机动车尾后左转，这种自行车数量不多时问题不大，数量较多或左转行驶迟缓时，这部分车将影响下一相位绿初头车的行驶。”这份研究报告有七部分内容，除了以上在交叉口自行车对机动车干扰状态的分析，还有每周自行车到达量、自行车红灯末绿灯期排队车数及耗时、左转自

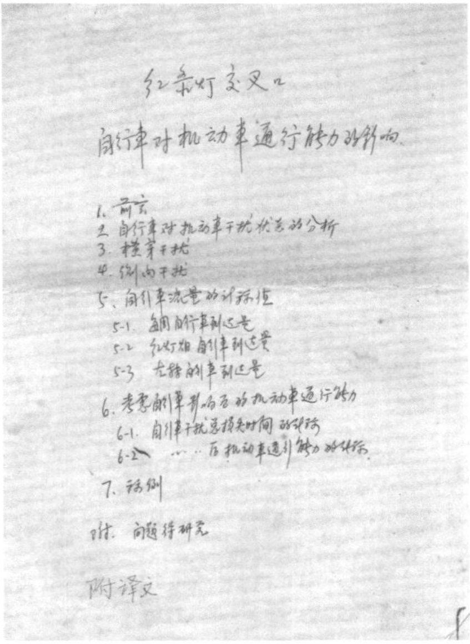

图 4 《红绿灯交叉口自行车对机动车通行能力的影响》手稿

行车到达量等明细数据，以及受自行车干扰，机动车总损失时间的计算，机动车受自行车影响条件下通行能力的计算，等等。文后还留了七个待研究项目。

杨佩昆在做这些大量的观测时，还发现自行车车流运行状态与机动车车流的重大差别：机动车车流在划分的车道上整齐地列队先后按序行驶，而自行车车流在车道上混乱地呈散布状行驶。他思考怎么用一个数学模型来规律化地表达这种混乱的散布状态：他以停车线断面单位时间内自行车的流量分布，建立了“自行车车流散布模型”，写了手稿，并译成英文稿（图 5）。

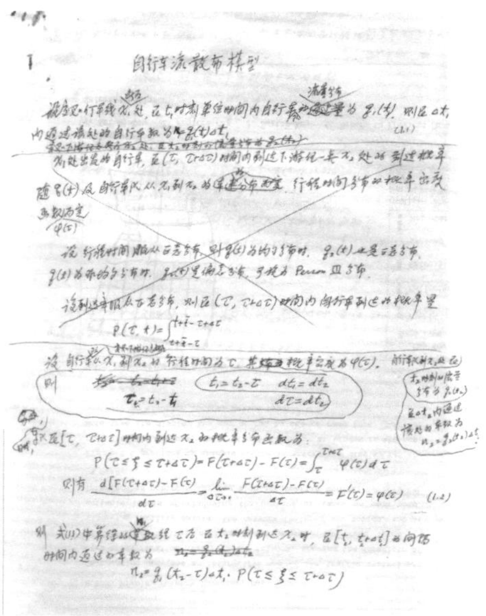
自行车流散布模型

图 5　自行车车流散布模型

后来，在观测中他又发现：散布状态的自行车车流中，原在后面的快车会赶上、超越前面的慢车，甚至后面绿灯期驶出的快车会超越前面绿灯期驶出的慢车。于是，他又思考用数学模型来表达这种现象，又建立了一个由他命名的“自行车车队的叠加模型”（图 6）。

一个叠加车队形成后，由此带到下一个交叉口的自行车车流的峰值与前一个交叉口不尽相同，他把这种现象命名为“峰值转移”，这是自行车车队行驶中的特有现象。人人司空见惯，杨佩昆却观察、研究出除自行车车流的散布现象外，还有“叠加现象”，并掌握了“叠加规律”，建立起“自行车交通流散布—叠加模型”。他的这些成果对改善交叉口信号灯控制有一定的意义。

中国大、中、小城市虽然普遍存在以上自行车交通问题，但是当时已有的交通控制系统，在信号配时上往往不考虑自行车流，更无专门的自行车信号灯。如此，造成交通秩序混乱和交通堵塞不可避免。当中国的小汽车数量

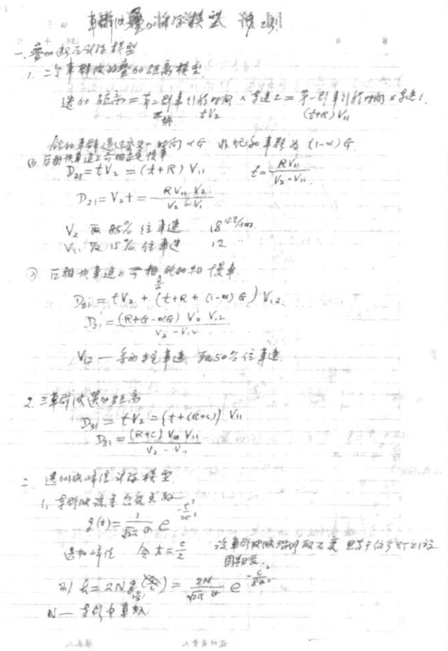

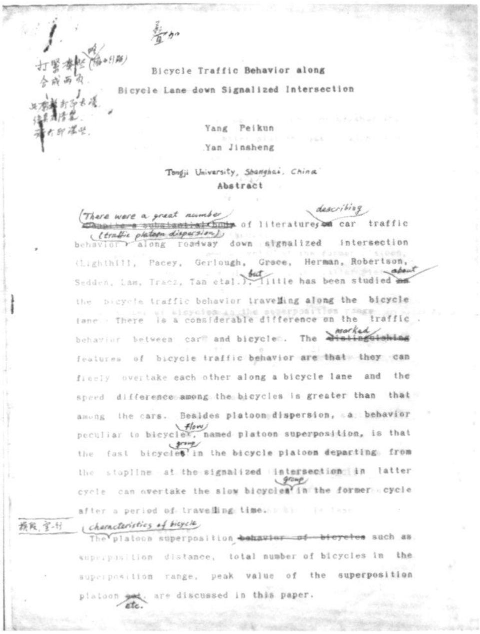

Bicycle Traffic Behavior along

Bicycle Lane down Signalized Intersection

Yang Peikun

Yan Jinsheng

Tongji University, Shanghai, China

Abstract

(There were a great number) of literatures describing car traffic behavior (traffic platoon dispersion) along roadway down signalized intersection (Lighthill, Pacey, Gerlough, Grace, Herman, Robertson, Sedden, Lam, Tracz, Tan etal.), but little has been studied about the bicycle traffic behavior travelling along the bicycle lane. There is a considerable difference on the traffic behavior between car and bicycle. The marked features of bicycle traffic behavior are that they can freely overtake each other along a bicycle lane and the speed difference among the bicycles is greater than that among the cars. Besides platoon dispersion, a behavior peculiar to bicycle flow, named platoon superposition, is that the fast bicycle group in the bicycle platoon departing from the stopline at the signalized intersection in latter cycle can overtake the slow bicycle group in the former cycle after a period of travelling time.

The platoon superposition characteristics of bicycle such as superposition distance, total number of bicycles in the superposition range, peak value of the superposition platoon etc. are discussed in this paper.

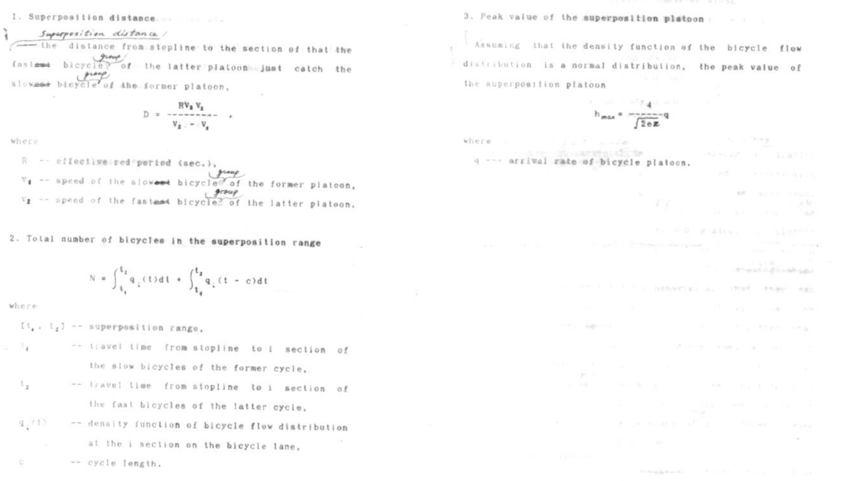

1. Superposition distance

Superposition distance — the distance from stopline to the section of that the fast bicycle group of the latter platoon just catch the slow bicycle group of the former platoon,

$$D = \frac{RV_2 V_1}{V_2 - V_1},$$

where

R -- effective red period (sec.),

V_1 -- speed of the slow bicycle group of the former platoon,

V_2 -- speed of the fast bicycle group of the latter platoon.

2. Total number of bicycles in the superposition range

$$N = \int_{t_1}^{t_2} q_i(t)dt + \int_{t_4}^{t_2} q_i(t-c)dt$$

where

$[t_1, t_2]$ -- superposition range,

t_1 -- travel time from stopline to i section of the slow bicycles of the former cycle,

t_2 -- travel time from stopline to i section of the fast bicycles of the latter cycle,

$q_i(t)$ -- density function of bicycle flow distribution at the i section on the bicycle lane,

c -- cycle length.

3. Peak value of the superposition platoon

Assuming that the density function of the bicycle flow distribution is a normal distribution, the peak value of the superposition platoon

$$h_{max} = \frac{4}{\sqrt{2e\pi}} q$$

where

q --- arrival rate of bicycle platoon.

图 6　自行车车队的叠加模型

开始持续增长，人们对自行车的干扰越来越不能容忍，提出要对自行车采取种种限制措施。杨佩昆却坚持认为，如果不合时宜地对自行车采取限制措施，随着生活水平的提高，大量的出行量会转向小汽车，小汽车大量增长以后，会出现小汽车严重堵塞，引起环境污染。杨佩昆当时的看法是：

一、自行车是无污染的绿色交通工具，应学交通发达国家鼓励改小汽车出行为自行车出行。

二、自行车是非全天候的短距人力交通，城市交通政策应该优先发展公交，大城市应该发展大容量的快速轨道交通，引导小汽车出行和长途出行的自行车改用公交车出行；使自行车成为快速轨交和常规公交的换乘工具，恢复其短途交通的本职，以此减少自行车在道路上的交通量，减少它对机动车的影响。

三、当前可以采用各种技术措施，降低自行车对机动车的影响率，如引导自行车两次绿灯左转过交叉口；开辟自行车专用道，使主要交通干道成为机动车专用道等。他的这些想法随着社会的进步，很多都已实现或在实现中。

杨佩昆当时观察到的是自行车交通拥堵时的问题，思考的是自行车交通在城市交通中的作用和意义，自觉主动地将自行车交通列入研究范围。杨佩昆在研究中发现了自行车车流与机动车车流混行的相互影响问题，自行车交通在城市交通中的作用，以及自行车车流运行过程中有别于机动车车流的特性——特有的“散布—叠加模型”，从而提出改善交叉口信号灯控制的方法，又预见到小轿车发展对城市交通和环境的祸害，抵制了当时一股消除自行车的逆流，提出合理使用自行车的主张。

杨佩昆在晚年被问及研究自行车交通的事，他说这在整个学术生涯中只是件小事情，但是从他另外保存的几份调查报告看，他为嘴里的这件“小事情”所下的功夫一点也不少：某日早上7：30在天津小树林进行了左转自行车影响调查；某几日在北京东四、东单、甘泉口调查自行车对机动车的侧向影响调查；某几日在上海淮海路至陕西路、淮海路至瑞金路、延安路至石门路、大连路至江湾路进行自行车对机动车侧向影响调查。泛黄的稿纸上记录、整理了诸多数据和坐标图，就是这些功夫为他日后完成的一桩桩“小事情”做了铺垫。1994年，中国正式放开私人购买小汽车，但到了90年代末期，仍然没有撼动中国人用自行车出行的方式，据杭州市在1986年和1997年进行的两次城市居民出行调查，调查结果表明，自行车出行方式占总出行的比例分别是56.3%和61.1%。自行车和私人机动车都在增加，就更加剧了混合交通的安全隐患。据那时的调查，机动车与自行车之间产生的交通事故在城市道路交通事故中所占比例最高，且伤亡率也最高。他还认识到，机动车和自行车的混行影响着中国城市交通现代化进程，一些在国外效果良好的先进交通技术，如路线导行系统、智能化交通控制系统等，在这种机非混行的局面下很难发挥其应有的作用。1998年，同济大学道路与交通研究所受国家建设部技术司委托，研究杭州市自行车车道系统规划。杨佩昆对自行车交通的研究转到了更为宏观的自行车车道系统规划研究——探求如何从全局的高度来解决机非混行问题，科学地规划自行车车道系统；如何合理地设计自行车车道及其与机动车车道的分隔和信号控制等交通设施；如何对实施机非分离后的交通效益进行客观的评价；如何有效地管理自行车交通，提高其通行能力，等等（图7）。

进入21世纪，各个城市大力发展和改善公共交通，新建轨道交通、公交线路逐渐成为吸纳市民出行的主流；另一方面，汽车业成为国家的支柱产业，购买私家车成为居民的普遍愿望。

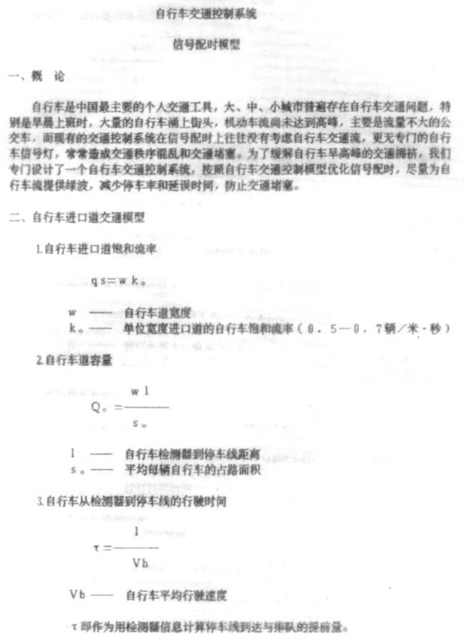
自行车交通控制系统

信号配时模型

一、概　论

自行车是中国最主要的个人交通工具，大、中、小城市普遍存在自行车交通问题，特别是早晨上班时，大量的自行车涌上街头，机动车流尚未达到高峰，主要是流量不大的公交车，而现有的交通控制系统在信号配时上往往没有考虑自行车交通流，更无专门的自行车信号灯，常常造成交通秩序混乱和交通堵塞。为了缓解自行车早高峰的交通拥挤，我们专门设计了一个自行车交通控制系统，按照自行车交通控制模型优化信号配时，尽量为自行车流提供绿波，减少停车率和延误时间，防止交通堵塞。

二、自行车进口道交通模型

1.自行车进口道饱和流率

$$qs = w k_{o}$$

w —— 自行车道宽度

k_o —— 单位宽度进口道的自行车饱和流率（0.5—0.7辆／米·秒）

2.自行车道容量

$$Q_{o} = \frac{w l}{s_{o}}$$

l —— 自行车检测器到停车线距离

s_o —— 平均每辆自行车的占路面积

3.自行车从检测器到停车线的行驶时间

$$\tau = \frac{l}{Vb}$$

Vb —— 自行车平均行驶速度

τ即作为用检测器信息计算停车线到达与排队的提前量。

图7　“自行车交通控制系统信号配时模型”文本

这些变化使得道路上自行车长距离出行的大潮退去。如今共享单车一夜涌来，成千上万，成为居住小区到各类公交车站的短驳车，助力解决因公交车站站距过远而产生的“最后一公里”问题，也因此显示了适用于短途出行的自行车的特点。另外，很多城市在干道上开辟自行车专用道，交叉口信号灯有专为自行车左转配置的红绿灯等，这些都是杨佩昆乐见的状况。

杨佩昆多年研究自行车交通，做了别人没有做的基础工作，其中包括理论模型构建和科学理念传播，他煞费苦心研究的成绩难以抹去。如果他研究的成果不用被一再地提出，那么就说明他理想中的机非分流已是基本常态。通过交叉口信号灯合理的控制，机动车与自行车没有了相互干扰的条件，也不会再因此车祸连连，他的使命也就达成了。

李国豪支持创建国内第一个交通工程研究室

全国科技大会为知识分子正名，邓小平“科学技术是第一生产力”的论断影响深远。同济上下都在等待 “科学春天的到来”。李国豪校长决定成立“国内第一个”交通工程研究室，任命杨佩昆为室主任。同济大学这一国内第一的先机，给杨佩昆创造了一连串的“先机”。

1978 年 3 月 18 日，在北京召开了全国科技大会，这是国家在“文革”后百废待兴的情形下召开的一次重要会议，也是中国科技发展史上一次具有里程碑意义的盛会。

当时，道路系主任朱照宏教授敏锐地觉察到科学研究快马扬鞭的时代就要来临，就召集五六个骨干，一起讨论可以搞些什么科研项目，并制订了一份道路教研室的科研计划。这次杨佩昆也荣幸地“特殊”被邀参加。轮到杨佩昆最后一个发言时，他很急迫地提出：道路教研室要进行道路工程方面的科学研究，同时也要开拓与道路工程密切相关的“交通工程”的研究。俗话说隔行如隔山，“道路”和“交通”关系紧密，一般人是混为一谈，但是在学科和专业领域，这两者所研究的内容是完全不同的，也相当于是两个行当。只是那时交通工程学在中国还是空白，在座的其他人都是道路专业的教师，脑子里还没有什么“交通工程”的概念，也体会不出需要研究的急迫性。况且杨佩昆那时还处于人微言轻、不被看重的状况，除朱先生外，另外几位教师都问：“交通工程是什么东西？”杨佩昆就讲了美国 *HRB* 杂志两次改为 *TRB* 的情况。他们又问：“你有没有做过这种交通工程的研究？”杨佩昆就说了自己在原来的城建教研室做过大世界交叉口车辆运行参数的调查研究。

他们却说：“我们不懂，不能做。”杨佩昆的提议没有得到理解，也不被重视，杨佩昆心中交通工程的“科学春天”似乎一时还来不了。他直觉感到，在道路教研室要做交通工程研究还没有门儿。

这时，杨佩昆不像以前遇事淡定的样子了。他想着不能再在这里待下去了，要想办法调离，去一个可以接受他开展交通工程研究的单位工作。那时，与同济大学南门一路之隔的五十六中学地址上已成立了“同济大学建筑工程分校”，该校隶属于上海市建设委员会，同济大学支援了很多党政干部和教师（该校1985年成为“上海市城市建设学院”，1996年并入同济大学）。那里有不少杨佩昆认识的教师，特别是前辈赵骅教授在调去武汉多年后回到上海，在该校的路桥系当主任，杨佩昆找到他，赵骅一听由来，满口欢迎他调来。

杨佩昆向系里递交了请调报告，系里的总支书记竟然没有留人的意思，很爽快批准了，把报告递交到校部。当时，担任校长的是“文革”中也被关过“牛棚”的李国豪教授。他在这“科学春天”即将来临之际，正满怀希望地规划学校的未来。他了解杨佩昆在城市建设教研室时的业绩，看到请调报告，就说：“杨佩昆，我们有用，不能调走，约时请他来我办公室，我要询问情况。”

在李校长办公室里，杨佩昆就讲了参加道路教研室开会的情况，认为在道路教研室不可能实现自己要开展交通工程科学研究的理想。他又讲了美国*HRB*早在20世纪60年代就改为*TRB*的事情，说：“我们也应该拓展新学科研究。”还说：“我们要执行改革开放政策、振兴经济，既需要畅达交通的支持，又需要促使交通繁荣发展，应该拓展研究交通工程。”

李国豪接着说：“对啊！改革开放，振兴经济，需要交通的支持。你想要做交通工程科学研究，好啊！德国不少高等院校早就设有交通工程学科的研究所。你看这样好吧，我早就有意改组‘公路研究所’，我们就在所里新成立一个‘交通工程研究室’，把公路所改名为‘道路与交通工程研究所’。你在城建教研室当过主任，编写过《城市道路与交通》教材，做过交通研究，可以当交通工程研究室主任，怎么样？”（李国豪所说的公路所是1959年交通部设在同济大学的“交通部同济大学公路研究所”）杨佩昆一听，非常高兴，说：“那真是太好了！”李国豪又问：“你看现在道路教研室有哪几位助教可能跟你研究交通工程？”杨佩昆略作思考，回答：“可能有徐慰慈、彭国雄（当时正出国支教，一回国就到交通研究室工作）、乔妙华三位。”李国豪问：“为什么？”杨佩昆回答：“他们都跟我做过一些交通调查、分析、研究工作。”“那好，就这样，人少了些，没关系，你们四位就先继续加深做已经做过的研究，以后逐步拓展。专心就做交通科学研究，做出成绩，为招收研究生开创条件。暂时不要考虑招收本科生，在当前交通工程这个专业还少有人知的情况下，大量本科生毕业后，就业恐怕有困难。”

9月开学，李校长到道路系召开全系大会。会上除提出对道路系开展科研工作的要求外，宣布成立以杨佩昆、徐慰慈、彭国雄、乔妙华四位组成，杨佩昆为室主任的交通工程研究室；原公路研究所改名为公路与交通工程研究所。峰回路转，同济大学诞生了国内第一所以研究交通工程学科为己任的机构。杨、徐、彭、乔四位就是同济创立的国内第一所交通工程研究室的创建人。接下来一路春风，好事连连，从成立到开张，在人、财、物三方面顺风顺水，得到方方面面的支持。

原交通部公路研究所副所长林秀贤很高兴杨佩昆的研究室进驻，立即为他腾出了房间。国庆节前，杨佩昆等就从道路教研室办公室搬进了公路研究所办公室。不久，林秀贤来问他：“我这里分配来一位天津大学数学系学概率论的毕业生，叫郭冠英，在我这里没有适合他的工作可做，你需要吗？”杨佩昆一听，正是研究室需要的人才，立刻说：“非常好，请他马上过来！”郭冠英来后，正好请他统计他们之前做的道路交叉口车辆观测数据；半年后，原城市建设教研室女教师周商吾自愿调到研究室来；1981年，原教务处常务副处长、图书馆馆长龚雨雷副教授由原党委组织部长石涛陪送来研究室工作。至此，组成了一个具有七位同仁的研究室台柱班子。应杨佩昆申请，学校人事处又调来林金奎、郁朝鸣两位教辅员来筹备建立交通工程实验室。林金奎被任命为主管，他去读书离开后，郁朝鸣顶替他做了实验室的主管。

紧接着，研究室就进入了工作状态。杨佩昆为研究室制定了一份研究规划。研究室要做的第一件大事，是要完成四项科研目标：第一项是完成信号灯控制的十字交叉口及环形交叉口通行能力的研究；第二项是关于交通信号灯的配时研究；第三项是关于停止线最佳位置设计；第四项是关于坡道通行能力的研究。

第二件大事，是提高全体人员整体专业素质，拟定了学习目标：提高外语水平，做到能看外文专业文献；学习交通流理论专业知识。为此，杨佩昆把原版《交通流理论》分章请各位同仁学习后进行交流讲解，让同仁们尽快进入新的专业领域。

第三件大事，是制定了教学目标：争取在两年内申报招收交通工程学科硕士研究生资格，现在起就开始准备该学科的硕士生课程，包括编写讲义、教材及筹备招收研究生事宜。

第四件大事，就是由郭冠英将以往积累的大量交叉口观测数据进行统计、分析，去伪存真，剔除可疑、“离群”数据，将分析成果分工分专题撰写文章。这就是后来在1981—1982年写成的包含20个主题的“交通工程技术资料”（图1）。

其中杨佩昆的《车辆通过信号控制交叉口冲突点的通行能力》，被当时业界同仁称为“冲突点法”，区别于当时苏联的“停车线法”。“冲突点法”是一个创新概念，苏联教科书中列出的信号灯控制下交叉口的通行能力，以车辆通过交叉口的停车线为基准；杨佩昆在当交警时的观察及以后实际调查中，发现并确定“冲突点”才是信号灯控制下交叉口通行能力计算的关键。所谓“冲突点”就是直行车辆与对向左转车辆行驶轨迹的交点。“冲突点法”是以“冲突点”作为考察断面，分析整个相位的实际交通运行情况，确定本向直行车、对向左转车通过“冲突点”所需要的各类时间，并使各类时间的

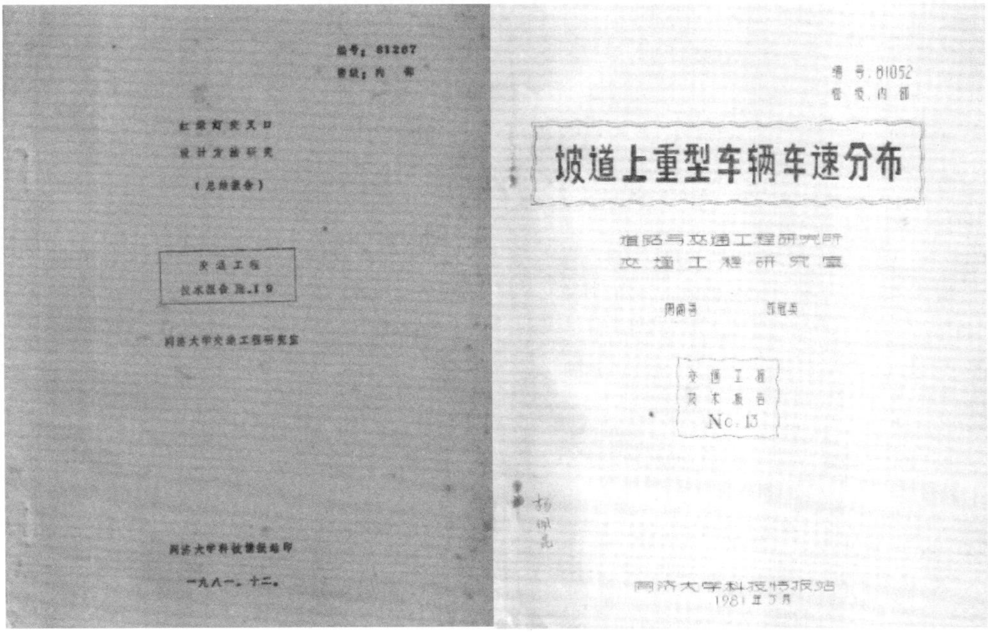

图 1　交通工程技术资料

总和小于或等于设计绿灯时长，以此来研究车辆的通行能力。后来，他把此文作些修改整理，改名为《车辆通过两相位信号控制交叉口冲突点的通行能力》。1982 年，杨佩昆参加在澳大利亚悉尼召开的“第十七届世界道路工程学术会议”，他以“冲突点法”这一成果在会上作报告。文章被澳大利亚交通工程学会（Australian Road Research Board，ARRB）的刊物 *ARRB* 收入发表（图 2）。

“交通工程技术资料”还包括：周商吾主持观测、分析的研究论文《车辆通过桥梁坡道的通行能力》；彭国雄主持观测、分析的研究论文《平面交叉口停车线最佳位置设计方法》及《小面积平面交叉口的通行能力》；由林航飞等共同观测，郭冠英主笔的《地下隧道通行能力研究》，等等。

第五件大事是实现基本建设目标，即自制、购买、备齐交通观测、测试基本设备，筹建交通工程实验室。交通工程研究不是一项空对空、坐在书斋里查查资料，写写论文的营生，而是建立在大量第一手数据基础上的科学分析工作，各种测试、计算、分析设备是必需的，但是经费从哪里来呢？ 20

AUSTRALIAN ROAD RESEARCH BOARD

500 BURWOOD HIGHWAY, VERMONT SOUTH, VICTORIA, 3133

P.O. Box 156
Nunawading, 3131
Australia
'ROADRESEARCH MELB.'
(03) 236 1555
(AA) 33113
(03) 233 8878

2J31/3

March 7, 1989

Professor Yang Pei-Kun,
Professor of Road and Traffic Engineering,
Tonji University,
1239 Siping Road,
Shanghai, China

Dear Professor Yang,

We enclose the proofs of your technical note 'Two-phase traffic signal timing with "conflict point method"'traffic control' for inclusion in the June 1989 issue of 'Australia Road Research'. Please check these proofs and return by April 3.

The figures for the note have been redrawn and are also enclosed for you to check.

You will receive ten free copies of your paper. If extra reprints are required, please order when returning your proofs and we will send a quotation for the extra cost.

Yours sincerely,

Margaret Holdsworth
Manager, Publications

15th ARRB Conference
Darwin, Northern Territory
Darwin
26-31 August 1990

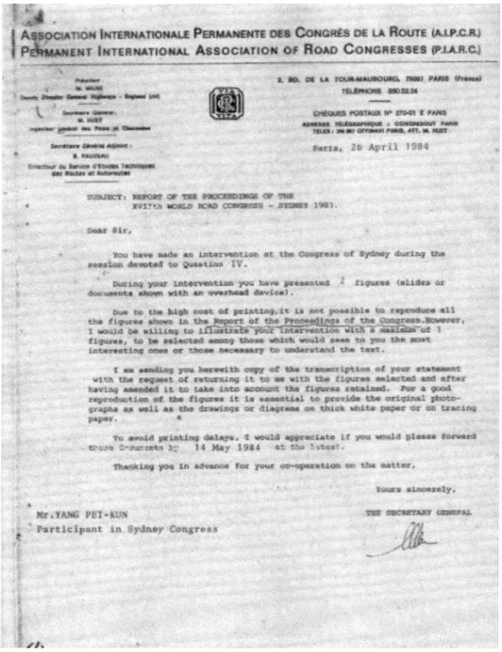

ASSOCIATION INTERNATIONALE PERMANENTE DES CONGRÈS DE LA ROUTE (A.I.P.C.R.)
PERMANENT INTERNATIONAL ASSOCIATION OF ROAD CONGRESSES (P.I.A.R.C.)

Secrétaire Général Adjoint :

Directeur du Service d'Etudes Techniques des Routes et Autoroutes

Paris, 26 April 1984

SUBJECT: REPORT OF THE PROCEEDINGS OF THE XVIIth WORLD ROAD CONGRESS - SYDNEY 1983.

Dear Sir,

You have made an intervention at the Congress of Sydney during the session devoted to Question IV.

During your intervention you have presented 2 figures (slides or documents shown with an overhead device).

Due to the high cost of printing,it is not possible to reproduce all the figures shown in the Report of the Proceedings of the Congress.However, I would be willing to illustrate your intervention with a maximum of 1 figures, to be selected among those which would seem to you the most interesting ones or those necessary to understand the text.

I am sending you herewith copy of the transcription of your statement with the request of returning it to me with the figures selected and after having amended it to take into account the figures retained. For a good reproduction of the figures it is essential to provide the original photographs as well as the drawings or diagrams on thick white paper or on tracing paper.

To avoid printing delays, I would appreciate if you would please forward these documents by 14 May 1984 at the latest.

Thanking you in advance for your co-operation on the matter,

Yours sincerely,

THE SECRETARY GENERAL

Mr.YANG PEI-KUN
Participant in Sydney Congress

图 2 *ARRB* 的来信

世纪 80 年代初，大学办学经费缺口很大，各方面都很紧缺。但是杨佩昆人缘很好，确实一直有人在他需要的时候帮助他。

原来的城市建设系，有一位杨佩昆的贤弟子，叫解思忠。在城乡建设部教育司高教处任处长。他对城市建设系被“砸烂”耿耿于怀，“文革”后，他希望李国豪校长能够恢复城市建设系，没有得到允诺。李校长觉得恢复城市建设系太难办了，这个系要学的课程太多，教育部规定教学计划不能超过 3 000 课时，而城市建设系课程的学时肯定要超。这位学生不死心，又找到杨佩昆，希望他去游说，征求原城市建设系教师意见，把教师意见集合起来去说服李校长。时过境迁，原来的教师也不想重新聚拢恢复城市建设系了。解思忠也就只能作罢。但这时他听说，学校刚组建了由杨佩昆任主任的交通工程研究室，要筹建一个交通实验室，缺少启动资金。他回去后，就以高教科应培植交通工程新学科的名义，申请获准，一下子就批了 10 万元寄来。同济大学科研处收到这笔钱，吃了一惊，在当时，这绝对是一个大数目。学生帮了老师大忙。现在有了钱，就有条件建设一个拥有先进交通测试设施的豪华、适用的实验室了。1980 年，全国第一个交通工程实验室挂牌成立。实验室需要购置些什么设备，设备的用途和性能如何，实验室该如何运作管理等，杨佩昆开始张罗起来。他首先到图书馆的国外杂志上去收集上面刊登的广告，看看有哪些必用仪器设备，生产厂家是哪家，如何订购。实验室向国内外订购了可测车速、油耗等多功能的五轮仪（图 3、图 4），光感车速采集系统，交通信号控制机，可同时观测多条车道流量、车型、车速、车头时距的平衡记录仪等仪器设备（图 5）。实验室还研制了一些新的设施，林、郁两位给平衡记录仪配了自行车检测设施，制成一台自行车交通量调查仪（图 6）。还在四平路—大连路原有人行天桥下装置了超声车辆检测仪（图 7）。在李国豪校长支持下，在校门二楼建设国内首创、自主研发的超声波车速、流量、流向交通观测站（图 8）。李克平从德国回校后，还建立了他带来的 VISSIM、VISUM 仿真实验室（图 9）。交通工程研究室有了配套的装备，

图 3　五轮仪

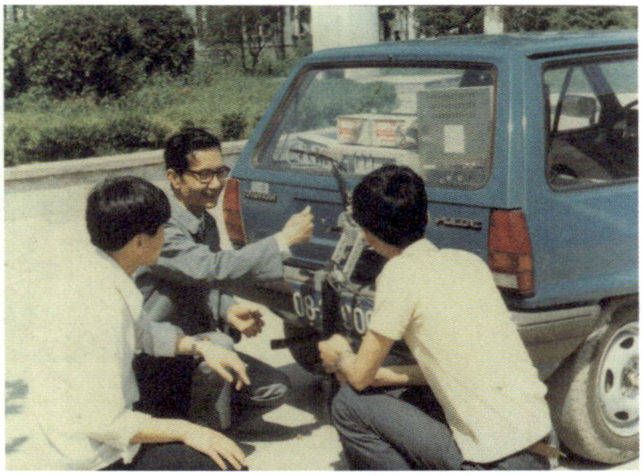

图 4　朱照宏教授指导研究生操作

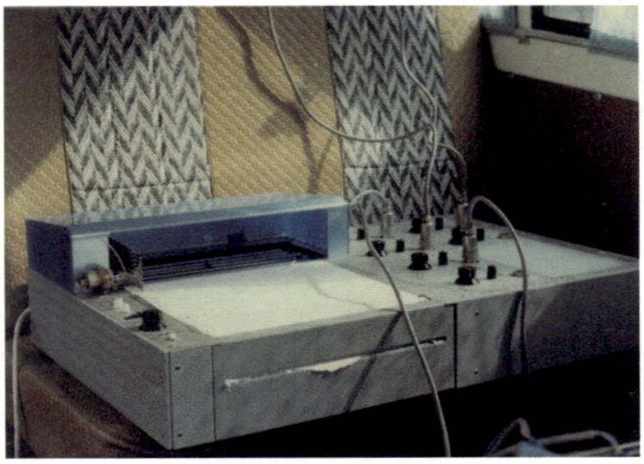

图 5　自动平衡记录仪

图 6　自行车交通量调查仪

如虎添翼。实验室内的几十件大小仪器设备，为交通工程研究室完成各类科研课题，立下了汗马功劳。但随着各类车辆检测技术与视频录像设施等后起之秀设备的兴起，这个实验室的绝大部分仪器也完成了历史使命。郁朝鸣将所有用过的设备收集齐全，一一摆放、陈列，留作中国交通工程学科在同济大学开创、发展的历史见证物。

图 7　人行天桥下的超声车辆检测仪

图 8　国内首创自主研发的超声波车速、流量、流向交通观测站

图 9　VISSIM、VISUM 仿真实验室

第一个先机：第一个公派赴美进修交通工程的访问学者

杨佩昆作为国内第一个公派赴美进修交通工程的访问学者，学得并带回了三项有用的交通科学技术："新式交叉口"、平面交叉口交通信号控制系统和立体交叉进出口匝道交通控制。回国后，这三项科学技术先后都得到应用。

进入 20 世纪 80 年代，国家改革开放，经济开始起飞。这也是同济大学首建交通工程研究室后为国家做出更大贡献的黄金时机。从这时起，但凡有关交通工程学科的事项，而且是唯一的，都会首先落到同济大学，落到当时国内唯一的交通工程研究室。依靠这一先机，一连串的先机落到被任命为研究室主任的杨佩昆身上，包括赴美国当访问学者，国内最早获得硕士生、博士生导师资格，建立博士后流动站和博士点，有权授予博士学位等。

杨佩昆见证和参与主持了在改革开放这一大背景下，同济大学在国内首建交通工程研究室，促进交通工程学科的研究和实践的起步和进步。其中，他本人也深得同济大学的支持和厚爱，深得同行同业同仁以及众弟子的支持和尊崇，三十多年后他仍能清晰地回忆起一步步走过的历程。

1979 年 1 月 1 日，中美正式建交，在此之前，中国已经开始派遣人员赴美国进修学习，这些人都是大学和研究所有中级以上职称的科研人员或教师，为了区别于一般留学生或访问科学家，当时负责此项交流工作的中国教育部和美国新闻署商定，对这样性质的人员给出了"访问学者"的身份，这个名词现在已被广泛采用。

1980 年，中国教育部将唯一一个 1982 年赴美国进修学习交通工程的访问学者名额，无可争辩地下达到同济大学，因同济大学设有当时国内唯一的交通工程研究室。学校又将这个名额无可争辩地给了这个研究室的主任杨佩昆。杨佩昆非常高兴，这么多年来，他在图书馆独自阅读、学习、翻译，始终处于自学的状态，没有导师可以咨询，有疑问得不到解答，也没有旗鼓相当的同行可以对话和交流。到美国去进修的机会来得太及时了，他正需要好好充电，吸收新的知识养分，为新成立的研究室储备能量，在国家刚刚开始的大发展中能有大作为、大贡献。

名额有了，要申请到乐于接受造访的教授还需杨佩昆自己努力，否则就自行作废。杨佩昆在图书馆看书学习时，就知道美国加州大学伯克利分校的交通研究院（UCB/ITS）学术水平居美国之前列，也阅读过该院教授阿道尔夫·梅的著作，阿道尔夫·梅教授是国际上最权威的学术机构——交通流理论学术会议十位执行委员之一。杨佩昆把梅教授作为申请的首选，又另外选择了两所大学，向三校的知名教授递交了申请，表述了自己原来研究过什么，准备进一步研究些什么等。结果三所大学的三位教授都向他发出了邀请函，他如愿以偿，选择了伯克利的阿道尔夫·梅教授。

伯克利是美国旧金山海湾区的一座美丽城市。伯克利加州大学也称加州大学伯克利分校，是世界范围内享有崇高学术声誉的学校，历史悠久，学术思想自由、成就斐然。1982 年 8 月，杨佩昆来到这所学校，成为国内第一个公派出国进修交通工程的访问学者。“文革”十年，中国各方面发展都处于停滞状态，科学、技术都与西方先进国家拉开了距离。作为第一个来到美国学习交通工程领域的先进理论和经验的杨佩昆，十分自然地成为中国大陆交通工程学领域的先驱之一。

杨佩昆与那段时期出国做访问学者的知识分子一样，都怀抱强烈的爱国情操，本着追回“文革”中损失的学业和事业的意志，克服生活和语言的困难，刻苦学习和钻研，定要学得先进的科学技术报效国家。

到达美国，杨佩昆和其他访问学者一样，第一天有当地的中国驻美领事馆接待，召集所有同时到达的访问学者开会，关照在当地必须注意的事项，特别必须注意自身和财物安全。当时国家还给公派访问学者每月发 410 美元生活津贴，比起那时因私出国还需打工挣学费和生活费的同胞，生活条件要好很多。但毕竟是到了另外一个完全陌生的生活环境，生活水平也与那时的中国有天壤之别，生活支出很高。年逾不惑的杨佩昆来当访问学者，仍需重新学习在当地生活的本领。

杨佩昆在旧金山领事馆安排的住宿地住了一个晚上，第二天去伯克利就必须自己找房子住了。当地房屋租价非常高，访问学者一般都需几个人合租房子以降低生活开支。在伯克利，他遇到了能够相互照应、相互帮助的友好同胞，来自复旦大学的访问学者在自己的住房里，腾出一块地方让杨佩昆晚上打地铺住了几天，解决暂时困难。后来，幸好遇到一位来自西安的访问学者也在找住房，杨佩昆就与他合租了一套厨卫齐全的房屋，租金每月300美元，房东与他们签订了严格的卫生协议。这才总算解决了住的问题。

第一次见阿道尔夫·梅教授，向他报到，虽然杨佩昆开口说的汉式英语都是事先写好背出来的，但受到热情接待后，他感受到了梅教授的平易近人、为人和善，便一扫初来乍到的局促感。梅教授给访问学者安排了办公室，两人一间，每人的办公桌上有一台已接通校电脑的专用终端、发一张 VIP 借书卡和梅教授的免费复印优惠卡。杨佩昆可凭此卡进入校和院图书馆藏书楼、室选书或复印。杨佩昆复印了很多交通工程的经典名著、文献与杂志刊物上的论文资料带回国。初次谈话结束后，梅教授通知他的秘书筹备第二天下午 5 点在会议室召开全体研究生会议，欢迎杨教授来访。第二天，大家都准时来到会议室，20 位研究生在会议桌一侧落座，梅教授与杨佩昆坐在对侧。首先，梅教授请各位研究生按次自我介绍，接着梅教授替杨佩昆作了介绍。半小时不到，介绍会结束。向梅教授告辞时，梅对杨说：我办公室的门随时为你敞开。这使杨佩昆十分感动。图 1 为杨佩昆在 UCB 大门口留影。

扣除了每月 150 元的房租，杨佩昆节俭地过着每一天，和其他访问学者

图 1　杨佩昆在 UCB 大门口

图 2　在 UCB 与张秋先生合影

一样，他总是买当天没有出售完的打折面包，苹果也选那些带斑疤的便宜货，超市里他买得最多的食材是肉糜和包装好的玉米粒、胡萝卜、青豆老三样。限于租房卫生协议，他做菜时把几样食材混在一起，弄熟了，再加少许油就吃了。

曾经受杨佩昆接待去同济大学讲学的美国海华市交通局局长张秋，听说了杨佩昆的到来，专程开车到 UCB 来看望他（图 2）。

此后不多久，一位与杨佩昆素昧平生的先生找上门来，自我介绍说："我是祖辈移居美国多年的当地华侨，叫伍毓照，听张秋先生介绍，上海同济大学来了这么一位访问学者，很想表达一下同胞之情和地主之谊。"当年，封

图 3　杨佩昆与伍毓照先生合影

闭多年的国门初开，旅居国外多年的华人华侨，常会情不自禁地将公派的访问学者与祖国联系起来，并设法为祖国来的客人做些事情。伍毓照先生开车带杨佩昆游览旧金山，看了金门大桥、市政大楼、九曲花街、仿苏州园林等，还乘坐了叮当车（图 3）。杨佩昆与这位伍毓照因此建立了朋友关系，回国后也经常用电子邮箱里通信息。他来上海，杨佩昆就带他游览外滩、豫园，还带到苏州、杭州旅游。

还有一位是黄瑞迎先生，当年是梅教授的研究生，后来在美国联邦公路局（Federal Highway Administration，FHWA）主持一个仿真软件的开发，是杨佩昆的国外挚友。在介绍会结束后，他就跟着杨佩昆到办公室，并自我介绍说："我家祖辈从中国台湾来美国，住在邻城列去蒙特镇，你是从中国到 ITS 来的第一位访问学者，认识你很高兴。以后有什么问题尽管来找我。"后来他到美国 FHWA 工作，经常会寄些 FHWA 的最新出版物给杨佩昆。杨

佩昆第一次去参加 *TRB* 年会时，遇见黄瑞迎，他诚邀杨佩昆在会议期间住到他家去，每天驾车带杨佩昆一起去参会。后来他每年都把 *TRB* 年会的交通类论文集寄给杨佩昆，成为杨佩昆学习最新交通学术的补给者。多年后，黄先生夫妇来上海，杨佩昆安排他们去黄山旅游。直到现在两人还在节日期间互致问候。

在伯克利大学附近，有一些热心的华人基督徒，他们晚上定时开办口语练习小派对，访问学者可以自由参加。活动场所里放着咖啡、小点心，环境轻松随意，来练习口语的人可以一对一地找到谈话对象。杨佩昆晚上有空的时候，就会前去练习英语口语。

交通工程是随汽车工业的发展而诞生的一门新兴学科。当汽车数量增多，给城市交通带来各种拥堵和安全问题时，人们就会想办法通过科技手段来解决。当时，道路交通信号控制经历了多年的手动控制发展到自动控制，从无感应的自动控制发展到有感应的自动控制，又从单点控制（点控）发展到干线控制（线控），到定时区域控制（面控），再到自适应区域控制。1967 年英国交通与道路研究所（Transport and Road Research Laboratory，TRRL）成功开发出定时区域交通控制系统（Traffic Network Study Tools，TRANSYT），后来又在 TRANSYT 的基础上开发了自适应区域控制系统（Split Cycle and Offset Optimization Technique，SCOOT）。澳大利亚在 20 世纪 70 年代末也开发了基于配时方案实时选择方法来实现路网协调控制的 SCAT 系统（Sydney Coordinated Adaptive Traffic Method）。这些系统已经在西方国家的城市交通中取得了成功的应用。

杨佩昆在美国这段不算长的进修时间里，学习交通工程学科的最新成果，他觉得这对他的学术生涯非常重要，总结有三大收获：

第一大收获是参加在美国加州试用 TRANSYT-7F 的培训班，学习了当时最先进的交通信号“定时区域控制系统”（TRANSYT-7F）的机理与整体程序。当时美国联邦公路管理总局（FHWA）引进英国交通与道路研究所（TRRL）研发的最新定时区域控制系统软件 TRANSYT-7。这套控制系统采用的是以米、千米为单位的公制，而美国使用的是以英尺、英里为单位的英制。于是 FHWA 把 TRANSYT-7 里的公制改为英制，同时把它改名为 TRANSYT-7F。然后，FHWA 确定在旧金山附近找几个城市试用这套系统，委托 UCB/ITS 举办培训班，并请指定将试用该控制系统的城市派主管的技术人员来学习。杨佩昆十分有幸地被邀请参加培训学习。学习过程非常认真，参加培训班成员最后都要通过考试。考试在计算机终端进行，学员都带来一张自己所在地区的地图，选择道路交叉口来设置 TRANSYT-7F 控制系统，并做出如何设置的说明。杨佩昆也找了一张伯克利地图进行模拟考试。培训班结束后，杨佩昆还参与到试用 TRANSYT-7F 的城市做 TRANSYT-7F 所需参数的交通调查（图 4）。在这一过程中他学习了如何操作调查的设施、工具，学习了数据统计分析的方法，明白了如何来设计安装 TRANSYT-7F 控制系统。

图 4　杨佩昆参与 TRANSYT-7F 所需参数的交通调查

对杨佩昆来说，这是一个极重要的收获。回国前，在黄瑞迎先生的鼓励下，杨佩昆向导师阿道尔夫·梅教授告别时，他鼓足勇气向梅教授提出，能否送一些 TRANSYT-7F 的技术资料给自己。没有想到，梅教授十分慷慨地向他赠送了当场拷贝的 TRANSYT-7F 整盘磁带，让他又惊又喜。TRANSYT-7F 的培训学习、所需参数调查的参与，给他以后研究开发国家“七五”攻关重大课题的软件打下了基础。另外，在他回国后不久，国内开始陆陆续续引进不同国家最先进的交叉口信号控制系统，杨佩昆是少数几个真懂这些系统的人，为引进单位提供了最好的解读和建议。

第二大收获是学习了高速公路立体交叉上、下匝口交通控制的各种方法及适用条件。高速公路是法西斯德国为发动突袭周边邻国战争而兴建的一种汽车可连续、高速行驶的新型道路。第二次世界大战后，西方一些国家，特别是美国，认识到高速公路在交通运输上的优越性，更因战后经济复兴与复员军人工作安置的需要，作了全国高速公路网的规划，投入了大量钢筋、水泥建筑材料，大规模兴建高速公路，既带动了建材产业又激发了汽车产业的发展。20 世纪 60 年代后，世界各发达国家都开始发展高速公路建设。杨佩昆到美国学习的 1981 年，中国还没有高速公路。但到了 1984 年中国就开始动工修筑第一条沈大高速公路，1988 年沪嘉高速公路和沈大高速公路先后通车，开启了中国高速公路大发展的征程。杨佩昆与梅的研究生一起上课，听梅教授主讲“高速公路设计与交通控制”课程，获得很多新的知识和概念。他了解到高速公路也有交叉口，也有交叉口交通流控制的问题，但是解决的方案与城市中一般的道路交叉口大不相同。高速公路的交叉口就是进、出主车道上下匝道的交叉处，高速公路要发挥“高速”的效应，入口和出口匝道的定位设计与对车辆的控制很有讲究。处理得好，既能保障交通安全，又能提高车辆通行效率。这中间，最主要的是要控制入口匝道的车辆，以避免入口车辆堵塞高速公路主线上车辆的通行。控制的方法有很多种：设计入口加速车道；在入口设置定时信号灯；根据入口上游车辆检测器测得通过前后车辆有可插入空当离入口的距离，而设置适应的绿灯启亮时间和时长的信号灯等。

回国后，杨佩昆除了给研究生讲入口匝道控制方法外，还向上海未设入口匝道的市内快速道路建设者宣讲关于高速公路入口匝道控制的知识和理念。在日后承接的广州世界银行贷款项目中，他还把学得的这些入口匝道各种控制方法，创新性地应用到广州高架环路的入口匝道项目中。

第三大收获是从日常来回学校的道路上观察获得的。来到美国，对那里的城市道路，杨佩昆有着非同常人的敏感度。他在伯克利的街上发现道路交叉口有点特别，使他想起了在“城市道路与交通”课上讲的苏联设计方案，但在车道宽度上有些不一样，与国内当时的进口车道数与路段车道数一样的实际状况差别更大。他看到在双向 4 车道以上的道路上，大多设有宽达 4 ~5 米的路中分隔带。到交叉口的一段进口道部分，多利用这分隔带的部分宽度，增辟一条左转车道；还见有在进口道部分的右侧增辟一条右转车道，也就是一条原来靠边的直行车道，到了进口道部分，画线分出一条右转车道，使得进口道的车道数显然多于路段车道数。这种状况现在在国内城市中已经很普遍，但在三四十多年前，国内道路是没有这种划分的，杨佩昆觉得很新奇。为此，他专门在早晨干起了自己的老本行，到住所附近几条干道上的交叉口进行观察测量。他目测一下，发现这里进口道部分的车道宽度窄于路段上的车道宽度。于是，他就用脚步来仔细测量。这是他以前学习测量课时练成的基本功，一个步子 75 厘米，这时正好派上用场。测下来，左转和右转车道宽度最小的仅 2.75 米，直行进口车道不超过 3 米。美国的大街上，车多人少，杨佩昆一个人专心地做着这件事，冷不防，一个黑人靠近他，伸手向他乞讨，杨佩昆吃了一惊，但很快镇定下来，按照来美国第一天领事馆人员所关照的，拿出预先放在身边的 5 美元给了他，接下来继续想着这个交叉口的事。回到办公室，杨佩昆把看到的情况向一起学习的美国研究生询问，他们说：“你看得很仔细啊，一点也没错。我们把这种交叉口叫做‘新式交叉口’

（哇！在美国那时还是‘新式’的呐）我们把交叉口停车线前的一段道路叫aproach（就是后来译为‘进口道’），减窄 aproach lane（进口车道）的宽度，增加进口车道条数，可以提高通行能力；进口车道路面上自左至右画上带箭头的左转、直行、右转的 marking（标线），引导车辆按其去向驶进该去的车道，消除左、直、右车辆混行问题，我们把这种做法叫 channelized（渠化）。”杨佩昆又问：“车道这么窄，行车安全吗？”他们回答：“车辆到了交叉口，因有信号灯控制，都会减速或停车，所以至今还没有发生过任何问题！”又问：“信号灯如何控制？”“都是自动的，绿灯时间按进口车道上要通过的车辆数而定。”这让杨佩昆想起了曾在苏联参考文献中看到过的信号配时方法。

仅仅是在进口道部分减窄进口车道宽度，增加进口车道条数；用标线划分一下左、直、右车道，就可以引导左转或右转的汽车提前分流，提高交叉口的通行效率，而不是不管直行还是左、右转车，都混在一起依次排在进口车道上，驶出停车线时，左、直、右车辆互相干扰，浪费了时间和道路资源。杨佩昆觉得这是一个简单易行、提高交通效益的好办法，回到国内一定要推广。

杨佩昆在美国学习期间，学术上收获很大。另外，他和当时很多带有强烈事业心的访问学者一样，将节约下来的有限外汇用来购买当时的计算机、珍贵的科技书籍，他购买和收集的书籍、资料，装了满满一箱子，通过中国远洋运输公司（COSCO）运回国。

回国后不久，杨佩昆就用上了从美国学到的知识，先为上海交警支队做了一次咨询。他刚从美国回校，上海交警支队交通处的苗丰生处长就来找到杨佩昆请教。他说：澳大利亚要送一套交通信号控制系统给上海安装使用，我们不知道这套系统好不好用，不知该不该接受。杨佩昆一看澳大利亚要送的系统是 TRANSYT，知道这是属于第一代交通信号定时控制系统。杨佩昆细心地对前来咨询的苗处长解释：“澳商赠送的 TRANSYT 系统是当代的第一代信号控制系统，这是一种定时式控制系统。这种系统，必须根据控制区内全部交叉口各时间段的交通调查数据作出定时信号配时方案，把这方案设置在信号控制机内，控制机即按此方案操控各交叉口的信号灯。这种系统的缺点是不能适应交通状况的变化，也就是它的配时方案是根据制作时调查的当时交通量配定的；当交通量增长后，原配时方案就不能适应，也就‘老化’了，需要重新制作配时方案，而这又需要做大量的调查工作。所以这种系统不适用于像上海这种车辆、交通量正在增长的城市。”杨佩昆继续说道：“我从外国文献上看到，澳大利亚新开发了第二代交通信号网络的实时控制系统，叫SCAT。在这个系统控制区域内的交叉口上，红灯时停在停车线前的车辆，待绿灯驶出停车线后，在交通正常情况下，有望可连续通过4~5个后续交叉口。”杨佩昆说明了TRANSYT系统的机理，并分析了它不适用于上海这样交通变化大的城市，也说明了SCAT系统的优越性之后，他对苗处长说：既然人家要送，那么就请他们送SCAT系统好了。不过，要做好思想准备，这礼物不会是白送的，“天下没有白吃的午餐”，这是一项钓鱼礼。苗处长听了杨佩昆一番说明和解释，心中有了底，果真向澳商提出改送SCAT系统。澳商为后续商业利益考虑，也就答应了。上海后来引进了SCAT系统，派专人去澳大利亚学习SCAT系统的安装和操作技术。这个系统在上海不断扩大使用范围，一直用到现在。

后来，杨佩昆了解到，天津听说上海装了澳大利亚的SCAT信号控制系统，也与澳商联系上了。那时候普通的中国技术人员还搞不清什么是“硬件”什么是“软件”。购买SCAT，分硬件和软件，全买的价格十分昂贵。于是天津方就单购硬件，舍弃了软件。澳商将硬件安装完毕后，将带来的软件插上进行试运转，一个月后看一切正常，就将软件取出来带走了。这下天津方面可傻眼了。正好这时杨佩昆在北京考察，天津有关方面联系到杨佩昆，希望帮助解决问题，但此时木已成舟，为时已晚。

推广效益显著、简单易行的“新式交叉口”

回国后做的第一件大事，就是推广效益显著、简单易行的“新式交叉口”。在推广中，有顺畅的地方，也少不了一波三折。

在美国学到“新式交叉口”的设计方法后，杨佩昆就考虑回国后要不遗余力地推广“新式交叉口”。如今“新式交叉口”遍地开花，还被写进了国标规范。

在城市越来越繁忙的交通中，人们研究交通工程，不仅为了行车安全，还为了社会效率。关于这一点，杨佩昆早就认识到控制城市交通运行效率的关键点是平面交叉口。因此，他对平面交叉口设计的要求，从他在美国学习的“新式交叉口”设计方法以及对信号控制按需要通过车辆数定时的启发，总结出精辟的8个字：“寸土必夺，秒秒必争。”所谓“寸土必夺”，就是说，交叉口设计要充分利用有限的道路宽度，做到利用率最高，以提高交叉口的通车效率；杨佩昆在美国发现那里的“新式交叉口”是“寸土必夺”思维的结果。

对老的道路交叉口进行改造，不必大兴土木，花太多的钱，仅仅是把交叉口进口道部分的车道减窄到车辆低速行驶下所需的宽度，以增加车道条数；分出直行、左转、右转几条进口车道，就可以减少车辆排队、拥堵，提高通车效率。他觉得这是一个简单易行，效果却很显著的方法，在国内应该很容易推广，他回国后就积极宣传新式交叉口。所谓“秒秒必争”，就是说，信号灯的时长设计，要最大限度地保障南北、东西向的车辆都能按量在必要的绿灯时长内通过，不浪费每一秒钟时间，其中包含着很精细的配时计算。他在美国学习的交叉口信号灯控制系统的技术就是“秒秒必争”的技术。用这个技术制作的信号控制机内硬件设备和信号配时设计的软件就是“秒秒必争”的实现工具。

1983—1984年，深圳交通管理部门要引进信号控制系统，召集国内同行专家、学者开会商讨选择引进哪一个国家的产品为好。杨佩昆受邀参加此会，他在这一筹建交通信号控制系统的研讨会上，就提出：在建交通信号控制系统之前，必须先把现有“老式交叉口”改建为“新式交叉口”，交通信号控制系统才能见效。会后，深圳方就请杨佩昆帮他们做几个“老式交叉口”改建为“新式交叉口”的设计方案。当时杨佩昆带领正在就读的第一位研究生曾静康随同赴会，休会后，他们走到会场附近两个交叉口上，杨佩昆就地指导曾静康丈量路宽，并把这个“老式交叉口”改为“新式交叉口”。按设计方案改建、运行后，对提高信号控制交叉口通行能力取得显著效益。

曾静康毕业后先去北京、后到深圳，辗转几年后，自行“创业”，招募师弟筹组了当时在深圳唯一一所“深圳交通规划设计研究所”。

“新式交叉口”在深圳落地开花最早也最顺畅，属于国内首个有“新式交叉口”的城市。杨佩昆认为，他的第一个研究生曾静康，对改善深圳的交通拥堵状况起了重要作用。当时深圳深南路—华富路交叉口，交通十分拥堵，有关单位决定要把这交叉口改建成立体交叉。曾静康经过一番调查观察，发现这个交叉口由东向南的左转车和由东向西的直行车特多，而由北进口道驶出的车辆却很稀少的不均衡特点。于是，他组织同仁在交通高峰时段去观测这个交叉口各个流向的交通量。据此，他分析出这个交叉口拥堵的毛病就是各流向交通量不均衡，于是对症下药，思考出使各流向交通量变均衡的处方。按此方剂，经仔细计算后，确认治疗有效。于是，他在这个优选立交方案的讨论会上，讲清了他诊断出这个交叉口拥堵毛病的病源，十分有把握地提出完全可以不建立交，又能够改善此交叉口交通拥堵状况的改建方案。该方案得到主持会议有关领导的赞同并批准。会后，他当即指导同仁做他所思考的

图 1　深圳皇岗—红荔西路交通组织渠化设计

改善方案的设计。他所采用的设计方案，就是增加进口车道条数的“新式交叉口”，加上一个名为“广义渠化方案”的方案。这个设计方案实施后，不光节省了一大笔工程投资，还实实在在地解决了拥堵的问题。就此，用“新式交叉口”来改善原有老交叉口的工程，在深圳雨后春笋般地遍地生长（图1）。

深圳之后，杨佩昆先后为北京、昆明、成都、杭州、广州、南宁等城市设计“新式交叉口”改建老交叉口，提高了这些交叉口的通行能力（图2）。但是，在推广应用“新式交叉口”设计方法的过程中，并非都像深圳等城市那样顺畅，也有一些难以推动的城市。

20 世纪 80 年代，整个国家都洋溢着向国外学习先进经验的气氛。回国后的访问学者，都会被要求向同业同行汇报学习成果。1983 年，杨佩昆从美国进修刚回国，在国内市政工程界威望很高，曾任上海市政工程局总工的张佐周，以上海交通工程学会会长的名义，张罗着请他做报告，希望听到更多的先进经验，为改进上海市政建设作借鉴。杨佩昆把自己在美国的三大收获做了简要介绍后，他特别提到美国的“新式交叉口”，认为上海如果能应用，可以取得立竿见影改善交通的效果。张佐周听了觉得非常好，上海确实可以推广。上海交通工程学会是一个学术组织，决定不了改造工程的事宜。但是，张佐周是一位很有能量也很有干劲的老前辈，他一直在积极想办法，来宣传、推动这件事。

到了 80 年代后期，上海的交通拥堵越来越严重。1988 年春节快到了，张佐周还没有忘记杨佩昆美国回来后所做的汇报，他确信当时所介绍的技术对改善上海交通肯定有用。于是他联合《文汇报》，借上海科学会堂，筹划了一次“新春改善上海交通恳谈会”。原邀出席对象是市、局、委、处的有关总工与技术人员。他把杨佩昆请来，让他在这个会上再为大家做一次改善老式交叉口的报告。张佐周、杨佩昆都没有想到，时任上海市市长的江泽民也来到现场，大批有关局长和主任，包括当时交通处的周赤处长，得到这个信息后，纷纷赶来参会。

杨佩昆这次要以更形象的例子来说明问题，他事前布置给李克平、林航飞、黄文忠三位研究生在中山北路、武宁路交叉口做调查研究的任务，画了三种方案的挂图，计算了这三种方案的车辆通行能力。他在会上指着挂图，介绍了这三种情况：第一种车道保持不变，交叉口的通行能力是多少；第二种原来的路段车道宽度不变，但减

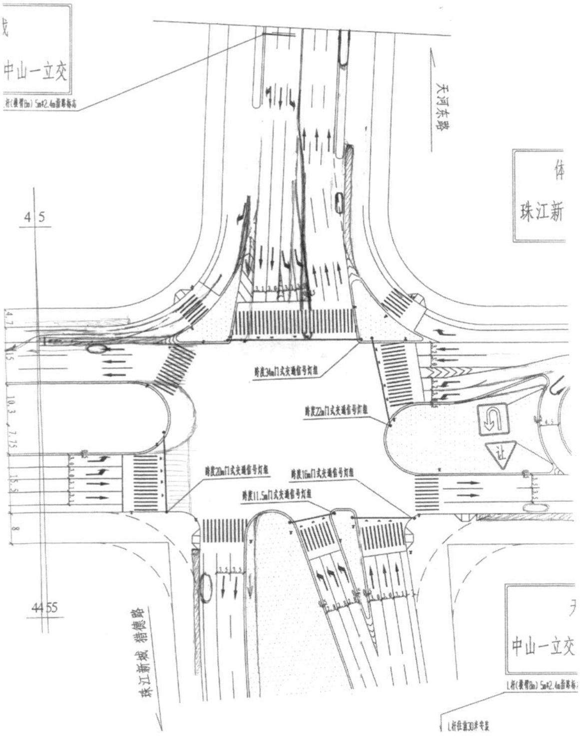

图 2　广州黄埔大道—天河东路地面平面口改善方案

·6· 1993年1月7日 星期四 文汇报 今日科学

《文汇报》社 上海市交通工程学会

为上海交通献计献策专家恳谈

改善平面交叉口

杨佩昆（同济大学教授）

图3 《文汇报》报道

窄了进口道车道的宽度，增加进口车道条数，且在进口车道路面上分别划分右转、直行、左转标线，通行能力可增加多少；第三种将两旁的人行道变窄些，多增一条进口道，交叉口的通行能力又可提高多少，等等。

江市长听完后说：“想不到交叉口还有这么多的名堂啊！”会后，周赤处长就找上门来，他问杨佩昆：“上海的道路交叉口你看怎么办？”杨佩昆感到报告的效果能立竿见影，很高兴，就回答说：“不要急，我们先要做试点，试点成功了再做推广，你看哪个交叉口最适宜做试点？”周赤答：“‘大世界’，我们可以先在‘大世界’交叉口做试点。”

“大世界”交叉口东西向是延安路，南北向是西藏路，因为是以前老上海留下的道路，后又经过拓宽改造，两条道路的宽窄不一样，前者宽，后者窄。经过杨佩昆团队的设计，这个交叉口施工后改造成了“新式交叉口”。开始试运行，效果不错，各大报纸也对此作了报道（图3）。杨佩昆非常高兴，这么多年对交通工程的钻研和学习，终于开始为实践服务了。

但是，好事多磨。一天，有一身份重要的领导，坐小车经过“大世界”交叉口，看见重新划分的车道，就说：“这是怎么搞的，像是斜肩膀，这么难看，改过来！”他一言九鼎，“大世界”交叉口恢复了原样。第一次“新式交叉口”改造就这样失败了。周处长也很无奈，感到非常遗憾。

1989年春节将到，张佐周理事长提出召开第二次春节恳谈会。会前，他对杨佩昆说：“上次没有解决问题，这次你重新再讲一次上回讲过的内容。”这次是主管市政建设的副市长夏克强到场，他听了杨佩昆的报告后说：“讲得好，但是，张总、杨老师，我知道，你们要推动此事，有困难，该怎么做，对我说，我来执行。”这次恳谈会的消息也见报了（图 4）。

省城新闻

应该合理地使用道路
——访同济大学杨佩昆教授
记者 任琦

专访

“从国际发展的……通拥堵问题是行不……上海交通工程学会……授说的。他说，解……使用道路，提高现……

杨佩昆教授是应邀来杭参加杭……讨会的。他认为，杭州作为一个向国际……建立起一套完善的“换乘体制”是……的交通工具承担长距离的客运，小……担短距离的运输，使人们出行结构……也能缓解部分交通拥挤问题。

杭州是陆上高速干道的枢纽城……杭州至黄山等高速公路和快速干道……地位将更加突出，城市交通的压力……我们这样的发展中国家，道路建设……智地使用道路就愈显得重要。

现在，我国许多城市都遇到交……不是因为道路不够宽，而是车辆混……行车与机动车混杂在一起，车辆通……教授说，作为一个大中城市，发展……常重要，能够有效缓解城市交通压……了发展轻轨交通计划时，他说杭州……

此外，杨佩昆教授还透露，明……起进行一项颇有意思的研究——“自行车行路系统”。老城区狭窄的道路里弄，机动车、非机动车混行，几乎是每个城市碰到的难题；拓宽改建道路，又涉及到拆迁等诸多不便。能不能把小街小巷整理出来，变成自行车专行道路，使机动车道路通行能力扩大。杨教授还画出示意图说：“杭州的弄堂不少，东西、南北贯通，形成自行车、机动车两套独立的行驶系统是可行的。”

作为一个研究道路桥梁的专家，杨佩昆每到一个新城市，第一件事是找地图，第二件事是“压马路”。因此他对杭州的道路非常熟悉，采访结束时，他祝愿说：“天堂的路会越走越宽”。

浙江日报 96.11.20

改善道路交叉口的交通有高招
一项上海“八五”课题通过鉴定

本报讯 由我校道交系杨佩昆教授等承担的上海市建设委员会“八五”课题，“上海市市区主要交叉口交通分析与改善建议”，日前通过专家鉴定。

近年来，随着上海经济的迅猛发展，道路交通严重滞后的现状严峻地摆在人们面前。为确保其道路交叉口的安全、通畅，道交系交通工程研究室的研究人员对延安路—西藏路等十几条道路交叉口进行大规模的调查与分析，在南浦大桥、吴淞路闸桥通车后，路网的交通流发生了重新分配，他们又作了大量的补充观测。在此基础上，他们对道路交叉口的主要问题作出诊断，分析归纳了九大类问题。然后，运用系统分析方法，提出了一套关于道路平面交叉口交通分析与改善设计的基本方法和道路交叉口交通设计的理论。

专家认为：该研究成果对于改变道路交叉口的传统设计和控制管理方法，提高混合交通条件下的通行能力和交通安全性，具有实用价值，可操作性强，成果达到了国内先进水平。（时）

同济电报 1993.10.

· 8 · 1995 年 7 月 7 日

上海市中心区道路
如何解决交叉口堵塞问题
建议：在交叉口增加一条机动车道，重新设计交叉口相位
杨佩昆教授领衔的课题组在一份研究报告中提出

本报讯 （记者张由佳）

如果对上海市中心区现有干道上的交叉口增加一条机动车道和交叉口相位重新设计，那就会增加交通资源，相当于增加……的车道公里数。这是以杨佩昆教授为组长的课题组在一份关于《21世纪上海市中心区道路交通供求模型及其应用》研究报告中提出的建议。这个课题日前通过了市科委组织的专家鉴定，认为总体达到国内领先水平。

这个课题是上海市科委科技发展基金重大软科学研究项目，由上海高校软科学研究中心、同济大学、市政工程管理局计划处共同承担。在一年时间中，研究人员首次应用交通工程学理论，建立数学模型，预测上海在2000年时，机动车将达62万至80万辆之间；2010年在158万至195万辆之间；2020年在211万至317万辆之间。上海市虽已对小汽车采取“计划生育、计划使用”政策，对城市汽车数量实行有计划的发展，但由于机动车辆的急剧增加，交通堵塞情况十分严重。现象在路段，根子在交叉口。课题组对大量数据进行科学研究后认为，交叉口由于堵塞，平均一小时中只有0.45小时通车，宝贵的道路时间和空间资源无谓的消耗甚大。目前市中心区的交叉口车辆通过的车速已普遍下降至每小时11公里左右。

课题组又进一步分析市中心区交叉口通行能力状况，发现如果所有交叉口都能在交叉口前70至80米处增加一条进口车道的话，approx

图 4 《浙江日报》等相关报道

会后，周赤处长又来找杨佩昆，说：“这次我们另外找一个交叉口来做试点吧。”杨佩昆就选定报告中介绍的中山北路、武宁路交叉口。周处长当场认可。但是，这件事过了很长时间没了音讯，后来周处长打来电话说：“从市政工程局得悉，中山路上将要建内环高架道路，中山—武宁交叉口上造一座大立交，拥堵问题就解决了，市政局叫我们不要再改动了，实在抱歉！”杨佩昆一听，很丧气，但是他仍想说服对方，说：“建高架道路立交要好多年才能完工，而我们只要重新画线，就能改成新式交叉口，你们不是在每年国庆节前都要新画车道线吗？只要在这次国庆节前重新画线就可完成，马上就能改善交通状况了。”可惜没有奏效。

直到1991年秋，杨佩昆从德国回来，路经四平路时，惊喜地见到，整条四平路上，所有老交叉口全被改建为“新式交叉口”。经了解，上海交警支队已由黄济民接任队长。原来，黄济民曾来听过杨佩昆讲平面交叉口设计的课程。他对杨佩昆所讲的“平面交叉口是整条道路的咽喉，要让平面交叉口交通畅通，必须尽力提高平面交叉口的通行能力，设计平面交叉口时就要‘寸土必夺、秒秒必争’，尽可能增加进口道的车道数”一直记忆犹新。黄济民是上海改建“新式交叉口”的第一人，为打开上海兴改“新式交叉口”的大门，立下了汗马功劳。杨佩昆在看到上海这一喜人的“成绩”后，就向市建委申报“上海市市区主要交叉口交通分析与改善建议研究”课题，被建委立为上海“八五”研究课题。1992年完成了这一课题（图5）。

四平路显著的效果，首先引起了时任上海规划局史玉雪局长的关注。她给杨佩昆立了“上海延安路沿线交叉口改善”以及天目路—共和新路—大统路交叉口（图6）、长寿路—江宁路交叉口改造等研究项目。这些交叉口都是上海市区交通流量很大的交叉口，其中延安路是上海东西走向的一条大干道，当时从外滩到江苏路，中间有多个交叉口。当时还是本科生的杨超和其他几位本科生完成了这些项目，提交了把这些交叉口改造为新式交叉口的研究报告，并全部由杨超及一同做毕业设计的几位本科生绘制了改善设计图。

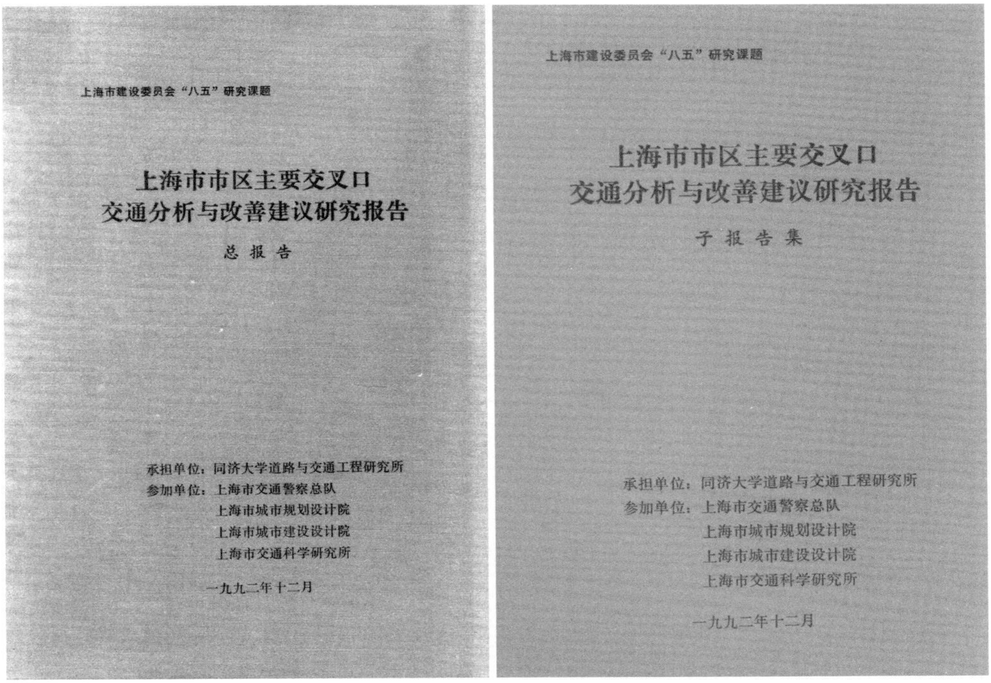

图5　上海市市区主要交叉口交通分析与改善建议研究

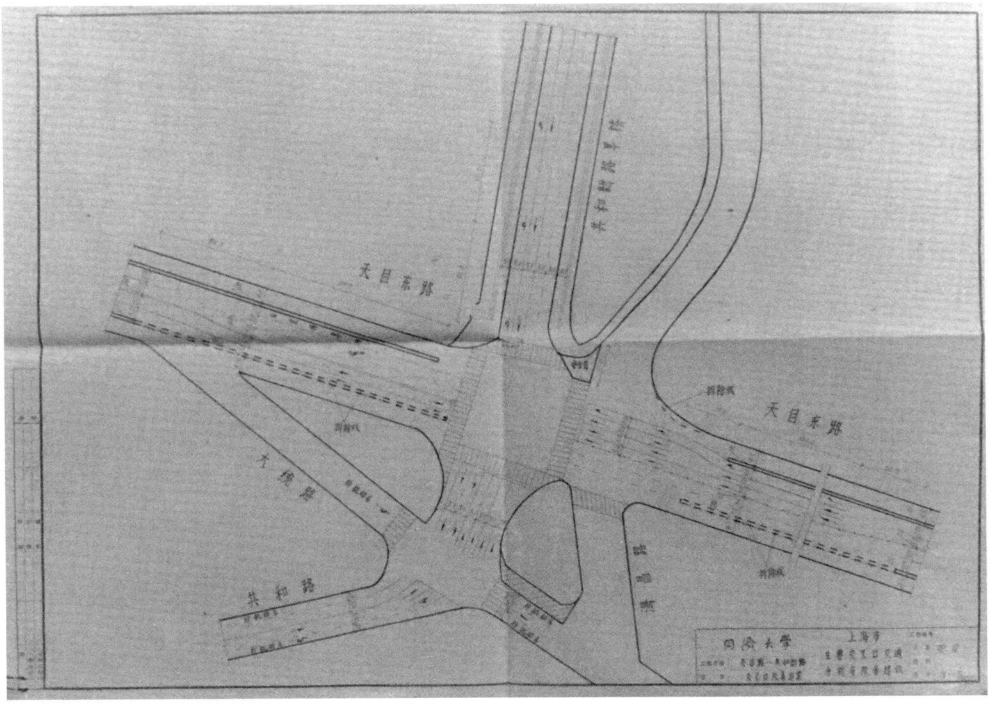

图6　上海天目路—共和新路改善方案

上海市建设委员会　建设技术发展基金项目

改善路口交通组织，提高延安路
交通走廊通行能力的研究

总报告

承担单位：同济大学道路与交通工程研究所
上海市交通警察总队

一九九四年十月

图 7　《改善路口交通组织，提高延安路交通走廊通行能力的研究》

这一研究报告，后来以“改善路口交通组织，提高延安路交通走廊通行能力的研究”为课题名，被上海市建委立为建设技术发展基金项目（图 7）。在上海推广应用“新式交叉口”，受阻多年后，终于取得了成功。

时过二十多年，包括上海在内的各地城市，新建或拓宽的道路，在交叉口都设置了左转车道和右转车道。人们对此习以为常，以为本该如此。不会有人想到，是同济大学的杨佩昆教授第一个敏感地发现美国“新式交叉口”的特点，是他亲自用测量来证实“新式交叉口”的安全和效益，是他第一个把这设计方案引进中国，期间挫折连连，但最终遍地开花。而现在新式交叉口已成为常识和常规。2000 年，上海市住房和城乡建设管理委员会接受了杨佩昆与交警支队滕生强的联合建议，由他们合作编写上海地方规程《城市道路平面交叉口规划与设计规程》（简称《规程》），于 2001 年公布执行（图 8）。杨佩昆有一个习惯，对他编写出版的书刊、文件，总要再复查一遍，找出错、漏，就在错、漏处的页边或另用纸张注写该予以纠、补的内容（图 9），甚至对《英汉道路工程词汇》在使用过程中发现的错漏，也在页面边缘记上该纠、补的词、字（图 10）。《规程》出版后，他在复查中感到有缺陷：在没有交通数据的新建交叉口，交通信号配时怎么办？于是，他就思考了一个“新建交叉口的建议初始试用方案”，待改编时补充（图 11）。

上海市工程建设规范

城市道路平面交叉口
规划与设计规程

Design regulations for at-grade
intersections on urban street

DGJ08-96-2001
J10099-2001

2001 上海

图 8　上海《城市道路平面交叉口规划与设计规程》

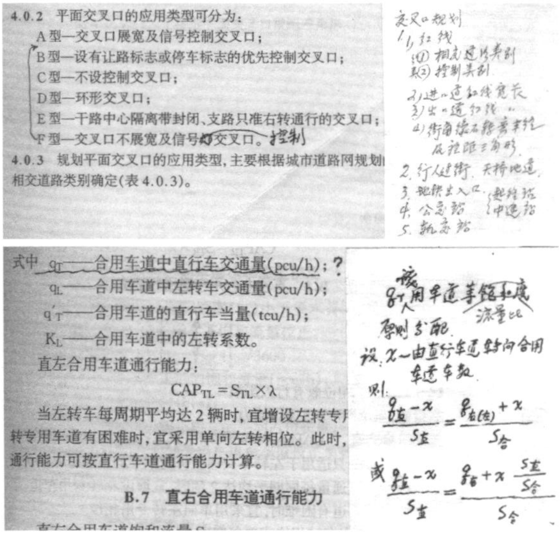

4.0.2　平面交叉口的应用类型可分为：

A 型—交叉口展宽及信号控制交叉口；

B 型—设有让路标志或停车标志的优先控制交叉口；

C 型—不设控制交叉口；

D 型—环形交叉口；

E 型—干路中心隔离带封闭、支路只准右转通行的交叉口；

F 型—交叉口不展宽及信号控制交叉口。

4.0.3　规划平面交叉口的应用类型，主要根据城市道路网规划……相交道路类别确定(表 4.0.3)。

式中　q_T——合用车道中直行车交通量(pcu/h)；

q_L——合用车道中左转车交通量(pcu/h)；

q'_T——合用车道的直行车当量(tcu/h)；

K_L——合用车道中的左转系数。

直左合用车道通行能力：

$$CAP_{TL} = S_{TL} \times \lambda$$

当左转车每周期平均达 2 辆时，宜增设左转专用……转专用车道有困难时，宜采用单向左转相位。此时，……通行能力可按直行车道通行能力计算。

B.7　直右合用车道通行能力

图 9　《城市道路平面交叉口规划与设计规程》中的纠错

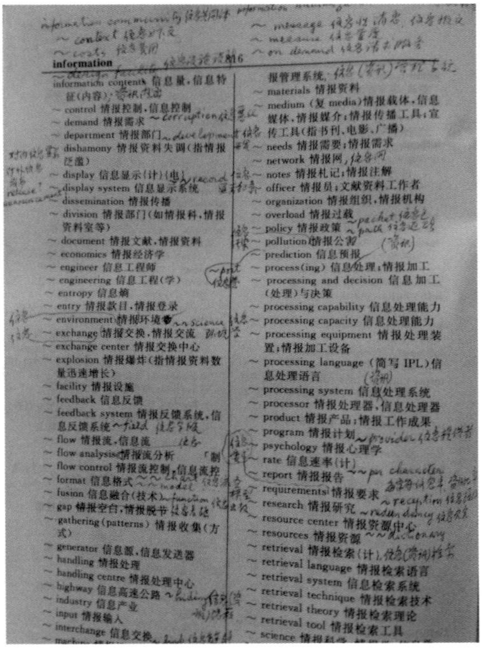

图 10　词典使用过程中在页面边缘上纠、补词字

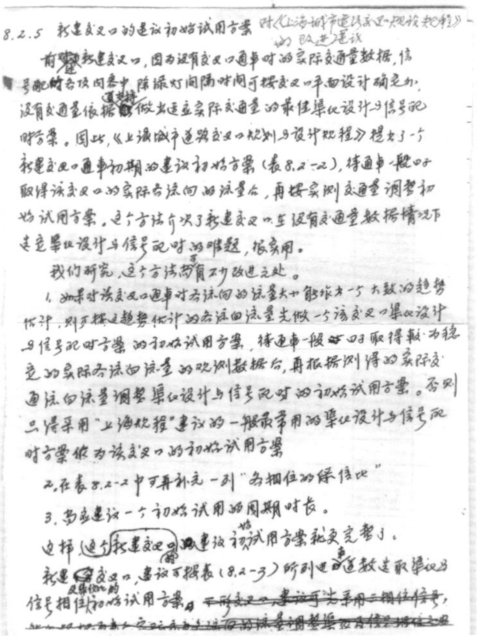

图 11　《新建交叉口的建议初始试用方案》

图 12　全国城乡规划标准规范工作会议

2003 年，建设部在深圳召开“全国城乡规划标准规范工作会议”（图 12），会上宣布建设部拟组织编订城乡规划标准规范的计划，其中列有《城市道路交叉口规划规范》。这一规范由同济大学组织有关市政设计院编订，学校指定由杨佩昆主持这项任务（图 13）。

2004 年，在同济大学召集参编各城市规划设计院讨论规范编写提纲、分工。编写提纲经多次讨论修改通过后，即开始工作。规范初稿经反复修改后，国家标准《城市道路交叉口规划规范》（简称《规范》）于 2012 年 1 月 1 日公布执行（图 14、图 15）。其中，“新式交叉口”的规划设计方法是主要内容的一部分。《规范》荣获建设部“规划规范规口办公室”颁发的“优秀规范奖”。

此后，在 2004 年，杨佩昆受“深圳市城市交通规划研究中心”委托，为他们编写了《深圳市城市道路平面交叉口交通设计指引》（图 16）和《深圳市城市道路交通管理设施设计指引》（图 17）。那时，他的“关门”研究生已经毕业，彭国雄老师得悉此事后，即调派他的两位研究生来帮杨佩昆编

图 13　国家标准《城市道路交叉口规划规范》主、参编单位及顾问专家合影

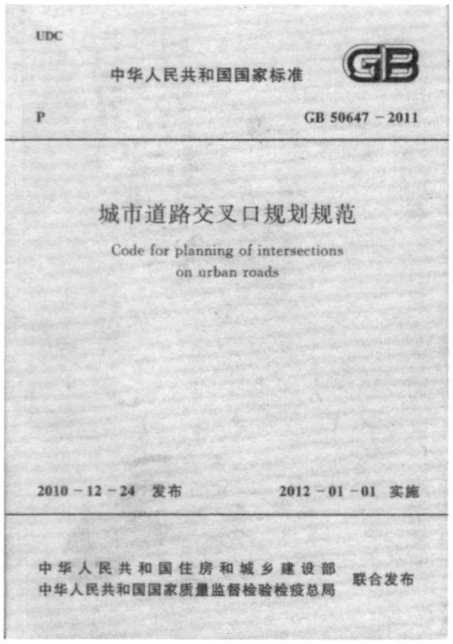

图 14 国家标准《城市道路交叉口规划规范》

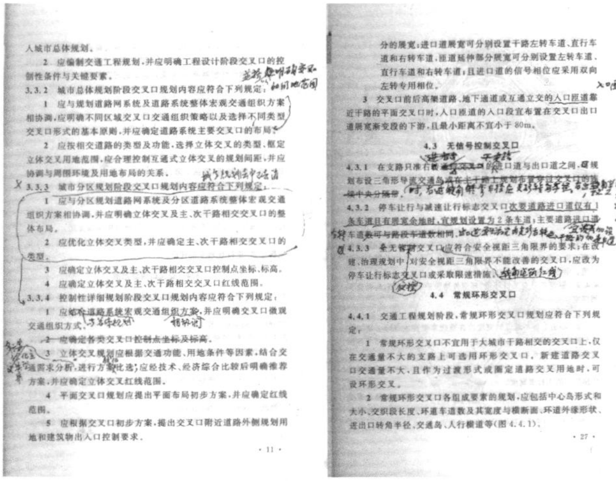
入城市总体规划。

2 应编制交通工程规划，并应明确工程设计阶段交叉口的控制性条件与关键要素。

3.3.2 城市总体规划阶段交叉口规划内容应符合下列规定：

1 应与规划道路网系统及道路系统整体宏观交通组织方案相协调，应明确不同区域交叉口交通组织策略以及选择不同类型交叉口形式的基本原则，并应确定道路系统主要交叉口的布局。

2 应按相交道路的类型及功能，选择立体交叉的类型、框定立体交叉用地范围，应合理控制互通式立体交叉的规划间距，并应协调与周围环境及用地布局的关系。

3.3.3 城市分区规划阶段交叉口规划内容应符合下列规定：

1 应与分区规划道路网系统及分区道路系统整体宏观交通组织方案相协调，并应明确立体交叉及主、次干路相交交叉口的整体布局。

2 应优化立体交叉类型，并应确定主、次干路相交交叉口的类型。

3 应确定立体交叉及主、次干路相交交叉口控制点坐标、标高。

4 应确定立体交叉及主、次干路相交交叉口红线范围。

3.3.4 控制性详细规划阶段交叉口规划内容应符合下列规定：

1 应与道路系统宏观交通组织方案，并应明确交叉口微观交通组织方式。

2 应确定各类交叉口控制点坐标及标高。

3 立体交叉规划应根据交通功能、用地条件等因素，结合交通需求分析，进行方案比选；应经技术、经济综合比较后明确推荐方案，并应确定立体交叉红线范围。

4 平面交叉口规划应提出平面布局初步方案，并应确定红线范围。

5 应根据交叉口初步方案，提出交叉口附近道路外侧规划用地和建筑物出入口控制要求。

· 11 ·

分的展宽；进口道展宽可分别设置干路左转车道、直行车道和右转车道，匝道延伸部分展宽可分别设置左转车道、直行车道和右转车道；且进口道的信号相位应采用双向左转专用相位。

3 交叉口前后高架道路、地下通道或互通立交的入口匝道靠近干路的平面交叉口时，入口匝道的入口段宜布置在交叉口出口道展宽渐变段的下游，且最小距离不宜小于 80m。

4.3 无信号控制交叉口

4.3.1 在支路只准右[illegible]的进口道与出口道之间，可规划布设三角形导流交通岛或在主干路上规划布置穿过交叉口的[illegible]中央分隔带。

4.3.2 停车让行与减速让行标志交叉口次要道路进口道仅有 1 条车道且有展宽余地时，宜规划设置为 2 条车道；主要道路进口道车道数可与路段车道数相同。

4.3.3 无信号交叉口应符合安全视距三角限界的要求；在改建、治理规划中，对安全视距三角限界不能改善的交叉口，应改为停车让行标志交叉口或采取限速措施。

4.4 常规环形交叉口

4.4.1 交通工程规划阶段，常规环形交叉口规划应符合下列规定：

1 常规环形交叉口不宜用于大城市干路相交的交叉口上，仅在交通量不大的支路上可选用环形交叉口。新建道路交叉口交通量不大，且作为过渡形式或圈定道路交叉用地时，可设环形交叉。

2 常规环形交叉口各组成要素的规划，应包括中心岛形式和大小、交织段长度、环道车道数及其宽度与横断面、环道外缘形状、进出口转角半径、交通岛、人行横道等（图 4.4.1）。

· 27 ·

图 15 国家标准《城市道路交叉口规划规范》中的纠错

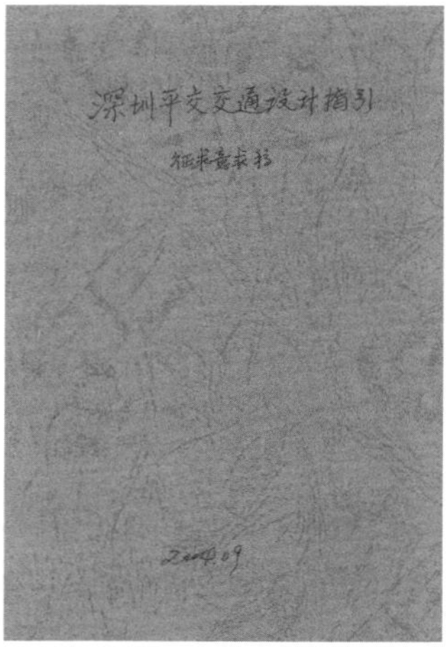

图 16 《深圳市城市道路平面交叉口交通设计指引》

图 17 《深圳市城市道路交通管理设施设计指引》

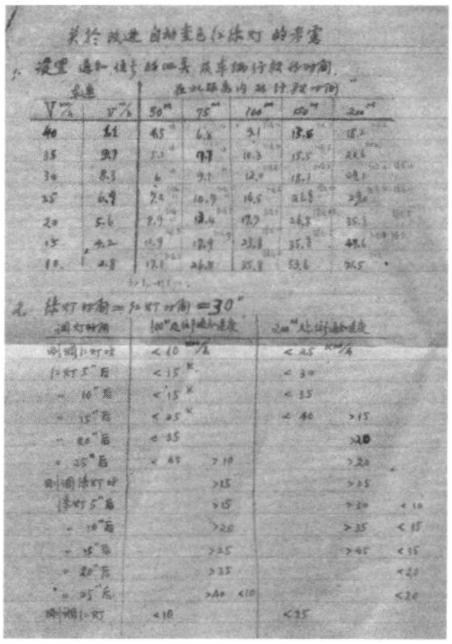

图 18 改进自动变色红绿灯的考虑

完这两本“指引”。

杨佩昆还有一个习惯，就是把想到的但在研究时间上或申报立项上暂时尚不具备研究条件的思考问题，随时记录下来，以备后用，如改进自动变色红绿灯的考虑（图 18）、行人过街等候绿灯可忍受时间、禁左交通效益、禁左流量 vs 相位、信号交叉口排队的波动理论研究、冲突点深化研究、信号交叉口车辆到达概率分布研究、延误问题思考、延误的一种分析方法、增加一条车道的效益通式、交叉口功能分类规划要求、全线交叉口系统设计、左右转车道与通车相位、交叉口上游公交站台设置、上海市市区主要交叉口交通分析与改善建议研究、交通管理政策与措施及高新技术在交通中的应用等 40 余个思考待研究问题。

这些思考待研课题，部分向上海科委申报后，被批准立为上海市科委重大咨询项目（图 19）。

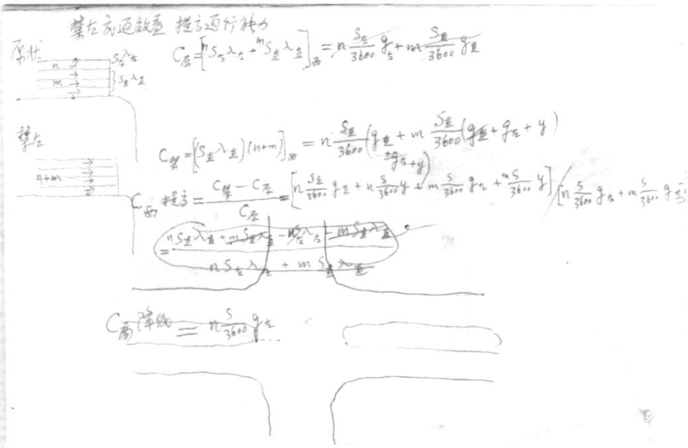

（a）禁左交通效益

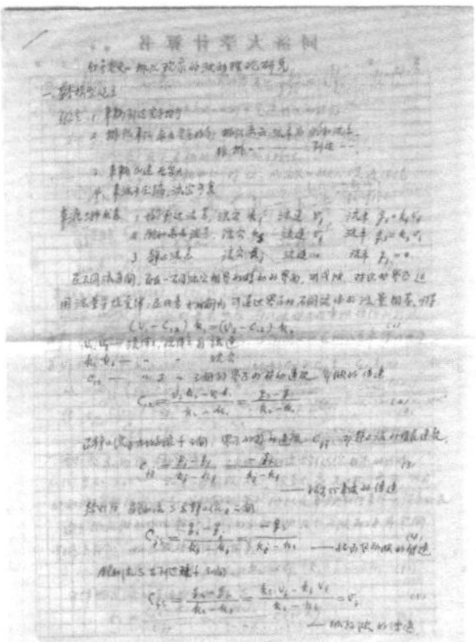

（b）信号交叉口排队的波动理论研究

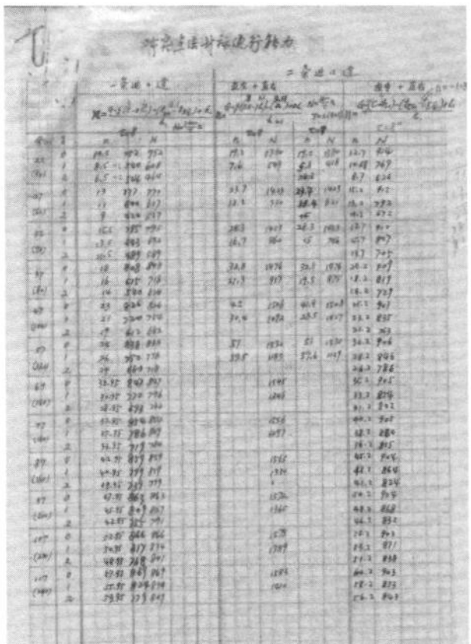

（c）冲突点深化研究

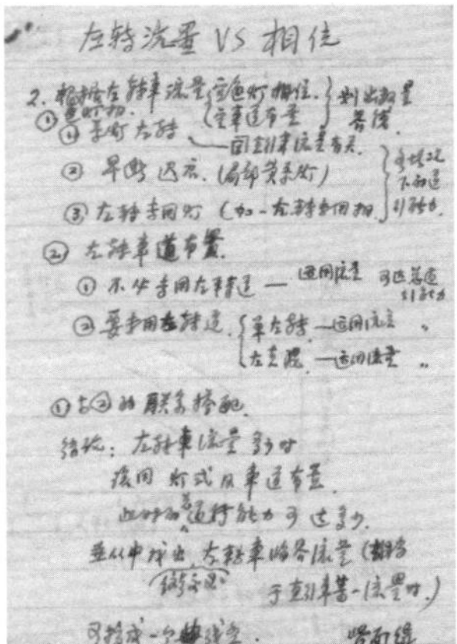

（d）左转流量 vs 相位

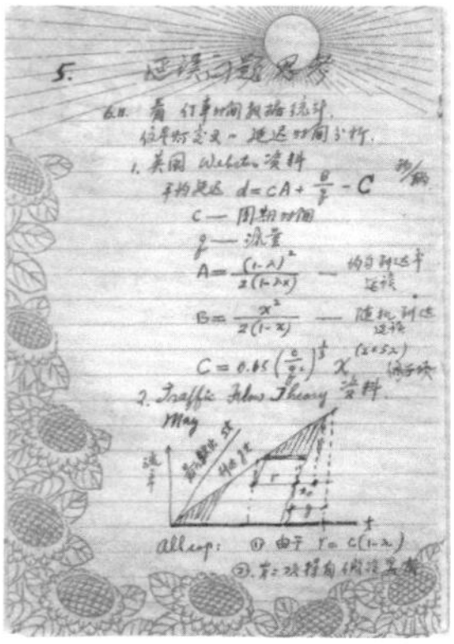

（e）延误问题思考

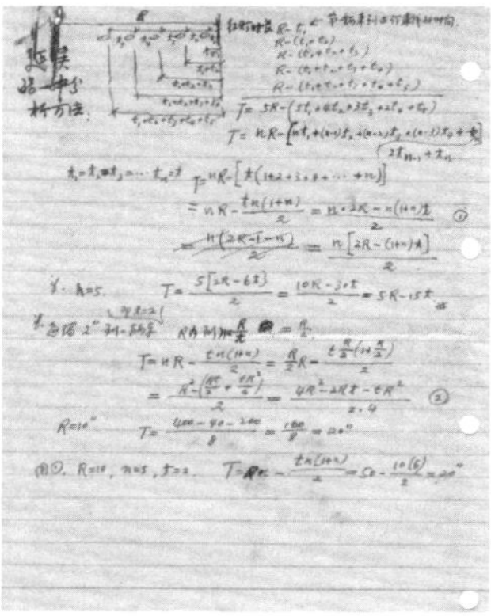

（f）延误的一种分析方法

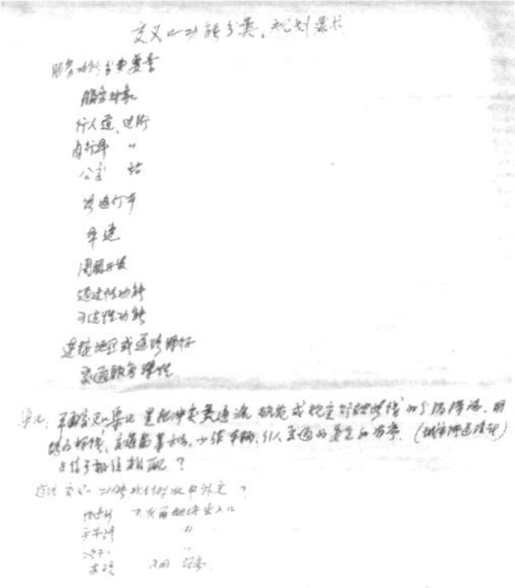

（g）交叉口功能分类规划要求

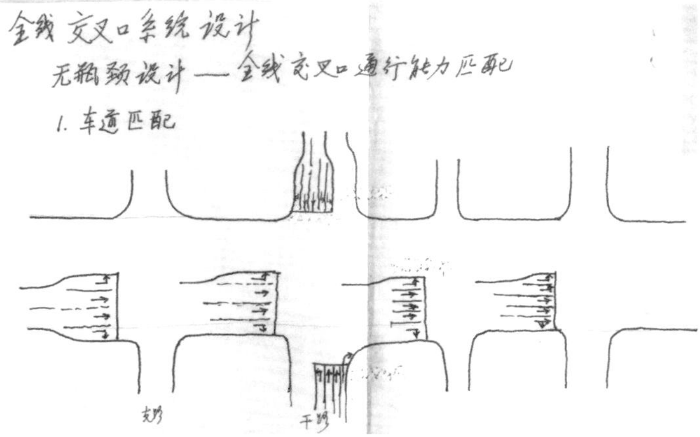

（h）全线交叉口系统设计

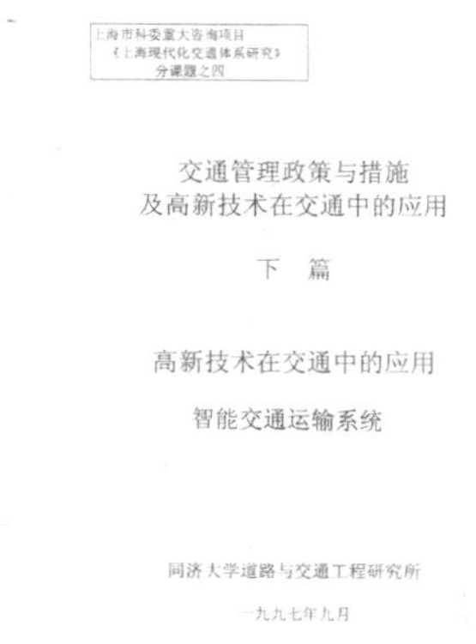
上海市科委重大咨询项目
《上海现代化交通体系研究》
分课题之四

交通管理政策与措施
及高新技术在交通中的应用

下　篇

高新技术在交通中的应用

智能交通运输系统

同济大学道路与交通工程研究所

一九九七年九月

（i）交通管理政策与措施及高新技术在交通中的应用

图 19　思考待研课题

第二个先机：同济大学成为国内第一个培养交通工程学科研究生的高校

同济大学先后获准授设交通工程学科国内第一个硕士点、博士点、博士后流动站。杨佩昆被授予该学科国内第一位硕士生、博士生、博士后导师。

1981 年，杨佩昆领导的同济交通工程研究室尚不具备授设硕士点的条件，还不能招收硕士生。而由副校长杨钦教授挂帅的给水排水专业，属土木系市政工程学科，设有市政工程学科博士点（含硕士点）。同济大学为培育交通工程研究室及交通工程学科的成长，研究生院让杨佩昆以给排水系的市政工程博士点名义，招收市政工程硕士点交通工程研究方向的硕士研究生，破例为他申请招收硕士生导师资格，获得批准。于是，杨佩昆成为当时国内唯一一个指导研习交通工程的硕士生导师。1981 年，有两位硕士生入学，杨佩昆给他们讲授“交通工程”。

1982 年下半年杨佩昆去美国进修，一年后回来。他给硕士生做了三个专题讲座：“排队论”“TRANSYT-7F”和“城市交通规划”。

培养过两届市政工程硕士点交通工程研究方向的硕士研究生之后，1983 年，同济大学获准授设交通工程学科硕士点，是国内第一个交通工程学科硕士点。杨佩昆正名为交通工程学科硕士生导师（图 1、图 2）。

1983 年秋，他招收了四位硕士生，给他们上“交通工程”“交通调查与分析”与“交通流理论”课程。如今，杨佩昆还完好地保存着当年为这批中

图 1　指导硕士研究生

图 2　硕士生论文答辩会

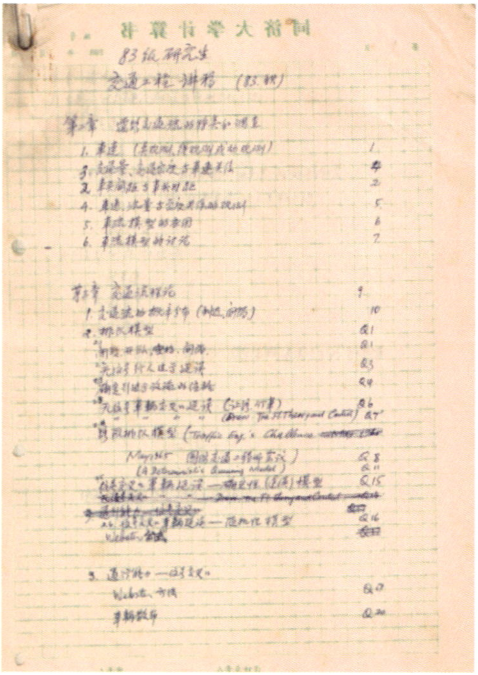

图 3　“交通工程”讲稿

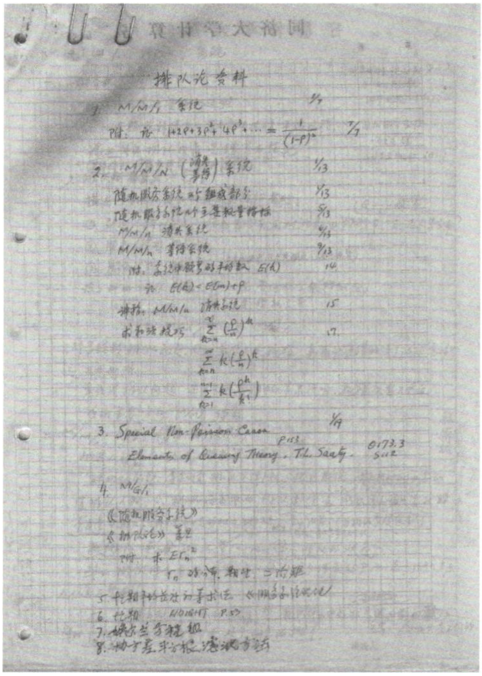

图 4　“排队论”讲稿

国最早的交通工程专业的研究生讲课的讲稿（图 3—图 5）以及指导硕士生学位论文的稿件（图 6）。

1985 年，杨佩昆获准招收市政工程博士点交通工程研究方向博士生，成为国内第一个交通工程的博士生导师。1991 年同济大学获批设置交通运输工程学科博士后流动站、1995 年获批设置交通运输工程学科博士点。杨佩昆就成为国内第一个交通运输工程学科博士点的交通运输工程学科博士生导师。

从1985起，杨佩昆培养了吴岳、吴兵、曾静康、杨超、林航飞、蒲琪、蒋金勇等交通工程方向和交通运输工程学科博士研究生25名（当时，教育部规定每位导师每年只能招收两名博士生）；1991年后，交通运输工程学科博士后流动站培养了徐爱功、钱红波两位博士后出站。

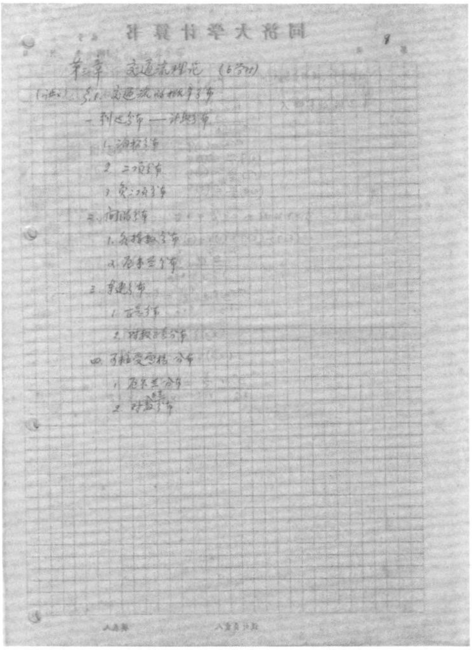

图5 “交通流理论”讲稿

同济大学有交通运输工程学科博士生导师，具有接收外国访问学者的资格。成为全国唯一一个接收交通运输工程学科外国访问学者的学校。

1986年秋，同济大学接到一个接收交通运输工程学科外国访问学者的任务：有一位苏联交通工程副教授维克托·伊凡，申请来同济访问考察。研究生院来电问：可以接收吗？杨佩昆答：伊凡要来考察什么内容？研究生院查看了伊凡的申请报告后回答：他要

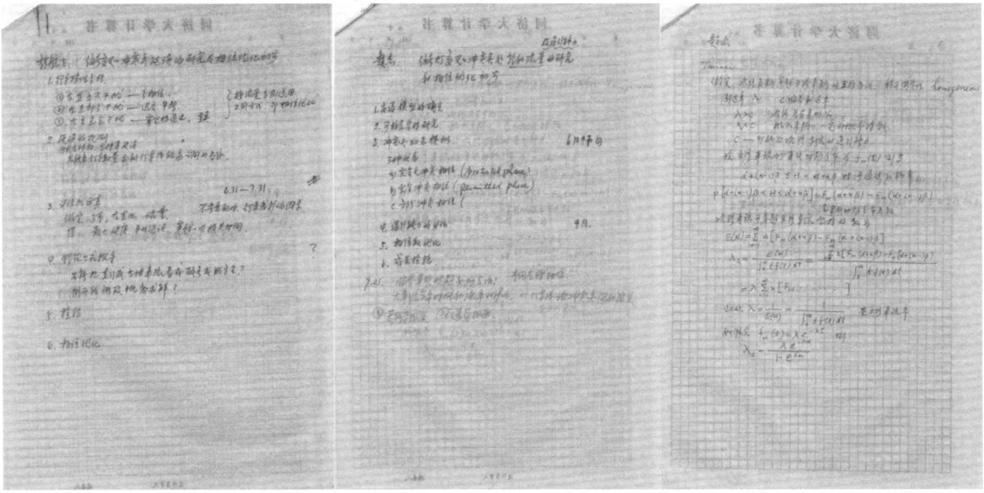

图6 指导硕士生学位论文的稿件

来考察中国的平面交叉口。杨佩昆当即同意。伊凡来后，第一次见面谈话，杨佩昆了解到他要来考察研究上海平面交叉口的交通运行状况，就给他推荐了上海几个设计方案不同的平面交叉口（图7）。伊凡选了其中几个作了观测、数据分析之后，写了一份研究报告（图8）。报告经按杨佩昆意见修改后。伊凡于1987年春作了一次研究成果汇报答辩会，结业回国（图9）。

也因为当时只有同济大学在培养交通工程博士生，1988年国家教委有一个由德国德意志学术交流中心奖学金资助、中德联合培养交通工程博士生名额，派给了同济大学，杨佩昆的博士生李克平学的是德语，无可争议地获得了这个赴德国达姆斯塔特工业大学深造的机会。导师雷茨柯（Hans-Georg Retzko）是国际顶级“国际交通流理论学术会议”的执行委员会十位执委之一。德意志学术交流中心（Deutscher Akademischer Austausch Dienst，DAAD），成立于1925年，是目前全球最大的教育交流机构之一。杨佩昆成为李克平的中方副导师，也被邀请去德国讲学。DAAD规定，资助合作副导师赴德指

图7　同伊凡第一次谈话

图 8　在实验室工作中的伊凡

图 9　伊凡答辩会

证　书

杨佩昆同志：

为了表彰您为发展我国高等教育事业做出的突出贡献，特决定从91年7月起发给政府特殊津贴并颁发此证书。

中华人民共和国国务院

国务院

政府特殊津贴第 360411 号

一九九一年十月一日

图 10　国务院特殊津贴证书

导研究生，为期三个月。在德国达姆斯塔特工业大学期间，杨佩昆给该校并赴慕尼黑工业大学交通研究中心做“自适应实时信号控制系统”研究成果的报告。

1991 年 10 月，杨佩昆荣获国务院特殊津贴（图 10）。

1990 年 1 月，杨佩昆作为国内第一个交通工程学科博士生导师，受东南大学土木工程系邀请担任交通规划研究博士论文答辩会主席（当时东南大学还没有交通工程学科博士生导师，图 11）。

1995 年，同济大学获得教育部授予的国内第一个“交通工程学博士点”资格，设立交通工程学科博士点。

图 11　在东南大学主持交通工程博士论文答辩会

第三个先机：主持国家“七五”重大科技攻关项目

自主研发在南京实施的国内第一个“城市交通信号自适应实时控制系统”软件，历时五年完成。控制系统的首创成果有：建立了南京车流的散布模型；处理了绿初非机动车－机动车相互影响的问题，并据此研发了自适应机－非影响的控制模块；创新研发了自适应左转相位与配时选择功能；根据南京的交通特点，研发了系统效益降级功能等。这些独创的成果将中国带到了能与国际水平对等交流的程度。

1982年，国家开始实施“国家科技攻关计划”，该计划与国家经济发展五年计划同步，由政府部门运用集中的国家财力，组织各路专家，集中力量，对关乎国民经济的重要项目进行研究，经鉴定、实验成功后投入实践应用。这些项目代表着社会发展的方向或目标，对国家的强盛有着关键性的作用，技术难度较高。国家第七个五年计划的国家科技攻关计划，于1986年启动，1990年研发成果测试、验收。

自从改革开放，国门打开，在城市交通领域，上海、北京、深圳都先后引进了澳大利亚、英国、日本研制的城市交通信号控制系统。公安部向“七五”攻关项目的主管部门原国家计划委员会、科学技术委员会和经济贸易委员会（后改为国家发展和改革委员会、科学技术部、商务部）申报，要研究开发中国自己的城市交通信号控制系统，提升中国在这一领域的科技研发和科技应用能力，以方便更多的城市应用国产的系统改善交通运行状况。

能争取承接到这样的国家“七五”攻关重点项目，无论是对单位还是个人，首先是其科研实力的象征；其次，通过研发可以极大地提升研发者的科技水平和解决实际问题的能力，促进学科的发展；再次，研发成功可以给单位、个人带来为国家建立重大科技研究成果的荣誉。

1985 年，杨佩昆受公安部科技处邀请，同他们合作申报“七五”国家重点科技攻关项目，共同研发我国自己创建的“城市交通信号控制系统”。杨佩昆按要求递交了开题报告，并经答辩通过，承接了“七五”攻关项目“城市交通信号控制系统”的核心软件研发，项目编号为 2443。杨佩昆承接的“七五”攻关项目，按攻关项目的要求，研发的成果是必须实施建设的。南京市交管部门承接了这一攻关项目的建设任务，在南京市区内划定了这个控制系统的实施区域，作为试验、检验并实施这套国产化控制系统的场地。交管部门就在这控制系统的实施区域内，用政府拨下的项目建设经费，建造了一幢颇具规模的控制中心大楼。

这项要在南京实施的系统控制项目，对杨佩昆而言，按时保质完成是当时的一件大事情。他所须做的事情就是研制出适应中国城市交通的国产控制系统。若研制的这套国产控制系统实施效果显著，将会在国内推广。

答辩会后，科技处方善庆处长邀请北京交通工程科研所段里仁所长、北京城市规划设计院全永燊总工等同行专家组织召开了一个实施方案研讨会。全总曾在英国 TRRL 学习、实习过一段时期。会上首先由杨佩昆汇报说：我曾在美国学习、实习过英国 TRRL 研发的 TRANSYT-7，开题报告也是根据 TRANSYT-7 的基本原理写的。1986 年，北京已在运行从英国引进的所谓“北京 SCOOT 系统”了。所以杨佩昆请段所长大力支持、帮助来调研“北京 SCOOT”，看看 SCOOT 与 TRANSYT 有什么差别或有什么关系，“北京 SCOOT”采用什么方法解决了机－非相互干扰问题，SCOOT 的实时自适应控制是怎么实施的等问题。待有了调研结果，考虑可否借用“北京 SCOOT”为蓝本，加进处理南京交通特征问题的模块，把“北京 SCOOT”改为我们自己研发的“南京 SCOOT”？同时也向在座专家请教：实时自适应是如何实施的？会上除受到段所长大力支持的允诺外，还得到全总的关键性指导："实时自适应如何实施，关键是靠设置在交叉口出口道端的检测器，测得通过车数来预测到达下游停车线时的延误，然后优化延误，取用延误最小的配时方案，其中包括信号灯的周期时长、绿信比和相邻交叉口间信号灯的绿时差。还有一个重要问题，就是延误优化采用什么方法。若用精确最小化的优化方法，需要很长时间，不能达到实时控制的目的，所以 SCOOT 用了一个最简单的大步距优化定位、小步距优化（次优）的方法，才使实时控制得以实施。"

然后，方处长提出要杨佩昆当项目牵头人。杨佩昆说明了自己只会做这个控制系统核心软件的研发，配合系统软件需要的设在控制中心内的硬件设施（简称内设）和设置在道路上的硬件设施（外设），还得请方处长另招专做硬件设施的研究单位来做。研发软、硬件两单位间还有不少协调、配合工作要做，所以这牵头人只能请方处长亲自担任了。方处长后来找到南京电子工业部第 28 研究所（以下称 28 所）承担硬件研发的任务。研发软、硬件两单位的这套班子落定后，方处长召开第一次协调会，28 所提出要求，请杨佩昆去给他们讲讲控制系统的基本原理。杨佩昆去 28 所详细地讲了拟研发系统的基本原理。

在项目研发初期，杨佩昆决定带研究室同仁去北京考察调研号称"北京 SCOOT"系统的实况，受到所长段里仁、隋亚刚的热情支持。他们全力协助调研，并预祝杨佩昆在南京的研发圆满成功。段里仁原是武汉大学物理教师，转行到北京搞交通工程，也是国内最早专心于交通工程发展的有志者，他与杨佩昆是志同道合的好朋友。段里仁将 SCOOT 研发单位提供的资料都送给杨佩昆看。当时，SCOOT 的机理还处于保密阶段，资料非常简单，主要说明的大意为："所谓'北京 SCOOT'是适应北京机动车与非机动车混合交通特点的实时自适应信号控制系统。"根据这个说明，杨佩昆主要要弄清楚：这个所谓"实时自适应"，是怎么在各时刻立即取得当时要适应的交通量的？这个所谓"北京 SCOOT"是如何处理机—非混行相互干扰问题的？

杨佩昆仍然用最拿手也是最简单直接的老办法，站在北京东区各主要交叉口测记交通数据；为了分析问题，要请北京东区交通控制中心计算机将正在观测交叉口、观测时段内的相关数据打印出来，用以与观测数据对照分析。段所长当即电告东区交通控制中心照办。

实打实地考察了一周，杨佩昆将实测数据与控制中心打印出来的数据相对照，很容易就发现这套“北京 SCOOT”并没有解决机动车－非机动车相互干扰的问题。他判断，所谓这系统是专为北京研发的说法，实际上也就只是注意到非机动车的问题而已。这个控制系统实际采取的措施，就只是在非机动车车流早高峰时，信号灯按非机动车的流量配时，机动车当然也一起通行，怎能解决机－非相互干扰问题？而过了非机动车车流早高峰时间，接下来就按机动车的交通量配时，也照样没有解决机－非间的相互干扰，所以这个系统实质上并没有解决非机动车信号的自适应问题。他看到了国外先进的控制系统“水土不服”的症结，就想到可以用过去对机动车与非机动车绿灯初期驶出停车线后相互交叉通行的研究成果，来解决这个问题。他开始酝酿处理这个问题的思路，确定自己的研究方式和目标，进一步观测和研究绿初机动车、非机动车相互影响的持续时间，并建立相应的信号配时模型，以后，就此研发了国内第一个考虑机－非相互影响的自适应信号控制模块。此外，杨佩昆还发现，这个系统对左转信号相位与配时并没有实时自适应控制功能，实际用的只是定时控制。他就思考能改为实时自适应控制的方法。

此外，杨佩昆分析从计算机打印出来的数据，惊喜地发现一个重要信息：数据的后半部分内容同 TRANSYT 模型完全一样。这使杨佩昆对研发南京系统心中更是有了底。

杨佩昆承担的是研发控制软件任务，但是软件开发成功后的运行效益，还要基于整个控制区内现实的交通环境和交通状况的改善。因此，要做统筹改善的规划和具体的改善设计：第一，要对道路交通状况进行整体的改善，改变混合交通的状况，让人流、非机动车流和机动车流各行其道，互不干扰；

第二，要将老式交叉口改造为新式交叉口，开辟出左转车道和右转车道；第三，要确定设置传感器的地点；第四，还必须要有各个交叉口交通流量数据等。说是仅仅研发软件，但这些前期工作都要杨佩昆带领他的团队来完成，并拿出具体的方案与数据。主研这整个项目的团队有他的研究生吴岳、杨晓光、林航飞、李克平等。李克平后来因赴德国学习而离队，离队前还完成了一份《城市道路交通信号自适应控制优化方法》的研究报告。

他们在南京驻扎下来。前期，白天杨佩昆带着年轻人到控制区内的道路去做调查，到一个一个交叉口用仪器做观测，收集数据。晚上回来讨论研究，做方案。在方案中，会遇到一幢建筑或一棵树挡道，就需要与有关方反复沟通来解决。在提出老式交叉口改新式的方案时，主管南京交通的交警大队因不理解，提出很多反对意见，如减窄原来宽度的交叉口进口车道，增辟了左、右转车道，会被质疑进口车道太窄，有安全隐患，需要解释沟通，或做再修改。后期，大冷天，研究团队穿着交警的棉袄，一个个交叉口去考察，传感器装在什么地方合适，哪里需要设置补充传感器，一天要看好几个地方。

如今的杨晓光教授回忆起那段时光，当年他在上海和南京的火车上来来回回不下百次，觉得很磨炼人。老师对待工作和学术十分严谨，杨晓光将这种严谨化作了动力，化作了鞭策，不抱怨，不气馁，加倍努力地把事情做好，成就了以后的自己，他对老师心存感念。当初杨晓光是青年教师、在职研究生，协助杨佩昆承担了很多同各有关方沟通的事宜，还没日没夜地绘制道路规划和改造方案的图纸，在研究工作后期，还写了几篇研究专题分报告。历经这五年的研究工作后，他觉得自己成长了。林航飞教授当时负责各个交叉口高峰和低峰时段各流向的交通量调查，调查结束后，回来把调查数据整理成调查数据表，每个交叉口要调查多次，任务很艰辛（图 1）。

研究生吴岳是武汉大学计算机专业的硕士生，他的导师介绍他来考杨佩昆的博士生。当时杨佩昆招收硕、博研究生的说明书上，写明要招收道路专业、应用数学专业、计算机软件专业和自动控制专业的学生。当时很

图 1　林航飞、杨晓光在做交通调查

图 2　给吴岳讲控制系统交通

多人对招后三个专业的学生不理解。但杨佩昆给予了充分解释：学科间交叉研究，学科才能有创新发展。譬如：要在交通流理论上有所创新发展，必须要有深厚的应用数学基础；在自适应信号控制系统上要有所成就，就必须有坚实的自动控制原理和技术以及计算机软件的基础。杨佩昆所开创的事业，培养和成就了很多毕业于这些专业的年轻人。特别是能够参与“七五”攻关项目的研究，对他们来说是一个十分幸运的机遇。吴岳在杨佩昆的指导下，补学了一年交通工程的课程，接着就投入“七五”攻关项目的研究（图 2）。杨佩昆指导他按交叉口高峰小时交通量做信号配时的方法、按信号配时周期时长划分控制小区的方法、控制系统的交通模型等。

在开始编软件程序前，吴岳了解到复旦大学要开讲“实时自适应控制计算机语言”课程，才知道实时自适应控制系统的程序必须要用这专用语言，普通计算机语言不管用。杨佩昆派吴岳去培训，学习结束后，吴岳夜以继日地工作。杨佩昆先将拟开发、具有创新功能项目的整体方案告诉吴岳，然后按序陆续把各创新项目的设计方法告诉吴岳，譬如实时自适应左转相位与配时选择功能的设计方法等。他领会后就把这些转换成为计算机语言编软件程序。整个系统的研发整整持续了五年。这个控制系统的首创成果有：建立了南京车流的散布模型；处理了绿初非机动车 – 机动车相互影响的问题，并据此研发了自适应机 – 非影响的控制模块；创新研发了自适应左转相位与配时

图 3 鉴定会会场

选择功能；根据南京的交通特点，研发了系统效益降级功能等。1991 年初，第一个国内自主研发的“城市交通信号自适应实时控制系统”在南京市划定的区域安装完毕。接下来试运行一周，经专家组现场考察、鉴定评审，期间实测交通运行效益显著，该控制系统通过验收（图 3—图 5）。

各大报纸纷纷报道了这一重大成果（图 6）。

接下来，该成果获得两部一委（科技部、财政部、发改委）颁发的“‘七五’攻关科技成果突出贡献奖”，被公安部评为科技进步一等奖（图 7、图 8）。

国际经济评价（香港）中心从报上得悉这一科研项目完成、运行的信息后，专门派遣专家组来做系统运行测试及驾车运行测试系统实效。1999 年，中心所属的世界华人重大科学技术成果评审委员会授予杨佩昆世界华人重大科学技术成果证书，成果的名称为“城市交通控制系统交通模型、算法及优化软件”（图 9）。

杨佩昆对为同济、为自己获此荣誉奖状非常欣慰，这是他步入交通工程学科后亲手研发的第一个重大科技成果：能完全适应国内改善交通安全和提

图 4　鉴定会上参研团队合影

图 5　系统开通仪式

交通安全报

热烈祝贺南京城市交通控制系统开通

第一个城市交通控制系统

南京日报

NANJING RIBAO

为了交通管理现代化

——我市城市交通控制系统诞生记

新闻·　1992.4.11.　文匯報

根据道路交通情况直接产生优化控制方案

南京采用第三代交通控制系统

经一年试运行，平均减少延误16.7%，停车率减少16.59%，行车速度提高14.8%，性能优于引进设备

建设现代化交通控制系统

迈向现代化的可喜一步

重视发展交通管理科技事业

92.5.9　上海科技报

城市交通控制系统在宁显神通

杨佩昆学科组获国家七五攻关重大成果奖

本报讯　同济大学道交系杨佩昆学科组攻关数年，拿下了“城市交通控制系统”研究的核心成果。近日，学科组获国家“七五”科技攻关重大科技成果奖，学科组5位同志被国家科委、计委授予“有突出贡献”奖。

我国城市交通机动与非机动车混杂，行人与车辆混杂，先后进口的洋电脑对这种错综复杂的状况显得不灵，有的搁置不用了。1986年国家科委和计委把研究国产“城市交通控制系统”的任务下达给国家公安部，其中最关键的“大脑”部分则由杨佩昆学科组承担。

国外对“大脑”的高难技术绝对保密，售价达100万美元。杨佩昆学科组经过研究，建立起符合国情的城市交通控制模型并解决了算法，编制了优化软件。他们研制的“大脑”与兄弟单位完成的“眼”、“鼻”、“耳”等相关软硬部件结合，使南京市中心区的交通大为改观，车辆减少延误16.07%，降低停产率16.59%，缩短行程时间20.7%，提高行程车速14.8%。

（柴育筑　杨晓光）

图6　相关报道

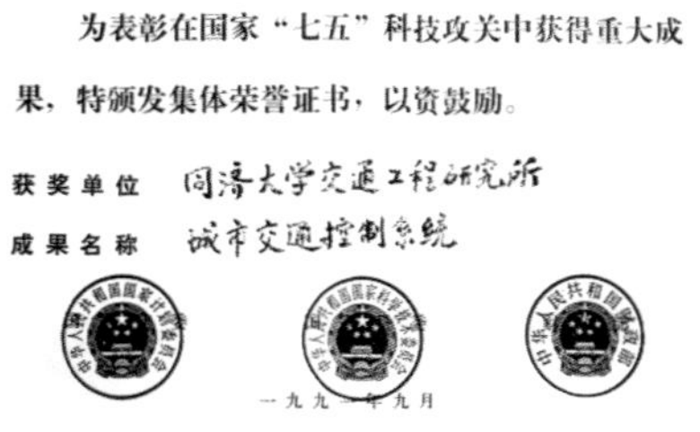

为表彰在国家"七五"科技攻关中获得重大成果，特颁发集体荣誉证书，以资鼓励。

获奖单位　同济大学交通工程研究所

成果名称　城市交通控制系统

一九九一年九月

图 7　参研团队个人奖状

證書

杨佩昆 同志在"七五"国家重点科技项目（攻关）《城市交通控制系统》中贡献突出，被评为一等奖，特颁发荣誉证书，以资褒奖。

图 8　同济交通工程研究室奖状

世界華人重大科學技術成果

證書

茲證明

研究者：

楊佩昆等

成果項目：

城市交通控制系統交通模型、算法及優化軟件

業經評審，該研究成果符合世界華人重大科學技術成果認證標準，特授予"世界華人重大科學技術成果"榮譽。

成果登記號：　登記日期：一九九九年一月

主持機構：國際經濟評價（香港）中心

香港文匯報社

頒證機構：世界華人重大科學技術成果評審委員會

機構代表：吳是龍

頒證日期：一九九九年一月五日

CERTIFICATE FOR MAJOR SCIENTIFIC & TECHNOLOGICAL ACHIEVEMENTS FOR CHINESE

We hereby certify:

Researcher:

Item of the Achievement:

Upon appraisals by experts concerned, tconforms the certification standard for Major Scientific and Technological Achievement for Chinese. He is therefore entitled to be awarded the Certificate for Major Scientific and Technological Achievements for Chinese.

Registration Number:

Date of Registration: *Jan. 1999*

Sponsor: *INTERNATIONAL ECONOMIC ESTIMATE (HK) CENTRE WEN WEI PO*

Issuing Authority: *Evaluation & Appraisal Committee of Major Scientific & Technological Achievements for Chinese*

Signature of Representative: *WuSiLong*

Issuing Date: Jan. 5th, 1999

图 9　"世界华人重大科学技术成果"证书

高交通效益的国产"城市交通信号自适应实时控制系统"。所有参加项目研发和配套工作的人员也都非常高兴。同济大学还专派校领导参加了庆功大会（图 10）。

然而，杨佩昆听说，系统开通正式运行不足两个月就被拆除了，拆除前他没有得到任何信息。后来便向使用方询问，对方说：信号控制机使用不正常，降级为单点控制后不能再恢复为系统控制。他们已经换过机器了，

图 10　校领导与研究团队在庆功会上合影

而且要经常换机。管理人员感到太麻烦，也不向上级汇报，竟敢大胆拆除国家“七五”重大科技攻关项目的工程，但控制中心大楼却巍然屹立在原地，不知道以后派什么用处。

杨佩昆一听就联想到，出现这种问题十有八九是系统控制机质量不过关。软件在计算机内正常运行，没有人为的干扰是不可能受损的。他当初提醒过负责硬件单位，国产控制机的电子元件稳定性不好，受温度影响很容易变质，一定要采购进口的，而对方并没有采纳他的意见。杨佩昆认为这次系统运转发生问题是完全可以解决的，而使用方既没有邀请参研单位调研改善，也没有通报征询参研单位意见，说拆除就拆除了。对各方花了五年时间艰辛研发的成果、国家花了不小投资建成的国家“七五”科技攻关重点工程，竟发生这样奇特的重大事故，当时南京交管领导部门竟还不闻不问。他非常生气，说，不知道公安部是否了解此事？

据说，得部级一等奖的科研成果至少可得国家科技进步二等奖，所以公安部要将这个项目申报国家科技进步奖，找到杨佩昆，请他在申报表的参研单位负责人栏目上签名，被他坚决拒绝。国家级的科技进步奖对于参研单位以及个人来说，是最高奖项，能够得到的话，谁都想争取，一定积极申报。这时多位项目参加者都来劝说杨佩昆签名，而他说："研究成果已被拆除，还要申报国家奖，这不是在骗取国家奖吗？"事后，在北京召开的一次"国际智能交通学术会议"上，杨佩昆遇到公安部科技处的新任处长，他有些无奈地对杨佩昆说："看你，害得公安部少得一个国家奖。"而杨佩昆回答说："是你们交管部门胡乱拆除研究成果，害我少得一个国家奖！"这位处长心中不理解、认为杨佩昆傻。但杨佩昆却对自己作出这一正确决定而感到欣慰。唯一遗憾的是害得全体参研同伴都不能得到获奖荣誉。

在弟子和手下人口里，杨佩昆绝非一个锱铢必较、睚眦必报的人，相反还很宽容随和，不计较名利和地位。"七五"项目完成后，当时，杨佩昆完全没有申请专利的概念，自己的成果交出去了，又遇到以上的事情，他也就不再过问了。二十多年后重提此事，留德博士李克平回国工作后说："在工业产品的研发过程中，须经过各种极限环境条件下的试验，从而保障产品的可靠性。而南京的这个项目，可能由于时间紧迫，少了信号控制机的研发环节，加上国产电子元器件本来可靠性就差，运行中出现故障似乎也就是难免的了。"后来，据他了解，杨佩昆的心血并没有弃之不用，束之高阁。因为杨佩昆没有申请这个项目成果的专利，所以这个提供硬件的单位，后来成立了公司，利用参加该项目获得的技术知识，也就是杨佩昆和吴岳研发的软件，做成专利产品，生意做得很大，后来还做了"八五"项目。

无论如何，杨佩昆通过完成"七五"攻关项目，把中国研发交叉口信号自适应实时控制系统带到了能与国际水平对等交流的程度，在理论和实践上都达到了中国交通工程学科研究的一个高峰。做过这个项目，他心目中更加认为，中国交通治理中的各种问题，都有能够对症下药的药方，关键是要有去解决问题的决心。

把整套控制系统拆除，那是毁灭性的。但在现行控制系统中，患了重病甚至瘫痪的，却屡见不鲜啊！不要以为引进了国外先进的信号控制系统，或用了不是为当地研发的系统，就会交通畅通、万事大吉。使用不按当地道路、交通特点研发的系统，是会患水土不服症的；不了解系统的原理，就不可能做好应做的技术工作，系统就会患病、瘫痪。主要原因是操作员、维护员等的控制系统的知识、技术素质太差，操作、维护不当，以致不知不觉使系统控制自动降为单点控制；在系统安装之前，没有透彻理解系统所需的现场真实可靠的车辆运行信息，没有按要求做好调查工作，不能做到精准配时，以致后患无穷；外设传感器、通信设备施工不到位，加上路面质量不够坚实，外设经常甚至成批损坏，来不及及时修复，以致大量交叉口由系统控制降级为单点控制。据内部透露，有些城市的系统降级率，已高达 80%，即有 80% 的交叉口降为单点控制，已是重症状态。但这些都是讳莫能言的事。

杨佩昆在可能的情况下，总是热心奔走，传播信号控制系统的知识。深圳交管局为改善深圳的信号控制，招了一批人培训，请杨佩昆为培训班讲课，他讲了整整一周关于信号配时的知识和经验。他后来一直称赞深圳交通信号灯控制设计得好，管理得好。所谓好的标准就是信号配时精细。在每一个安有信号灯的交叉口，一天中的车流量不会始终如一，合理的信号灯配时应根据一天中车流量高峰和低谷而不同。深圳能做出每天分 10 个时段，即在高峰和低谷之外的时段，各交叉口每个时段的信号配时方案，都是根据认真测试的交通量而算得的。在上海的交叉口，的确会常遇见东西向是红灯，哪怕那时段南北向车辆已非常稀少，也迟迟不会改亮东西向绿灯，尽快放行东西向红灯时停在停车线前急等放行的车辆排队的情况。

国内外学术交流

一、国外学者来访问、讲学

1. 澳大利亚悉尼大学土木工程学科交通工程教授劳尔来访

劳尔教授夫妇是中国执行改革开放政策之初，最早来中国访问的外国学者之一。1976 年，他们在访问北京、天津有土木工程系的高校时，打听到有研究交通工程单位的高校在上海同济大学。于是，劳尔教授就成为来访同济交通工程教研室的第一位外国交通工程学者（图 1）。

2. 美国加州海华市交通工程局局长张秋先生来访

1978 年，张秋先生回家乡探亲，途经上海。他原来就读于 1949 年前的上海交通大学土木系。这时他来寻大学时的老师杨钦教授和王达时教授，得知两位老师因全国院系调整到了同济大学，又找到同济大学。师生终于辗转相见，分外高兴。杨钦教授这时是副校长。两人交谈中，知道张秋担任美国

图 1　悉尼大学劳尔教授来访

海华市交通局的局长，就打电话叫杨佩昆去他办公室，并向张秋介绍：“这位杨佩昆先生，曾经担任城市建设教研室主任，教过有关交通工程的课程，你们两个可以对口交流，有什么要求，也可以向他提出，让他去办理。”张秋说：“我带来一些美国交通设施的幻灯片，希望能放给大家看看。”

杨校长说：“很好啊！我来通知道桥系主任，请他明天下午组织教师们到同济工会俱乐部听讲。杨老师，你去借工会俱乐部会议室，安排好幻灯放映机。”

第二天，道桥系大部分教师来看张秋先生放幻灯片。张先生先自我介绍：“我在新中国成立前从交通大学土木系毕业，后来去美国，投考加州一个小城海华市的交通工程师，现在任海华市交通局局长；我的家乡在四川广德，老父亲还健在，现在中国改革开放，我很高兴，有条件可以每年回来看望老父亲了。”接着他就放映带来的幻灯片，讲解片中的美国多层停车场、高速公路、立体交叉等交通设施。相对于国内当时汽车不多、交通设施还很落后的情况，大家第一次看到国门外这么多先进设施，十分新鲜、新奇，边看边听，津津有味。他讲完后，在座的几位教师提出，邀请张先生明年来做一次美国交通工程技术讲座。张先生当即表示，明年春天可以再来，但是，他说：“开讲座同放幻灯不一样，希望不是像现在这样，只有同济道桥系的老师来听讲，希望还有其他学校道桥系的老师一起来听讲。”

在得到杨钦副校长的同意后，系主任就请杨佩昆继续同张秋先生联系，商讨明年讲座的内容，张秋先生让杨佩昆写一份讲座提纲给他。杨佩昆对这次讲座很期待，这么多年来，他心里积累了不少弄不明白的交通工程理论方面的问题，想得到一些解答。于是，当晚就赶写了一份讲座提纲，大部分内容是他看美国文献时不理解的问题。第二天早晨，杨佩昆把提纲送到张秋住的宾馆。不久，杨佩昆接到张秋来信，主要意思是：一年之内，我在工作之余，要写好一个星期讲座的稿子，就只能写一些工作经历中做过的、部分与工作有关的内容，你大纲中的那些问题，在讲座中我就不能回答了。

1979年5月，张秋如约来同济大学讲学。系主任请杨佩昆继续操办此事，向全国各有关高校及单位发邀请函，请他们报名派员参加。杨佩昆自认身份只是一个讲师，不够资格主持如此规模、规格的讲座。征得杨副校长同意后，他去请已从武汉调回同济大学分校（后来的上海城市建设学院）道桥系的前辈、系主任赵骅教授来主持，还邀请了上海市政工程老前辈张佐周总工程师，北京、西安、南京等院校原公路专业的教师前来参加。讲座为期一周，费用由同济大学全包，吃食堂，住学生宿舍，当时算是声势很大，搞得很红火的一次活动（图2）。而谁也不知道，杨佩昆心里暗藏着失望，在参加活动的人员里，大概也只有他一个人会在这时有所失望。

当时没人知道，在多少人屈服或受制于环境，疏于读书学习时，杨佩昆没有停止学习的脚步，他找到了图书馆这个避风港和加油站，孤独而不被打扰地读书、翻译书，获得了属于时代前沿的知识，眼界已经突破了他

图2　参与张秋先生讲学同仁合影

所处的环境。他多么希望从张秋的讲学中多听到一些自己在理论上空缺的内容。但甚感遗憾的是，只能学到一位美国交通局局长日常处理事务中的一些工程问题。

张秋的讲座内容中，提到了“排队论”在交通工程中的应用。“排队论”在当时国内学界是很陌生的理论。张秋讲座的最后时间，杨佩昆就“排队论”向听众做了个“小贴士”。他以银行里取存款排队为例作解释，他说：银行办理存、取款业务，开一个窗口让客户排一个队伍，或开两个窗口分别排两个队伍，或开两个窗口集中排一个队伍，这几种情况排队方式的服务效率是不一样的，对不同排队方式可用相应的排队模型来计算优选，哪种排队方式可让客户最省时？研究人员可对此进行研究，找出最优的方案。“排队论”作为“概率论”的发展，是交通工程学科研究的重要基础理论之一。杨佩昆的这番解说与接着对M/M/1排队模型的推导，令在座熟悉他的人十分吃惊。在座的结构力学知名教授王达时说：“看不出杨佩昆还会讲‘排队论’！”有“士别三日，当刮目相看”之意。

以后，张先生每年都回来，应北京、西安等城市设有道路专业学校的邀请讲学，推动各校交通工程的研究，并帮助各校有才有志学生赴美深造，做出了贡献。

1975年，张秋曾第一次回国，对其所到过的城市的交通状况进行了考察。当时国外对中国很不了解，所以张秋一回到美国，就接到世界华人交通工程协会的邀请，要他谈谈中国的交通。张秋也借这个机会，让世界的华人交通工程师知道中国的交通状况，告诉大家中国早已没有轿子和人力车了。

张秋的讲话刊登在香港《七十年代》1975年12月号上，标题是“中国都市交通概况”。张秋后来被国务院提名为邀请首批来华讲学的四位美籍华人中的一位。

3. 杨晓光导师、同济大学顾问教授日本饭田恭敬教授来访

日本京都大学交通工程学科主任饭田恭敬教授来访并作学术报告。图3

图 3　饭田恭敬教授来访并作学术报告

为与饭田恭敬教授合影。

4. 德国雷茨柯教授多次来访

雷茨柯教授，曾任达姆斯塔特工业大学土木工程学院院长，兼任交通规划与交通工程研究所所长。院长换任后，仍出任终身专职交通工程研究所所长与德国交通规划与交通工程专业委员会主任；1973—2012 年间曾获匈牙利科学学会金质勋章、德国总统一级大十字勋章、越南教育功勋章、同济 -TU Darmstadt 突出贡献奖等各国荣誉十多项；1977 年主编被称为德国“交通信号控制圣经”的德国《交通信号控制指南》；在国际、各国杂志上发表论文超过 200 多篇；是当代交通流理论研究最高水平的学术会议——国际交通流理论学术会议（International Symposium on Traffic Flow Theory）学术部执行委员会十位执委之一。

雷茨柯教授是达姆斯塔特工业大学交通研究所与同济交通研究室的亲密

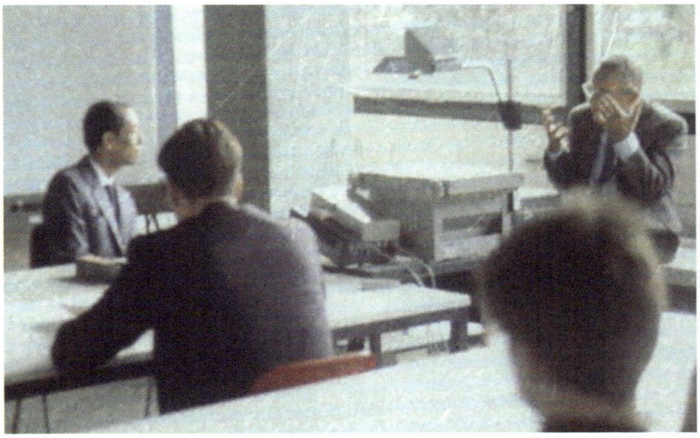

图 4　1984 年第一次学术报告

图 5　吴启迪校长赴达姆斯塔特工业大学访问雷茨柯所长

图 6　李克平教授与雷茨柯教授在《指南》发布会

图 7　杨佩昆教授在《指南》发布会上致感谢辞

老朋友，与上海及同济的交流密切，访问同济次数难以总计：1984 年，首次访问同济，作《城市交通与环境》学术报告（图 4）；1985 年，作《平面交叉口信号控制优化技术》学术报告；此后来作《交通安全》等学术报告；举办中德黄灯信号问题研讨会，讨论了信号控制中的黄灯问题。1994 年，吴启迪校长访问达姆斯塔特工业大学交通研究所并拜访雷茨柯所长（图 5）。

2006 年，李克平教授主持由雷茨柯主编、被誉为德国“交通信号控制圣经”的 *RiLSA*（中译本为德国《交通信号控制指南》，简称《指南》，已发行）（图 6—图 10）；并组织主持中德交通安全研讨会、中德黄灯信号问题研讨会（图 11）；2009 年，在他的带领下，几乎所有德国交通工程领域的教授，全部

图8　参加中译本《指南》发布会全体学者合影

图9　《指南》发布会现场

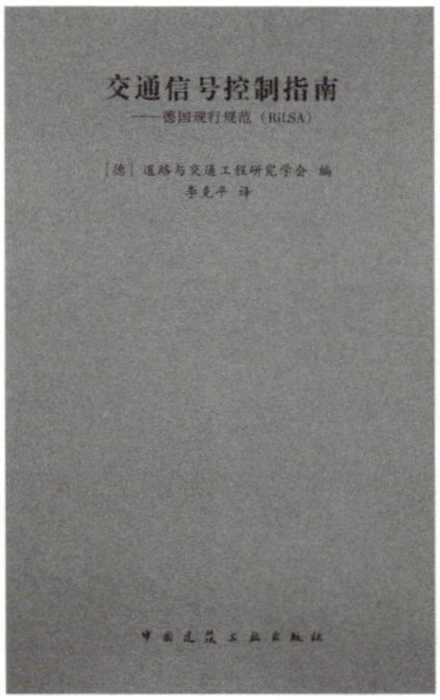

图 10 《交通信号控制指南》

图 11 中德黄灯信号问题研讨会

图 12 尽邀德国交通工程专家来同济，举办城市道路交通安全研讨会，德中专家合影

来到上海，在同济与我方共同举办了11次中德道路交通安全研讨会等各类主题的学术研讨会（图 12、图 13）。

1995 年，已年逾七十的雷茨柯教授提出要学校为他举办中国体锻标准测试，荣获“中国体锻标准”证书和奖章（图 14）。2012 年，雷茨柯教授亲

图 13　雷茨柯教授在第三届中德城市道路交通安全研讨会致开幕辞

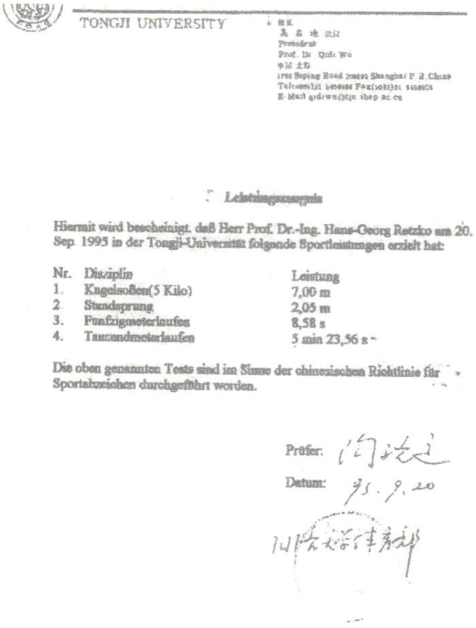

TONGJI UNIVERSITY

President
Prof. Dr. Qidi Wu

Leistungszeugnis

Hiermit wird bescheinigt, daß Herr Prof. Dr.-Ing. Hans-Georg Retzko am 20. Sep. 1995 in der Tongji-Universität folgende Sportleistungen erzielt hat:

Nr.	Disziplin	Leistung
1.	Kugelstoßen(5 Kilo)	7,00 m
2.	Standsprung	2,05 m
3.	Fünfzigmeterlaufen	8,58 s
4.	Tausendmeterlaufen	5 min 23,56 s

Die oben genannten Tests sind im Sinne der chinesischen Richtlinie für Sportabzeichen durchgeführt worden.

Prüfer: 陶述之
Datum: 95.9.20
同济大学体育部

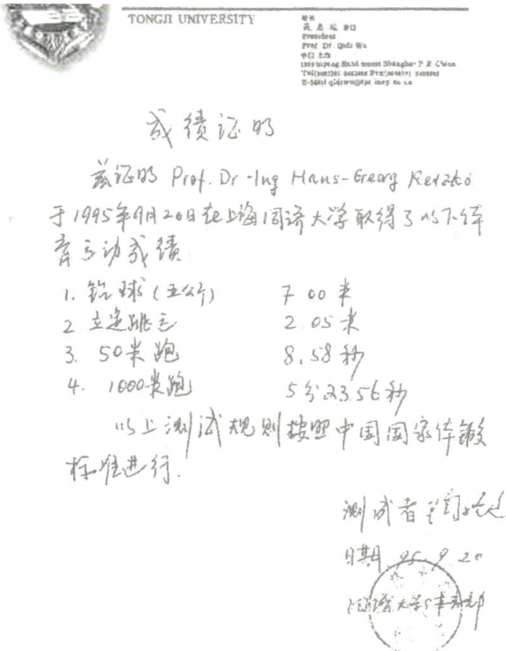

TONGJI UNIVERSITY

President
Prof. Dr. Qidi Wu

成绩证明

兹证明 Prof. Dr.-Ing Hans-Georg Retzko 于1995年9月20日在上海同济大学取得了以下体育运动成绩

1.	铅球（五公斤）	7.00米
2.	立定跳远	2.05米
3.	50米跑	8.58秒
4.	1000米跑	5分23.56秒

以上测试规则按照中国国家体锻标准进行。

测试者：陶述之
日期 95.9.20
同济大学体育部

图 14　雷茨柯荣获中国体锻标准合格证书和奖章

图 15　按德国规范指导做平面交叉口和相应信号配时设计

图 16　万钢校长欢迎雷茨柯教授来访

图 17　授予同济大学顾问教授

自指导上海有关设计单位，按德国《规范》，做了上海第一套平面交叉口与相应交通信号配时设计（图 15）。2012 年，万钢校长会见雷茨柯教授，并委托董琦副校长代为授予雷茨柯教授同济荣誉教授的聘书，同时为雷茨柯教授授予 Tongji Special Awards for International Cooperation（同济大学杰出国际合作奖）突出贡献奖奖章（图 16、图 17）。2013 年雷茨柯教授来访，举行最后一次报告会，作《城市和区域交通与环境问题》的学术报告（图 18）。

1987 年入学的杨佩昆博士生李克平，于 1989 年获得德国 DAAD 奖学金资助交通工程学科研究生，赴德国达姆斯塔特工业大学交通研究所，当雷茨柯教授的博士生。杨佩昆以副导师的身份赴达姆斯塔特工业大学交通研究所访问三个月。以后，杨佩昆去交研所，两位教授总相互切磋、探讨学术问题，逐渐成为国际挚友。雷茨柯教授曾邀请杨佩昆夫妇参加家宴。宴前雷茨柯教授邀请杨佩昆参观他的书房，给他看佐佐木教授为他写的“雷茨柯教授”的条幅、收藏的图书及拍摄的幻灯片。雷茨柯的夫人邀请杨夫人去参观他家的

图 18　2013 年最后一次学术报告

图 19　雷茨柯教授与他的同济博士生及邓述平教授合影

厨房，教杨夫人怎么用搅拌机、加点调料做德国土豆泥，接着要杨夫人教她做中式菜，杨夫人当场就德国有的调料做了黑椒烧土豆。因如此深厚的学术友谊，雷茨柯教授对同济交研室的研究生怀有一种特殊情怀。从初期到他年迈，先后指导了四位三届博士生：直接指导了两位博士生，即第一位张锡文，第二位李克平；作为副导师指导了第三位张缨、第四位倪颖（图 19）。

图 20　林仲愉教授作学术报告

5. 美国林仲愉教授来访

林仲愉教授了解到同济大学设有交通工程研究室，主动来同济访问，并作学术报告“分析选择‘耗散结构（Dissipative Structure）理论’（比利时物理学家普里戈津因提出此理论而获诺贝尔奖）在交通工程中的应用”（图 20）。这是林教授与普里戈津合作研究的成果。

二、赴中国香港地区及其他国家访问、讲学

1983 年，杨佩昆在美国访问期末，“第十七届世界道路工程学术会议”定在澳大利亚悉尼召开。会议向各个国家的专家学者发出邀请。道交系的朱照宏教授给学校递交了向国家主管部门提出参会作学术报告的申请书，并且帮助杨佩昆也递交了申请，两人均获得批准前往参加会议（图 21）。杨佩昆得到这个信息后，即提前回国，同朱教授一起赶赴悉尼。这是杨佩昆第一次参加国际会议，所递交的学术报告是《车辆通过两相位信号控制交叉口冲突点的通行能力》。会后，报告在澳大利亚道路工程研究院（ARRB）的刊物上发表。

AUSTRALIAN ROAD RESEARCH BOARD
500 BURWOOD HIGHWAY, VERMONT SOUTH, VICTORIA, 3133

In reply please quote: 2J31/3

Postal Address: P.O. Box 156
Nunawading, 3131
Australia
Telegrams: 'ROADRESEARCH MELB.'
Telephone: (03) 235 1555
Telex: (AA) 33113
Fax: (03) 233 8878

March 7, 1989

Professor Yang Pei-Kun,
Professor of Road and Traffic Engineering,
Tonji University,
1239 Siping Road,
Shanghai, China

Dear Professor Yang,

We enclose the proofs of your technical note 'Two-phase traffic signal timing with "conflict point method"'traffic control' for inclusion in the June 1989 issue of 'Australia Road Research'. Please check these proofs and return by April 3.

The figures for the note have been redrawn and are also enclosed for you to check.

You will receive ten free copies of your paper. If extra reprints are required, please order when returning your proofs and we will send a quotation for the extra cost.

Yours sincerely,

Margaret Holdsworth
Manager, Publications

15th ARRB Conference
Darwin, Northern Territory
Darwin
15
26-31 August 1990

图 21　悉尼会议信件

1991 年夏天，杨佩昆以德国达姆斯塔特工业大学雷茨柯教授博士生李克平的副导师身份在该校访问期间，在达姆斯塔特工业大学与慕尼黑大学交通研究所先后作了《城市交通信号自适应实时控制系统》专题报告。

在 20 世纪 90 年代，杨佩昆作为中国交通工程领域有影响的学者，多次受邀请到国外与同行交流。1991 年从德国回来后，美国堪萨斯大学交通研究中心李钰教授来同济大学访问，与杨佩昆见面会谈，询问他做了哪些研究。听后，他当即邀请杨佩昆去他的研究中心当访问教授，要求讲中国对自行车交通的研究成果，为期三个月（图 22），访问期间在该中心作了

图 22　在堪萨斯大学交通工程中心与李钰教授合影

6 个关于自行车交通的专题报告：《中国自行车交通发展及研究情况》《信号控制交叉口自行车通行能力》《信号控制交叉口左转自行车对机动车的影响》《自行车流散布模型》《自行车流叠加模型》与《自行车流的散布与叠加模型》。

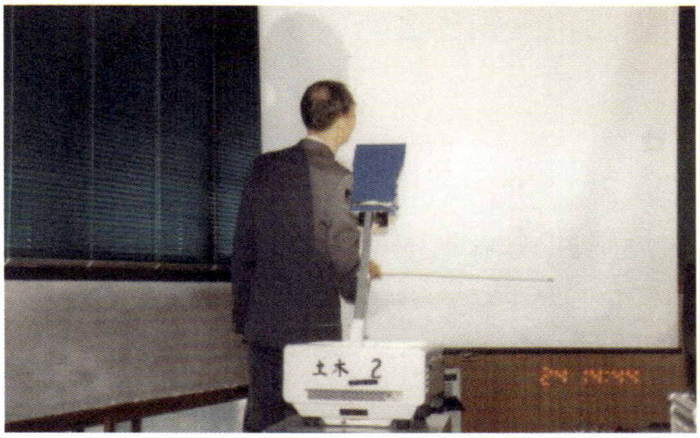

图 23　在京都大学讲学

1995 年，经弟子杨晓光推介，杨佩昆受日本京都大学交通土木工程学教授饭田恭敬邀请，赴该校访问。京都大学是日本交通工程专业最好的高校之一。饭田恭敬教授是杨佩昆弟子杨晓光留学该校的导师。杨佩昆在访问期间，作了《中国自行车交通研究》专题讲学（图 23）。

1996 年，杨佩昆以考察团团长身份，带团赴日本十城市考察城市交通（图 24）。依据中国科学技术协会与日本相应协会一项互访考察城市建设的协议，

图 24　杨佩昆、陆锡明在北海道札晃市考察

科协指定国内省会级以上十个城市：北京、上海、天津、广州、南京、杭州等各派一名工程师以上的技术人员为团员出访，并指定杨佩昆当团长，上海规划设计院院长陆锡明为副团长。访问期间受到新宿市政府（图 25）和东京运输政策研究中心主任（图 26）等热情接待。

1997 年香港正兴起“物业流”交通，香港理工大学举办“交通周”，专题讨论“物业流”的发展前景。当时内地正值交通建设兴旺期，该校邀请杨佩昆参加其举办的“交通周”讨论，去讲讲内地交通建设情况。杨佩昆在该校作了内地交通建设情况的专题报告。

1997 年，经弟子李克平推荐，受 PTV 公司邀请访问德国。该公司要发展中国市场，考虑在其城市交通规划仿真软件中加入自行车交通仿真模块。杨佩昆给该公司同仁作了《绿灯初期左、直行自行车与机动车间相互影响的研究》《自行车流的散布与叠加模型》等专题报告。

图 25　考察日本时受新宿市政府接待

图 26　受东京运输政策研究中心接待

三、曾任国内外国际学术会议执行委员会执委

图 27 为杨佩昆受邀担任北京“中国城市交通发展战略国际研讨会”执委，图 28 为受邀担任韩国首尔“国际智能交通学术会议”分组会执委，图 29 是会后受会议组委会委员接待。

四、学术通信

1. 向黄瑞迎先生请教

黄瑞迎先生与杨佩昆教授有学术探讨的大量信件往来。黄瑞迎每年都会将美国最新的关于交通工程的杂志寄给杨佩昆，杨佩昆就其中的问题通过往来书信进行探讨（图 30）。

2. 向张学孔教授请教

以下为张学孔教授的回信：

杨教授，您的问题找了些资料并问这儿环境领域专家，可以有下列答案：“是的，nox+vocson，同时参考 2002 年 2 月《环境科学大辞典》名词解释：

图 27　研讨会上执委发言

图 28　会上执委招呼作报告的学者

图 29　会后受会议组委会委员接待

杨教授（美国高工黄瑞迎来信，回答问题　Maxout 无定长号　Dual ring 相位组合）

您好。2月1日及14日的信和 TRB 訂单已收到。將代訂 TRB.

附寄 TSB: Tinkering Superficially at the Margin 及 Planning a New Vehicle-Roadway System for Developing Countries。Transportation System Management: An Assessment of Impacts 因為比較大本，另外寄上。Signalized Intersection Capacity Study 找不到，抱歉。

我寫的 Planning a New Vehicle …… 是以上海及旧金山為 case study 的，請指教。

"Max out" 是用在 actuated control 上。例如图一是 semi-actuated control，即在 side street install detector，若 side street 沒有車，則 main street 綠灯。若 side street 不斷有车来，則 side street 綠灯时间一直 extend，若 extend 到预先定好的 maximum green 仍不断有車来，則 "max out"，綠灯即轉為紅灯，因已到 maximum green，不能再延長。

(图一)

"Dual ring" 是 NEMA controller 用来代表 signal phasing 的一种标準。NEMA 是指 National Electrical Manufacturers Association，是製造 controller 及其他电器的一个製造商廠家或商人團体。這團体屬下廠家造出来的 controller，称 NEMA controller。

为使屬下廠家造出来的 controller 有某些共通点，所以它们定了一些标準，其中一个标準，叫 dual ring control。合这种 control 的 controller，叫 dual ring controller。这种 controller 以 ring 1 代表 phase 1, phase 2, phase 3 and phase 4，ring 2 代表 phases 5 to 8。通常用图代表如下：

Barrier　NEMA 称这是 phase，其实是代表 movement number

1	2	3	4	phases in ring 1
5	6	7	8	phases in ring 2

上图代表了它如何組合不同的 phase sequence。其組合的原则如下：

(a) 同一 ring 的 phase，不能互相組合。e.g. phase 1 不能和 phase 2, 3 或 4 在同一 phase.

(b) ring 1 的 phases 只可以和 ring 2 的 phases 組合，但組合的时候，在 Barrier 左边的 ring 1 phases 只可以和 Barrier 左边的 ring 2 phase 組合（即 phase 1 可以和 phase 5 或 6，phase 2 可以和 phase 5 或 6 組合）。在 Barrier 右边的 ring 1 phases 只能和 Barrier 右边的 ring 2 phases 組合。

(c) 故 possible combination 是：

1	1	2	2	3	3	4	4
5	6	5	6	7	8	7	8

图 30　黄瑞迎先生回信

又称光化反应或光化作用，系指包含辐射光吸收或放出之化学反应，辐射光一般指红外线、可见光、紫外线。光化学反应之发生会因光而发生或加速，即分子借由吸收辐射能而增加其活性，以致发生分解或变化。在环境中发生之光化学反应，主要是受阳光之辐射照射，污染物吸收光子而使该物质分子处于电子激发态，因而与其他物质发生化学反应。例如氮氧化物及碳氢化合物等空气污染物在日光照射下，会进行光化学反应，而产生臭氧、醛类等二次污染物，这些污染物再与大气中之水汽（液相或气相）、悬浮微粒等结合，形成光化学烟雾及酸雨，对环境与生物造成甚大影响。光化学烟雾形成之起始反应是二氧化氮（NO_2）在阳光照射下，吸收紫外线（波长 2900~4300Å）而分解为一氧化氮（NO）和原子态氧（O）的化学反应，其化学反应式为：$NO_2 + h\nu \rightarrow NO + O$（3P），由此开始的连锁反应（chain reaction），导致了臭氧及与其他有机烃化合物之一系列反应，最终生成了光化学烟雾之有害产物，如过氧乙酰基硝酸酯（PAN）等。光化学反应可引起化合、分解、电离、氧化还原等作用。另一类之光化学反应是光合作用，如绿色植物使二氧化碳和水在日光照射下，借植物叶绿素之帮助，吸收光能，合成碳水化合物。光化学反应之其他例子，如高层大气中分子氧吸收紫外线分解为原子氧，染料在空气中之褪色，底片之感光作用等。”

3. 交流解答学者提问

图 31—图 34 为各学者的来信。

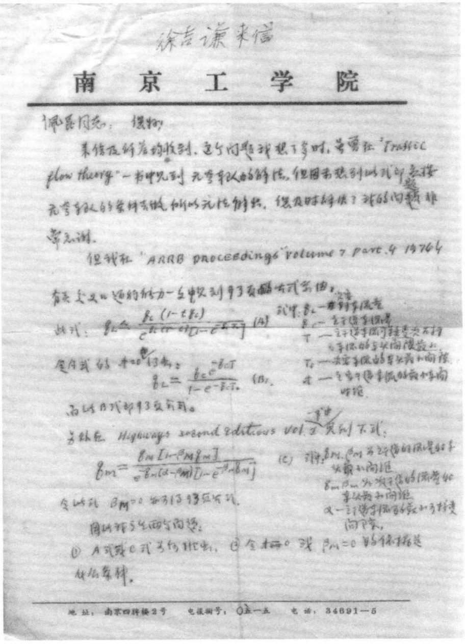

图 31　徐吉谦来信

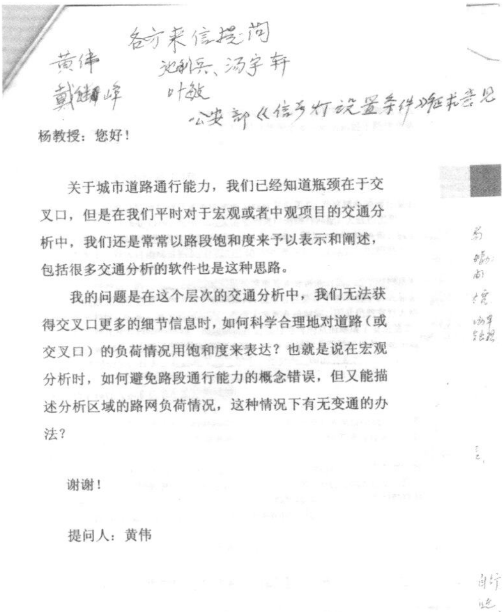

杨教授：您好！

关于城市道路通行能力，我们已经知道瓶颈在于交叉口，但是在我们平时对于宏观或者中观项目的交通分析中，我们还是常常以路段饱和度来予以表示和阐述，包括很多交通分析的软件也是这种思路。

我的问题是在这个层次的交通分析中，我们无法获得交叉口更多的细节信息时，如何科学合理地对道路（或交叉口）的负荷情况用饱和度来表达？也就是说在宏观分析时，如何避免路段通行能力的概念错误，但又能描述分析区域的路网负荷情况，这种情况下有无变通的办法？

谢谢！

提问人：黄伟

图 32　黄伟来信

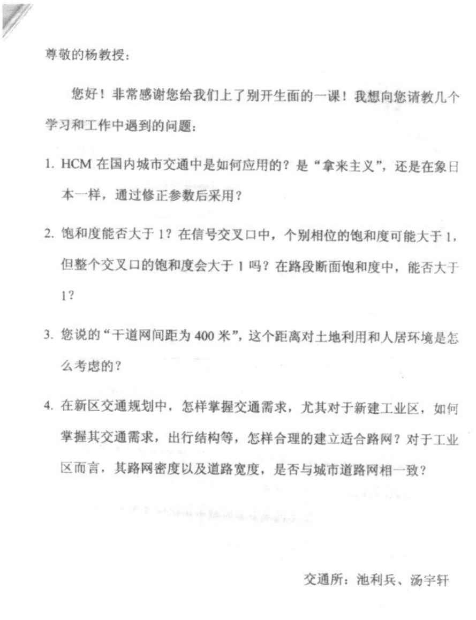

尊敬的杨教授：

您好！非常感谢您给我们上了别开生面的一课！我想向您请教几个学习和工作中遇到的问题：

1. HCM 在国内城市交通中是如何应用的？是"拿来主义"，还是在象日本一样，通过修正参数后采用？
2. 饱和度能否大于 1？在信号交叉口中，个别相位的饱和度可能大于 1，但整个交叉口的饱和度会大于 1 吗？在路段断面饱和度中，能否大于 1？
3. 您说的"干道网间距为 400 米"，这个距离对土地利用和人居环境是怎么考虑的？
4. 在新区交通规划中，怎样掌握交通需求，尤其对于新建工业区，如何掌握其交通需求，出行结构等，怎样合理的建立适合路网？对于工业区而言，其路网密度以及道路宽度，是否与城市道路网相一致？

交通所：池利兵、汤宇轩

图 33　池利兵、汤宇轩来信

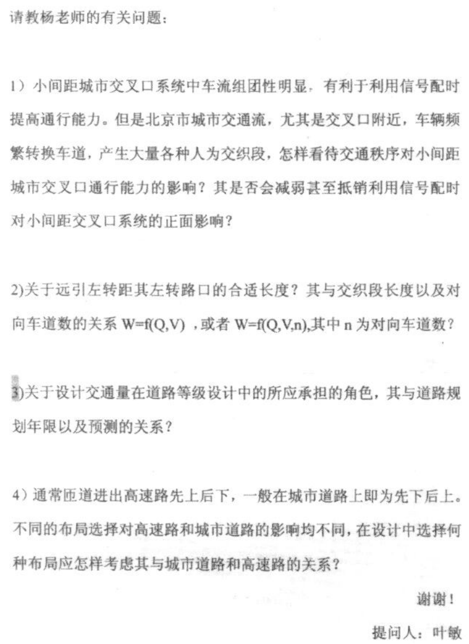

请教杨老师的有关问题：

1）小间距城市交叉口系统中车流组团性明显，有利于利用信号配时提高通行能力。但是北京市城市交通流，尤其是交叉口附近，车辆频繁转换车道，产生大量各种人为交织段，怎样看待交通秩序对小间距城市交叉口通行能力的影响？其是否会减弱甚至抵销利用信号配时对小间距交叉口系统的正面影响？

2)关于远引左转距其左转路口的合适长度？其与交织段长度以及对向车道数的关系 W=f(Q,V)，或者 W=f(Q,V,n),其中 n 为对向车道数？

3)关于设计交通量在道路等级设计中的所应承担的角色，其与道路规划年限以及预测的关系？

4）通常匝道进出高速路先上后下，一般在城市道路上即为先下后上。不同的布局选择对高速路和城市道路的影响均不同，在设计中选择何种布局应怎样考虑其与城市道路和高速路的关系？

谢谢！

提问人：叶敏

图 34　叶敏来信

同济大学设立交通工程本科专业，1984 年开始招收本科生

李国豪校长不主张设立交通工程本科专业，是考虑到在当时交通工程专业本科毕业生的就业难问题。但在接到教育部通知后，只得设立交通工程本科专业。

1983 年底，同济大学接到教育部通知：你校只招收交通工程专业硕士生，没有交通工程专业本科生，就没有本校的硕士生生源，必须成立交通工程专业，招收本科生，否则停招硕士生。接到教育部的通知后，学校紧急筹备于 1984 年秋季学期开始招收交通工程专业本科生。于是，在道路系增设交通工程教研室，道路系改名为“道路与交通工程系”。如今，铁路系和道路与交通工程系合并，就改名为“交通运输学院”。杨佩昆在同济从教 45 年经历的系、院演变历史回顾、寻根溯源为：交大土木系公路科→同济首届道路系→衍生城市建设系→回归道路系→交通工程研究所→道路与交通工程系→交通运输学院。

交通工程专业课程设置与专业课教材编写分工；国家级规划教材《交通管理与控制》的诞生

20 世纪 80 年代，交通工程专业在国内经历了从萌芽到抽条生长的阶段，全国已经有八所高等院校先后设立了“交通工程”本科专业。人才培养，教材主导。中国的教育体制有编写全国统一教材的传统，交通工程专业设立好几年了，迟迟没有编写、出版被官方和各学校公认并一致采用的教材，这项工作势在必行。1984 年 8 月，交通部高等学校道路、桥梁、交通工程专业教

材编审委员会决定增设交通工程专业教材编审组，教育部与交通部联合发通知，在同济大学召开“交通工程专业全国统编教材会议”。各校都派负责教师参会。

同济大学道路与交通工程教研室被各校代表推选为“交通工程专业”统编教材组组长单位，杨佩昆责无旁贷担任组长。编写统编教材，对于教师来说，是一次教学和学术上的总结、提高，也是一个提高个人教学工作经验的机会，大家都抱着积极的态度参与讨论。会上议定了交通工程专业本科教育应该设立的必修课有“交通工程”“交通调查与分析”“交通管理与控制”等。并就各门课程的教材编写作了分工：西安公路学院（现为长安大学）首先提出愿意承担《交通工程》教材的编写；同济大学分到了编写《交通调查与分析》和《交通管理与控制》。《交通调查与分析》的主编定为徐慰慈、彭国雄，还有西安公路学院的严宝杰；《交通管理与控制》的主编定为杨佩昆。会后，教研室同仁周商吾老师有些埋怨杨佩昆，怪他为什么不把《交通工程》一书的编写也争取到同济来。“交通工程”是一门很重要的专业基础课，同济教授多年，并且已经有了较成熟的讲义，在这个基础上再编写全国统编教材，既驾轻就熟，还能给他们的教研室增加一个成果。杨佩昆也觉得周商吾说得有理，但他作为组长，没有考虑过胳膊肘往里拐一拐，兄弟院校要编写就让他们编写吧。当时，西安公路学院张树升向杨佩昆提出也想参与他主编的《交通管理与控制》编写，杨佩昆爽快地答应了。这时他认为自己是组长，要有接纳他人的心态。

后来，同济大学在 1987 年使用了同济大学出版社出版的《交通工程》一书。此书由周商吾主编，交通工程研究室同仁杨佩昆、彭国雄、徐慰慈、乔妙华、郭冠英都参编此书；前辈龚雨雷老师担任主审，张佐周总工参与审定；晚辈杨晓光编写习题。

交通工程学是一门新发展起来的学科，其中的“交通管理与控制”占据了很重的权重。交通工程专业教材编审组讨论拟定的交通工程专业教学计划初稿，首次将“交通管理与控制”列为交通工程专业的必修课，同时列为公路与城市道路专业的选修课，是高校交通工程专业的核心课程之一。

杨佩昆主编《交通管理与控制》，他在此书初版前言中说：“本书除部分章节参考原交通工程专业的选修课‘管理与控制’的讲义外，大部分内容均系初次编写。”这本教材所包含的学术和技术内容，都是当时国内外交通工程学科最新研究和运用的成果，其中也凝集了杨佩昆本人几年来的学习和研究成果。书后列出的中外参考文献70多本，其中杨佩昆的文章与著作有《环形交叉口信号控制及配时设计方法》《交通现代化的演变与展望》《城市交通流控制与诱导系统》、上海市工程建设规范《城市道路平面交叉口规划与设计规程》（DGJ 08—96）中的部分内容等。虽然初版时因编写尚有不成熟的地方，但是在当时是唯一一本“交通管理与控制”内容的教材，被设有交通工程专业的学校普遍采用。

教材出版后，随着社会的变化和技术进步需要不断修订。杨佩昆对待这本教材的态度，就像一位老工匠对待自己的产品，承诺终身保修。他从第一版出版后，时不时关注两件事：一是在教材中挑刺、找瑕疵，用红色的笔做下记号，或直接写下再版时需修改或补充内容的文字；二是关注交通工程学的进步和发展，随时将报刊、学报、书籍中得到的最新研究成果摘录下来。他心里一直装着修订完善教材这件事，也随时做着修订资料的收集。在《交通管理与控制》再版前言中就提到：“本版《交通管理与控制》，在初版的基础上做了较多的更新、增补、改写与删减。增加的内容有：高速公路交通管理、交通需求管理、智能交通运输系统概念等。”这些都是当时国际上交通与管理的最新内容。

为了使《交通管理与控制》这本教材能在同济传承，第二版请杨佩昆的弟子吴兵参编，第三版就由吴兵当主编。虽然以后几版的主、参编都换了他的弟子，他也到了耄耋之年，但他仍然抱着不负初心的想法，看不得这本教科书带有落后时代、落后社会的瑕疵。他家里留存的每一版《交通管理与控制》，书页中都有他认真写下的修改文字，他不时将自己认为要修改的地方，告诉接手继续修订该教材的年轻人。到了第三版，教材在结构上作了较大改动，大部分章节的内容都有增减，承担这一版的年轻一代编者在前言中写道：“在本版修改中，杨佩昆教授为了交通科技事业的发展，为了培养中青年教师，要求我们来主编本教材，并对本版教材组成结构上的改变、有关交通管理与控制的新思想和新理念提出了关键性的建议。”

《交通管理与控制》也是同济大学交通工程专业晚辈成长的见证。1995年，该书第一版作为试编教材由人民交通出版社出版。第二版被教育部定为“普通高等教育‘十五’国家级规划教材”。第三版修订，由吴兵和李晔主编，杨佩昆主审。两位有为年轻教师也不负他望，不仅把这门课程打磨成国家“精品课程”，还让修订后的这本教材保持为“十一五”“十二五”的国家级规划教材。如今两人都已经成了教授，继承了老师精益求精的态度，仍然呵护着这本教材一直跟随科技和时代发展的步子。

在20多年里，这本书从国内高校第一本《交通管理与控制》统编教材到第六版修订进行中（图1），杨佩昆见证了每版增补国际交通管理与控制领域最新的内容。这些修改也反映了中国交通工程学科的进步正赶上世界发展的步伐，高等教育正在把与世界接轨的交通管理与控制理念和技术传递给学生。

图1 各个版本的《交通管理与控制》

三次答辩赢得世界银行贷款资助项目

创新研发自适应优选入口匝道信控方式的控制系统。

进入20世纪90年代，国内各个大城市对构建畅通交通的愿望越来越迫切，各地政府虽然有改造城市落后交通的决心，却缺少资金。世界银行贷款为发展中国家打开了一扇窗。1980年中国恢复世界银行的成员国地位，第二年就接受了第一笔世界银行贷款。1993年，广州市政府决策申请世界银行贷款，来改善城市交通。广州市在这次交通建设规划中，最重要的任务是：要在市中心的外围，修建一条跨越珠江两岸的机动车可快速连续通行的高架环路。环路在一些平面交叉口上、下游布置了上下匝道，构成一个新的快速道路交通网络，以集散市中心的交通，分流外围进入市中心的过境交通，以系统地提高城市交通网络的通行能力和运行效率。

世界银行对申请贷款有严格规定，用贷款建设的项目都必须通过招标来确定任务承担者。广州市建委按照世行要求组织招标，将其中环路上下匝道的信号控制系统子项目招标书发到同济大学。杨佩昆收到后一看，正是自己能做的任务，十分乐意去投标，希望在这个项目中把自己学习的知识都奉献出来。这个项目无他人投标，杨佩昆中标承担了这项任务。

本书前面介绍过，杨佩昆在美国进修一年，有三大收获，其中之一是了解了高速公路匝道信号控制的方法。回国后，第一、二两大收获已经在国内实施成功。这第三大收获的核心理念则可以应用在这一次广州的项目中。虽然高架环路与高速公路不尽相同，但是在匝道用信号灯控制车流的概念和原理是大同小异的。

在国外，对高速公路匝道上的入口车辆大都采取信号控制。而我国，无论高速公路还是高架环路的匝道都没有这种控制，杨佩昆对此也十分不解。1994年上海就高架监控立项，杨佩昆被准承担此项任务，做了上海高架道路交通监控系统上匝道监控的试点方案研究，但不知何故不了了之，没有实施。

杨佩昆有太多的实例可以说明不被控制的上下匝道是环路造成拥堵的缘由。比如，高速公路一个上匝道距离一个下匝道总有一段路程，如果下匝道发生交通事故，上游上匝道不加控制，上来的车辆不断地进入主线，就会在下游下匝道前造成拥堵。

对于高架快速环路也是如此。这次广州修建环路要对上下匝道设置车辆控制信号，杨佩昆对这一进步非常高兴，当然十分愿意亲自去推进这一进步。杨佩昆认为：一定要确立快速环路像高速公路一样主线优先的原则，才能保证快速环路连续快速通行应该具有的功能。他指出：上海的高架快速道路，对入口匝道不加控制，不可能贯彻这一原则，而是主线与匝道车辆的通行权相当，以致匝道进入车辆与主线车辆争道，使主线车辆每行近一个上匝道前，必须减速慢行，甚至停车等候，失去快速路连续快速通行的功能。所以，上海高架快速道路，在高峰时段，常会出现开开、慢慢、停停的现象，像大柏树、上海南站等路段。

当然，如果环路本身设计有缺陷，先天不足，那就是另外的问题了。杨佩昆拿到广州市环路的设计图开始工作，经仔细查看，发现了上匝道、下匝道以及所连接的地面交通有10个设计上的问题，如果不解决，就会造成堵塞，甚至成为事故多发点。他把10条建议送到了广州市建委总工程师那里。他发现的问题和建议有：匝道宽度或长度不够；入口位置不合适，建议挪移；建议单车道匝道改为双车道，或双车道增至三车道；建议增长入口匝道和出口匝道距离；建议封掉几个左进匝道，等等（图1）。广州方面很重视这些意见，组织讨论，对原设计进行了修改（图2）。杨佩昆所提的10个建议落实了9个，还有1个问题，因为已经施工而无法改正。恰恰是这个没有改正

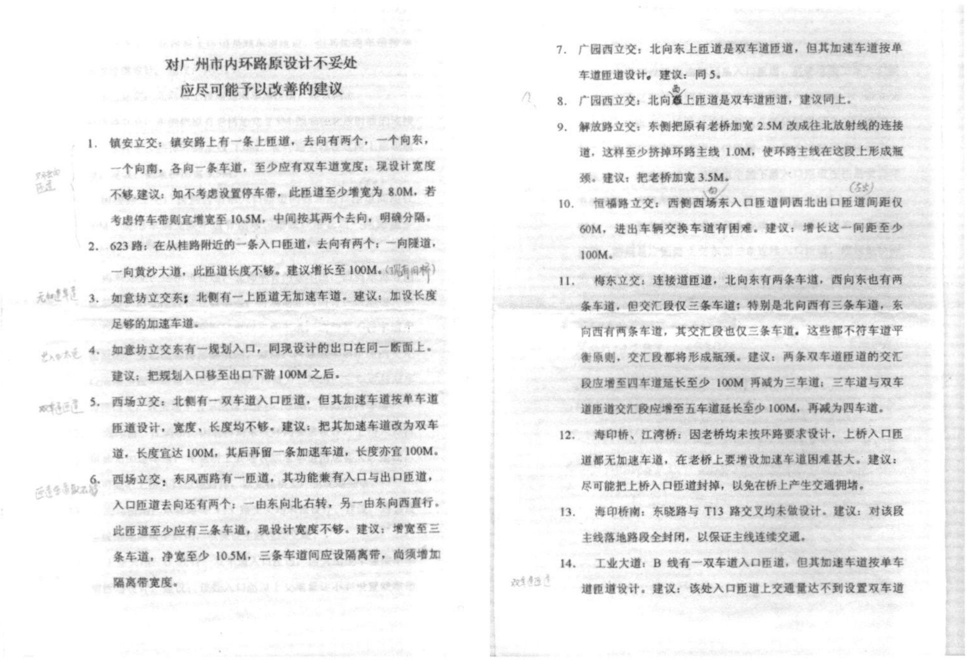

对广州市内环路原设计不妥处
应尽可能予以改善的建议

1. 镇安立交：镇安路上有一条上匝道，去向有两个，一个向东，一个向南，各向一条车道，至少应有双车道宽度；现设计宽度不够.建议：如不考虑设置停车带，此匝道至少增宽为 8.0M，若考虑停车带则宜增宽至 10.5M，中间按其两个去向，明确分隔。
2. 623 路：在从桂路附近的一条入口匝道，去向有两个：一向隧道，一向黄沙大道，此匝道长度不够。建议增长至 100M。
3. 如意坊立交东：北侧有一上匝道无加速车道。建议：加设长度足够的加速车道。
4. 如意坊立交东有一规划入口，同现设计的出口在同一断面上。建议：把规划入口移至出口下游 100M 之后。
5. 西场立交：北侧有一双车道入口匝道，但其加速车道按单车道匝道设计，宽度、长度均不够。建议：把其加速车道改为双车道，长度宜达 100M，其后再留一条加速车道，长度亦宜 100M。
6. 西场立交：东风西路有一匝道，其功能兼有入口与出口匝道，入口匝道去向还有两个：一由东向北右转，另一由东向西直行。此匝道至少应有三条车道，现设计宽度不够。建议：增宽至三条车道，净宽至少 10.5M，三条车道间应设隔离带，尚须增加隔离带宽度。
7. 广园西立交：北向东上匝道是双车道匝道，但其加速车道按单车道匝道设计。建议：同 5。
8. 广园西立交：北向西上匝道是双车道匝道，建议同上。
9. 解放路立交：东侧把原有老桥加宽 2.5M 改成往北放射线的连接道，这样至少挤掉环路主线 1.0M，使环路主线在这段上形成瓶颈。建议：把老桥加宽 3.5M。
10. 恒福路立交：西侧西场东入口匝道同西北出口匝道间距仅 60M，进出车辆交换车道有困难。建议：增长这一间距至少 100M。
11. 梅东立交：连接道匝道，北向东有两条车道，西向东也有两条车道，但交汇段仅三条车道；特别是北向西有三条车道，东向西有两条车道，其交汇段也仅三条车道。这些都不符车道平衡原则，交汇段都将形成瓶颈。建议：两条双车道匝道的交汇段应增至四车道延长至少 100M 再减为三车道；三车道与双车道匝道交汇段应增至五车道延长至少 100M，再减为四车道。
12. 海印桥、江湾桥：因老桥均未按环路要求设计，上桥入口匝道都无加速车道，在老桥上要增设加速车道困难甚大。建议：尽可能把上桥入口匝道封掉，以免在桥上产生交通拥堵。
13. 海印桥南：东晓路与 T13 路交叉均未做设计。建议：对该段主线落地路段全封闭，以保证主线连续交通。
14. 工业大道：B 线有一双车道入口匝道，但其加速车道按单车道匝道设计。建议：该处入口匝道上交通量达不到设置双车道

图 1　应尽可能改善设计的建议

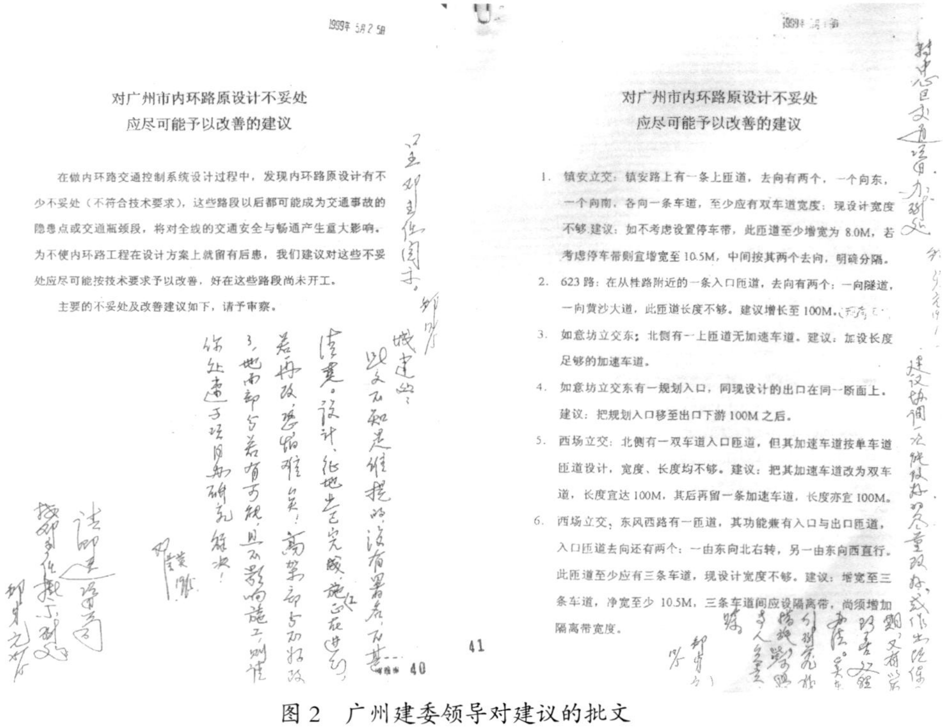

1999年 5月 2 5日

对广州市内环路原设计不妥处
应尽可能予以改善的建议

在做内环路交通控制系统设计过程中，发现内环路原设计有不少不妥处（不符合技术要求），这些路段以后都可能成为交通事故的隐患点或交通瓶颈段，将对全线的交通安全与畅通产生重大影响。为不使内环路工程在设计方案上就留有后患，我们建议对这些不妥处应尽可能按技术要求予以改善，好在这些路段尚未开工。

主要的不妥处及改善建议如下，请予审察。

对广州市内环路原设计不妥处
应尽可能予以改善的建议

1. 镇安立交：镇安路上有一条上匝道，去向有两个，一个向东，一个向南，各向一条车道，至少应有双车道宽度；现设计宽度不够.建议：如不考虑设置停车带，此匝道至少增宽为 8.0M，若考虑停车带则宜增宽至 10.5M，中间按其两个去向，明确分隔。
2. 623 路：在从桂路附近的一条入口匝道，去向有两个：一向隧道，一向黄沙大道，此匝道长度不够。建议增长至 100M。
3. 如意坊立交东：北侧有一上匝道无加速车道。建议：加设长度足够的加速车道。
4. 如意坊立交东有一规划入口，同现设计的出口在同一断面上。建议：把规划入口移至出口下游 100M 之后。
5. 西场立交：北侧有一双车道入口匝道，但其加速车道按单车道匝道设计，宽度、长度均不够。建议：把其加速车道改为双车道，长度宜达 100M，其后再留一条加速车道，长度亦宜 100M。
6. 西场立交：东风西路有一匝道，其功能兼有入口与出口匝道，入口匝道去向还有两个：一由东向北右转，另一由东向西直行。此匝道至少应有三条车道，现设计宽度不够。建议：增宽至三条车道，净宽至少 10.5M，三条车道间应设隔离带，尚须增加隔离带宽度。

图 2　广州建委领导对建议的批文

的地方，日后成为事故多发点。

审阅环路的设计，并非杨佩昆这次任务的主业，杨佩昆喜言这是工作中意外的“副产品”。实质上是他的专业素养使他具有“火眼金睛”以及高度职业精神，令他不吐不快，顺便就把这活儿干了。受益的广州，就此知道了杨佩昆的技术专长，又顺便拿来广州到佛山的高速公路设计图纸，请他帮忙“看看”。杨佩昆花了三四天时间，提了几条意见，问题也很快得到解决。做这些事情并没有报酬，杨佩昆认为是小事一桩。

杨佩昆这次在广州做的也是自适应信号控制，在高架环路上研发安装信号控制系统与平路上的基本原理大同小异，实施起来却要复杂不少。信号灯如何装，配时长短多少，与平面交叉口考虑的问题不一样。匝道信号控制，要看环路上主线的车流情况来定，主线上检测器测得车流中有空当，匝道才放行；测得空当有多大，匝道可放行几辆车、信号灯何时启亮绿灯、亮多长时间；主线和匝道都要放检测器，关键是如何放；再有就是信息来了如何处理等问题。杨佩昆这回不是做一般的匝道信号自适应控制：国外对匝道的信号控制有四五种方法，各种方法适用于各种不同的交通状况，并不会同时应用；而杨佩昆筹划的控制系统，是要把这四五种方法根据具体情况可以自适应变化的系统，哪种情况下哪种方法最有效，就采用哪种方法，这是一种首创的优选控制方案，因此这个项目名为“自适应优选入口匝道信控方案的控制系统”。

2001年研发方案上报后，受世界银行北京代表处邀请的国外技术专家的技术审查。审查很严格，杨佩昆经受了三次书面审查提问。审查方对他以上的那个“创新”方案表示怀疑，认为是一个不切合实际、不可能做到的方案。杨佩昆则胸有成竹地作答，但是第一次解释，对方不认可；又来第二次质询，杨佩昆再作解答，对方仍然没有被说服；第三次再质询，杨佩昆这次答复总算让对方信服了，同意试行（图3）。于是，广州市召开国内专家参与的“广州市智能交通管理指挥系统总体设计第三次评审会”通过。杨佩昆也像打了

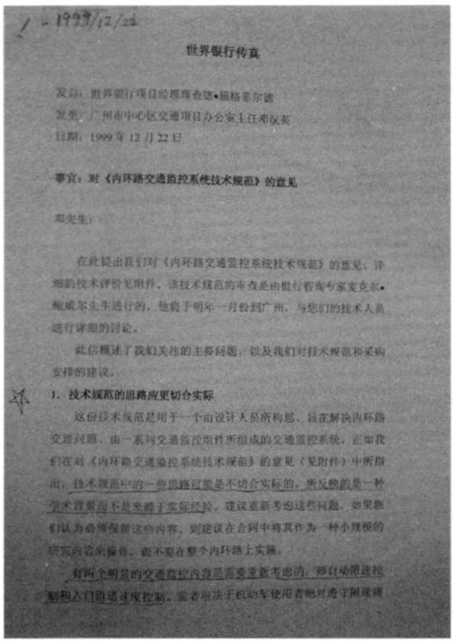

世界银行传真

发自：世界银行项目经理库查德•施格菲尔德

发至：广州市中心区交通项目办公室主任邓汉英

日期：1999年12月22日

事宜：对《内环路交通监控系统技术规范》的意见

邓先生：

在此提出我们对《内环路交通监控系统技术规范》的意见，详细的技术评价见附件。该技术规范的审查是由世行咨询专家麦克尔•鲍威尔先生进行的，他将于明年一月份到广州，与您们的技术人员进行详细的讨论。

此信概述了我们关注的主要问题，以及我们对技术规范和采购安排的建议。

1. 技术规范的思路应更切合实际

这份技术规范是用于一个由设计人员所构思、旨在解决内环路交通问题、由一系列交通监控组件所组成的交通监控系统。正如我们在对《内环路交通监控系统技术规范》的意见（见附件）中所指出，技术规范中的一些思路可能是不切合实际的，所反映的是一种学术背景而不是来源于实际经验。建议重新考虑这些问题。如果您们认为必须保留这些内容，则建议在合同中将其作为一种小规模的研究内容来操作，而不要在整个内环路上实施。

有两个明显的交通监控内容是需要重新考虑的：那自动限速控制和入口匝道速度控制。前者取决于机动车使用者绝对遵守限速

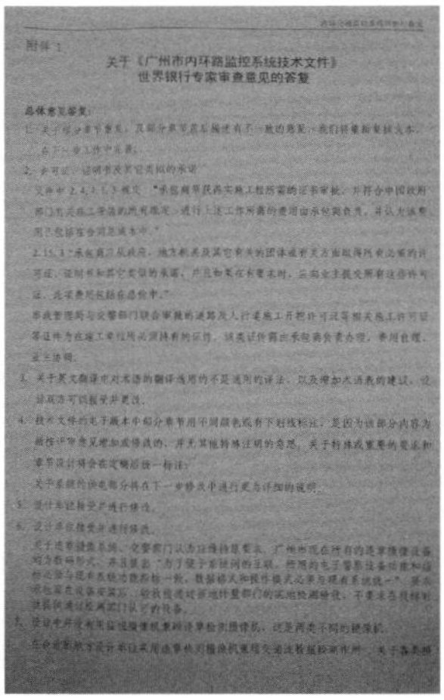

附件1

关于《广州市内环路监控系统技术文件》
世界银行专家审查意见的答复

总体意见答复：

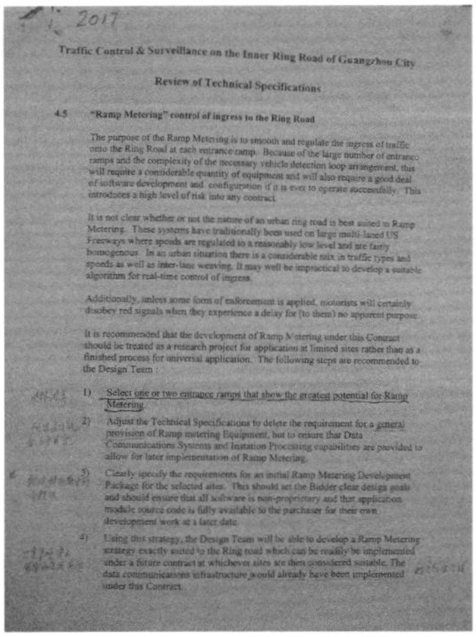

Traffic Control & Surveillance on the Inner Ring Road of Guangzhou City

Review of Technical Specifications

4.5 "Ramp Metering" control of ingress to the Ring Road

The purpose of the Ramp Metering is to smooth and regulate the ingress of traffic onto the Ring Road at each entrance ramp. Because of the large number of entrance ramps and the complexity of the necessary vehicle detection loop arrangement, this will require a considerable quantity of equipment and will also require a good deal of software development and configuration if it is ever to operate successfully. This introduces a high level of risk into any contract.

It is not clear whether or not the nature of an urban ring road is best suited to Ramp Metering. These systems have traditionally been used on large multi-laned US Freeways where speeds are regulated to a reasonably low level and are fairly homogenous. In an urban situation there is a considerable mix in traffic types and speeds as well as inter-lane weaving. It may well be impractical to develop a suitable algorithm for real-time control of ingress.

Additionally, unless some form of enforcement is applied, motorists will certainly disobey red signals when they experience a delay for (to them) no apparent purpose.

It is recommended that the development of Ramp Metering under this Contract should be treated as a research project for application at limited sites rather than as a finished process for universal application. The following steps are recommended to the Design Team:

1) Select one or two entrance ramps that show the greatest potential for Ramp Metering.
2) Adjust the Technical Specifications to delete the requirement for a general provision of Ramp metering Equipment, but to ensure that Data Communications Systems and Instation Processing capabilities are provided to allow for later implementation of Ramp Metering.
3) Clearly specify the requirements for an initial Ramp Metering Development Package for the selected sites. This should set the Bidder clear design goals and should ensure that all software is non-proprietary and that application module source code is fully available to the purchaser for their own development work at a later date.
4) Using this strategy, the Design Team will be able to develop a Ramp Metering strategy exactly suited to the Ring road which can be readily be implemented under a future contract at whichever sites are then considered suitable. The data communications infrastructure would already have been implemented under this Contract.

1999年世界银行专家第一次质疑信　对世界银行专家意见的答复　2007年世界银行专家同意试行

图3　世界银行贷款助项目技术审查

一次胜仗，非常高兴。

在这个方案中杨佩昆还有一个创新之处，但是没有被质询就通过了。说起来很简单，就是在下匝道之前增加了一段停车车道。不要小看这一增加，有和没有就是不一样。因为城市高架快速道路下匝道下游总是平面交叉口，当交叉口红灯对向下匝道时，下匝道上的车辆就要停车，红灯时间长了，下匝道上的停车就会停到主线上去，就会堵塞主线车辆的通行。加了这段停车车道，就消除了停在此车道上的车辆对主线车辆通行的影响。这是过去其他下匝道中所没有的。另外，他对地面信号与下匝道信号的控制做了协调，下匝道与地面信号相适应。下面容纳不了，匝道亮红灯；反之，匝道与地面同时亮绿灯。对于下游下匝道发生事故，避免上游上匝道不断来车，造成严重拥堵问题，杨佩昆采用了国外高速公路常用的解决办法：一是在上匝道下游适当位置设置人控可变信息标志，及时通知司机，前方交通堵塞，让司机可改选适宜下匝道驶离主线；二是在上游上匝道用信号灯控制车辆进入主线。主动控制就能尽快化解事故造成的大规模拥堵。

在为广州市做环路信号控制系统过程中，需要解决上下匝道与路面交叉口协调的问题，杨佩昆要广州方面把所有交叉口都改造成新式交叉口。在出

口匝道下游，原来单向两条进口车道的交叉口，必须再加两条左、右转车道，供来自出口匝道的左、右转车辆使用。因为从出口匝道下来的车辆，绝大部分是左、右转车辆。

杨佩昆顺便帮广州方面做了一个新式交叉口示范方案。在改建施工的时候，现场还照常通车，造成严重拥堵。市民反应很强烈，连报纸和电台都去采访，对有关部门提出质疑。有关部门就来找杨佩昆，让他发表文章或去电台做说明，向市民解释清楚。杨佩昆很自信地说，不用解释，施工完了就没事了。结果，工程完成后，交通远比原来畅通。

最早走进“智能交通（ITS）”的中国践行者

“ITS”这一国际术语，约于1994年被正式认定。杨佩昆当属最早走进“智能交通”领域的中国践行者——他不仅是国内最早接触到ITS概念的学者，而且在实践中摸爬滚打，解析了国外学者研究的各个ITS，并另有独立建树，对国内的智能交通发展作出贡献。

完整的“智能交通”名称是“智能交通运输系统”，英文全称为“Intelligent Transport System”，缩写为ITS，它是国际上对运用计算机、信息、通信、自动控制、系统工程等当代高新技术，提高交通运输效率、增强交通安全性的集成系统的统称，是交通工程学科发展运用高新技术的重要组成部分。在交通工程学科被确认为新的独立学科的年代，ITS的理想已在萌发。自1960年以来，美国、英国、澳大利亚、德国、日本都在研究高新技术在交通上的应用。他们希望运用这些技术来提高交通效率、缓解交通阻塞、减少交通事故、降低能源浪费以及交通污染等，开发了不少先进的交通信号控制系统以及与系统配套的智能化电子设施，如国内最早引进的英国“北京SCOOT系统”、上海引进的澳大利亚的SCAT交通自适应信号实时控制系统等。ITS这一国际术语，约于1994年被正式认定。杨佩昆当属最早走进“智能交通”领域的中国践行者——他不仅是国内最早接触到ITS概念的学者，而且在实践中摸爬滚打，解析了国外学者研究的各个ITS，并另有独立建树，对国内的智能交通发展作出贡献。

杨佩昆在堪萨斯大学访问期间，随李钰教授一起参加了当年美国TRB年会。会上，杨佩昆选听了很多感兴趣、有价值的学术报告。休会时，他收集了不少各地各单位在会外分发、各自在研的 ITS 宣传广告。这让杨佩昆开始接触到了 ITS 这一新名词。看了这些宣传广告后，他对 ITS 这一新名词有了些粗浅的认识，意识到这是交通工程应用各种新技术交叉研发的新课题，中国的交通工程智能化未来有很多课题可以研究。回国后他就特别注意阅读国外杂志、刊物上发表的有关 ITS 的文章。

杨佩昆曾是唯一当过 TRB 会员的中国学者。在这一年年会上，很巧的是，他遇到了九年前在伯克利大学做访问学者时认识的黄瑞迎先生。黄先生毕业后，在美国联邦道路总局（FHWA）工作。这回，他付费帮杨佩昆办了一张 TRB 会员证，会员资格为五年。杨佩昆自己还不知道。后来有人在 TRB 会员名录上看到有杨佩昆的名字，就告知了杨佩昆。当时中国只有杨佩昆一人是 TRB 的会员。因此，杨佩昆可以收到 TRB 每年出版的各类刊物，包括著名的《道路通行能力手册》（*Highway Capacity Manual*）等书籍。更令他高兴的是，黄瑞迎从 FHWA 搜集了很多美国的 ITS 文献资料寄给他，对他学习研究 ITS 发挥了重大作用。

践行智能交通研究的第一篇文章

20 世纪 90 年代前期，科学技术部请中国科学院两院院士周干峙主持编写《发展我国大城市交通的研究》一书。国内几个著名学术单位的十多位教授、学者受邀参与撰写。杨佩昆是其中之一，他撰写了国内第一篇关于交通智能化的论文（图 1）。论文集作为专题，由中国建筑工业出版社出版。书中出版前言中提到：“这次课题着重于学科的方向性研究，提出的结论有助于决策部门参考，这些都是我国改革开放中要求迫切解决的问题。”

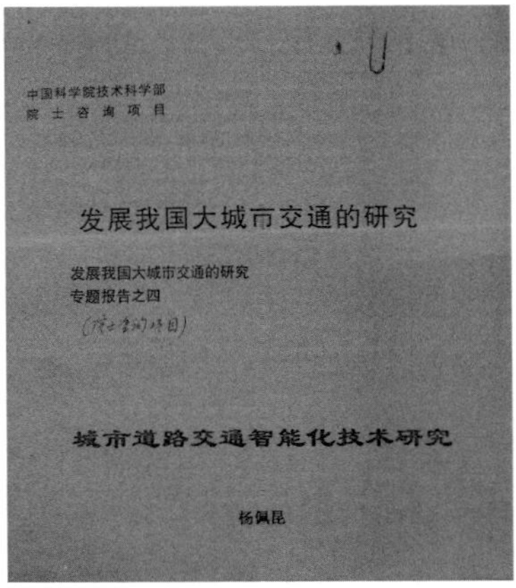
中国科学院技术科学部
院士咨询项目

发展我国大城市交通的研究

发展我国大城市交通的研究
专题报告之四

城市道路交通智能化技术研究

杨佩昆

图 1　院士咨询项目中《城市道路交通智能化技术研究》

杨佩昆的论文《城市道路交通智能化技术研究》，介绍了 20 世纪 80 年代开始，发达国家在已有成果基础上，交通智能化研究取得的不少成果。美国于 1989 年由联邦运输部正式向国会提出长达三十年的研究任务，最终目标是计划建成全自动驾驶自动道路系统（AHS）；日本在 1990 年组织对话式引导系统；欧共体 1987 年运输部长联席会议开始筹划由 12 个国家 700 多个单位参加的“DRIVE”研究计划。世界上道路交通最发达的国家都不约而同地投入大量经费，开展庞大的研究计划。这是国内见之于专著并提出急需研发 ITS 的第一篇文章。当年交通工程界同行有不予认可的看法，认为中国研究智能道路交通技术为时尚早。杨佩昆在这篇文章中据理力争，他认为：中国宏观交通的供求关系矛盾远比发达国家尖锐，出路除了尽可能多建道路交通设施外，应用高新科技成果提高现有和新建道路交通设施的运行效率，应该比发达国家更为迫切。他列举了中国能够尽早开展交通智能化研究的基础，并提出了研究目标建议。

他提出的关于“路线导行系统”（Route Guidance Sistem，RGS）研究目标的建议分四个分项：①路线导行系统技术研究；②路线导行系统配套硬件设施研究；③交通信息传输网络研究；④交通路线导行系统的测试系统。每一分项都有数量不等的具体研究题目。

身处国内第一个交通工程研究室的杨佩昆，自然有先机成为国内交通工程学科的开创者和先行者，在一段时间里他比后来者多了些学术信息和平台。加上他治学严谨、勤勉，一直给自己设研究目标、立开发任务，努力想人之先，做人之前，他在备忘录里所记录的高新研究题目，也正是计划要开展研究的任务。

南京和广州项目是 ITS 的实现成果之一

智能交通运输系统（ITS）研究开发内容十分广泛，各国家及地区将凡是应用当代信息技术等高新科技可改善交通运输状况的项目都纳入 ITS 的研发范围。当“智能化”的概念传到中国，很多项目都被贴上了“智能化”的标签，于是有人说：“智能化是个筐，什么都可往里装。”不过，以美国最新的ITS项目分类为样本，“自适应”交通控制系统是其中要研发的一个内容。交通控制达到“自适应”“实时”，才是智能的表现和智能成果，即人工建立好模型，交叉口信号灯的开启和转换，能够聪明地顺从与服务于车流现状。

1986年，杨佩昆承接研发在南京实施的国家“七五”攻关项目，使国内第一个自主研发的道路交叉口信号自适应实时控制系统在城市里运转成功。

2001年，杨佩昆又承接、研发了在广州市实施的世界银行贷款项目“自适应优选入口匝道信控方式的控制系统”。在这个项目中，杨佩昆做到了对多种控制方式可以自适应优选，将这套系统的智能化等级提高了一大步。

以上两项重要成果，是杨佩昆对中国交通运输工程迈向智能化所做的实际成果。

完成“城市交通流智能控制与路线导行系统”与“智能交通运输系统体系结构”的研究

1991年，黄瑞迎先生送给杨佩昆很多美国的ITS文献资料，他兴趣浓厚，一本本认真阅读，从中看到很多研究人员的思路和观点。在那时，自适应交通信号控制已有了长足的发展，但面临着小汽车的更快普及，道路上的车辆越来越多，仅仅是信号控制智能化的进步，仍不能解决一时间大量车辆拥向某一个交叉口的问题，还要再想办法，于是就想到“导行”。

因为在一天的一段时间内，各条城市道路不会同时处于相似的拥挤状态，有的道路、交叉口拥挤，也有空的或比较空的。但司机并不知晓前方或左邻右舍的道路情况，因此研究人员开始研究用智能“路径导行系统”来导引车辆。所谓导行，也就是让司机得到各条道路上车辆多或少的实时信息，然后自觉地或被导引到稀疏或比较稀疏的道路上行驶，使得整个区域的交通能够在所有道路上均匀分布。但是，均匀分布是理想，出现的结果是，稀疏或比较稀疏的道路被导行来的车辆增多了，很快也拥挤起来，原来拥挤的道路反倒稀疏了，于是，车辆又会自发地开到这条变稀疏的道路上来。宏观地看，就出现了车流来来回回地潮起潮落的现象，专业术语叫“车流反荡”。引出反荡现象的导行不是一个好导行。杨佩昆从文献里看这个问题似乎还没有解决，于是，想着怎么样才能避免导行的车流反荡现象。他还想到，如果道路上发生交通事故，特别是在交叉口中发生事故，该如何来引导司机避开。

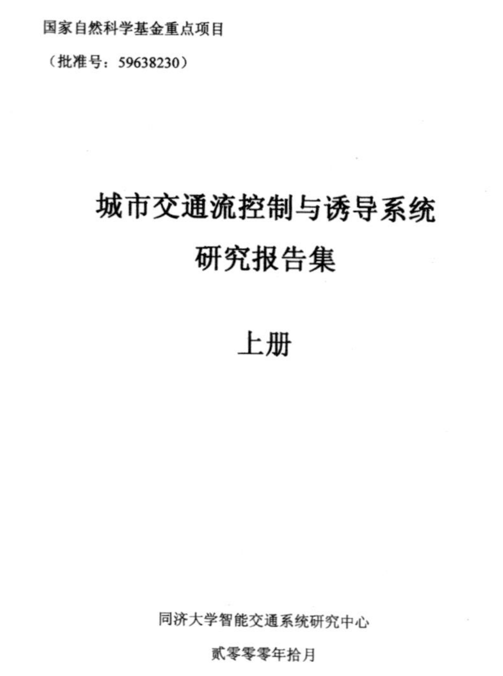
国家自然科学基金重点项目

（批准号：59638230）

城市交通流控制与诱导系统

研究报告集

上册

同济大学智能交通系统研究中心

贰零零零年拾月

图 2 《城市交通流控制与诱导系统研究报告集》

1996 年，杨佩昆申报国家自然科学基金委员会博士生导师基金重点项目“城市交通流智能控制与诱导系统”（图 2），经答辩后获准开题研究。他开始正式研究如何设计出一个不会发生反荡现象的导行系统。

要说明的是，杨佩昆所研究的智能导行系统与当前司机普遍使用的导航系统 GPS（Navigation）不是一回事，GPS 导航用的是卫星定位技术，是为不熟悉路线的司机顺利前往目的地指引该行驶的路线。而智能导行系统则是用与智能交通控制系统相关的理论和技术，引导司机避开拥挤道路到较为稀疏的道路去行驶，提高道路的利用率，实现路线网交通流的优化，减缓拥堵、降低车辆废气排放、改善城市环境、降低整个社会的交通运输成本。

杨佩昆的研究思路分为两部分：①将相邻的道路依据车辆多少程度分成几个等级，其中有很稀疏的、稀疏的、比较稀疏的等，可以称一号线路、二号线路、三号线路等，他采取的策略是就近导行，即将拥挤的线路向稀疏线路分级导行，避免反荡，这部分由博士生曾松研究并写就了十分优秀的论文。②道路出事故是偶然的，但是导行的信息要跟着变化。其中交叉口出事故后的导行难度最高，事故出在各侧不同的进、出口道路口，或交叉口中间的不同部位，对交通的影响程度不一样，导行的方案也就应该不同。交叉口信号控制则采用自适应变化，事故撤销，就恢复原信息。这部分由博士生李智研究，也写就了十分优秀的论文。

杨佩昆综合这两篇论文编写了《城市交通流控制与诱导系统研究报告集》，报送国家自然科学基金委员会。

2000 年，基金委员会项目主管主持，邀请天津大学贺国光教授当结题验收评审会主席，会上评审专家的综合评价为：全面完成计划，研究成果取得突出进展，评定为 A^- 级。

这位主持人，在每年申请基金开题报告前，都要来同济作报告，讲解写开题报告申请表的要领。杨佩昆因申请并获批基金“面上项目”的次数较多，所以比较熟悉。评审会后，他对杨佩昆说：专家对你这个项目的评价很高啊，基金重点项目极少有能评得 A^- 级的，几乎是基金重点项目的最高级了。

杨佩昆在中国发展智能交通的进程中，还有一个重大的贡献，就是编著了《智能交通运输系统体系结构》一书。他深切了解到发达国家对交通运输实现智能化的重视，欧盟、美国、日本在研发 ITS 前期都制订了庞大的研究计划，他们把 ITS 分成六或九个大领域分别独立进行研究。后来，他们发现，所定各领域的研发对象虽是独立的，但研发这些独立领域所需采集的数据和所需设置的基础设施都有共通的关系，特别是数据、信息通信与处理还有相互融合和交叉的关系，有必要研发一套能对这些独立领域进行综合研究的系统。于是，美国首先投巨款，历时数年，研究、制定并于 1996 年公布了“美国国家 ITS 体系结构”（United National ITS Architecture，UNIA）第一版。这个体系结构对指导国家的 ITS 研发意义十分重大，可以说是研发全国统一的 ITS 的技术纲领。美国还向全国 70 多个大城市提出，根据此 UNIA

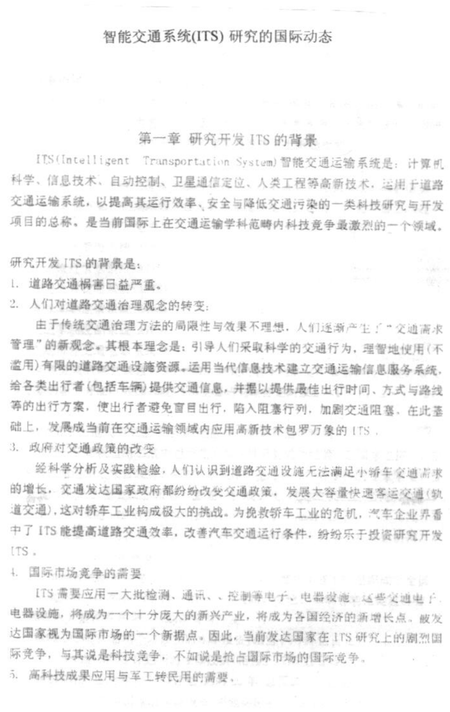

智能交通系统(ITS) 研究的国际动态

第一章 研究开发 ITS 的背景

ITS(Intelligent Transportation System)智能交通运输系统是：计算机科学、信息技术、自动控制、卫星通信定位、人类工程等高新技术，运用于道路交通运输系统，以提高其运行效率、安全与降低交通污染的一类科技研究与开发项目的总称，是当前国际上在交通运输学科范畴内科技竞争最激烈的一个领域。

研究开发 ITS 的背景是：

1. 道路交通祸害日益严重。
2. 人们对道路交通治理观念的转变：

由于传统交通治理方法的局限性与效果不理想，人们逐渐产生了"交通需求管理"的新观念。其根本理念是：引导人们采取科学的交通行为，理智地使用(不滥用)有限的道路交通设施资源。运用当代信息技术建立交通运输信息服务系统，给各类出行者(包括车辆)提供交通信息，并据以提供最佳出行时间、方式与路线等的出行方案，使出行者避免盲目出行，陷入阻塞行列，加剧交通阻塞，在此基础上，发展成当前在交通运输领域内应用高新技术包罗万象的 ITS。

3. 政府对交通政策的改变

经科学分析及实践检验，人们认识到道路交通设施无法满足小轿车交通需求的增长，交通发达国家政府都纷纷改变交通政策，发展大容量快速客运交通(轨道交通)，这对轿车工业构成极大的挑战。为挽救轿车工业的危机，汽车企业界看中了 ITS 能提高道路交通效率，改善汽车交通运行条件，纷纷乐于投资研究开发 ITS。

4. 国际市场竞争的需要

ITS 需要应用一大批检测、通讯、、控制等电子、电器设施，这些交通电子、电器设施，将成为一个十分庞大的新兴产业，将成为各国经济的新增长点，被发达国家视为国际市场的一个新据点。因此，当前发达国家在 ITS 研究上的剧烈国际竞争，与其说是科技竞争，不如说是抢占国际市场的国际竞争。

5. 高科技成果应用与军工转民用的需要。

图 3 《智能交通系统（ITS）研究的国际动态》

开发并建立"智能交通运输系统基础设施"（Intelligent Transportation Infrastructure，ITI），希望这些城市于十年内能节省交通旅游时间 15%。了解了这些情况，杨佩昆感觉有义不容辞的责任，要为国内的交通运输智能化也拿出一个全国统一的 ITS 技术纲领来。

时至 1997 年，国内还没有听说有哪个部门已在计划或研究制订"国家 ITS 体系结构"。杨佩昆为此写了一篇文章《智能交通系统（ITS）研究的国际动态》（图 3），并怀着急切的心情与上海市科学委员会负责人进行长时间的面谈，力陈国际上制订"国家 ITS 体系结构"的趋势，并说明中国需尽快制订此体系结构的重要意义。杨佩昆的话被理解了，他的态度也打动了这位负责人。上海市科委决定立项研究"上海市智能交通运输系统体系结构"。国家自然科学基金委员会得悉这一信息后，于 1998 年在杨佩昆所承接的国家自然科学基金重点项目"城市交通流控制与诱导系统研究"（即本书上一节所介绍的项目）中，再增加一个研究分项，把"上海智能交通运输体系结构"的研究扩大为"国家智能交通运输体系结构"。获得支持和资助，得以研究中国的交通运输"ITS 体系结构"，杨佩昆踌躇满志，他把这项研究同时作为指导研究生的课题，拿出了自己长期积累的学识和智慧。

"智能交通运输体系结构"是一项"烧脑"的研究，需要很强的逻辑思维和模型构架能力。体系结构总体上可分为两部分：一部分是要建立需求模

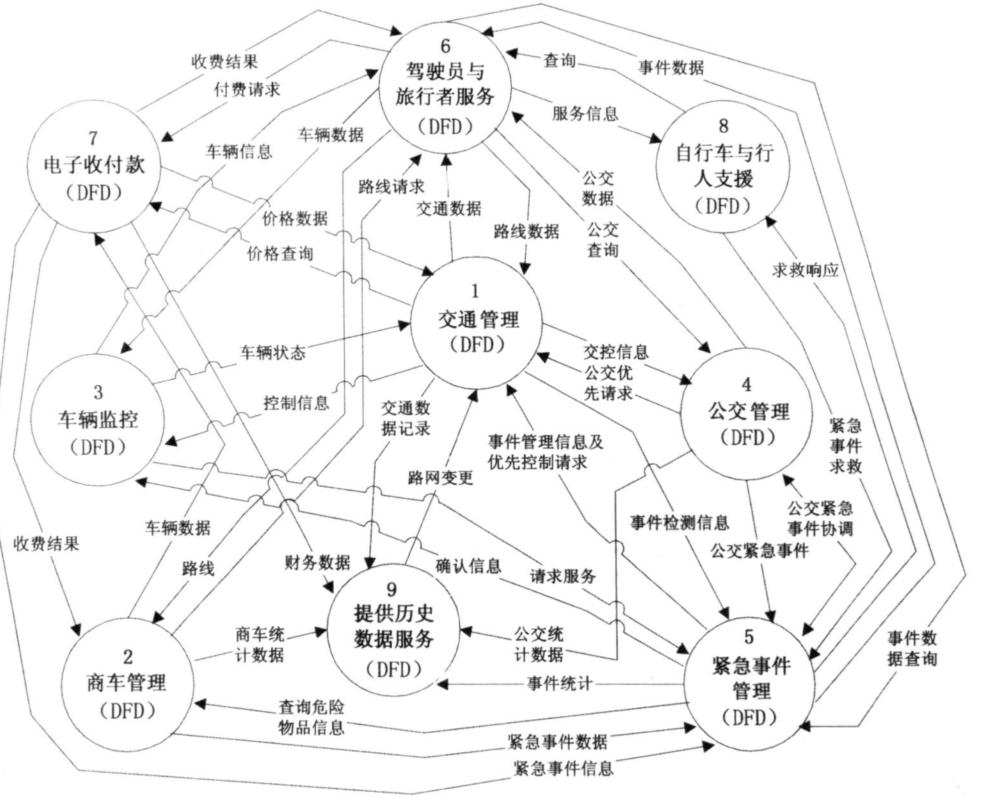

图 4　中国 ITS 需求模型顶层（逻辑过程）数据流图（DFD 0）

型，画出 ITS 逻辑结构需求总图，该总图中除我国同美国一样都有的需求外，所牵涉有差别的需求用户多达五六十个，其中有行人、行动不便者、自行车、骑自行车者、机动车、机动车驾驶员、公务人员、防灾救灾办公室等体现了中国 ITS 用户需求的特色（图 4）。需求总图部分由硕士生蒋金勇的学位论文研发。另一部分，要根据需求总图，画出看上去线条错综复杂、实际逻辑清晰的 ITS 需求模型顶层（逻辑过程）数据流图和顶层（外部实体）数据流图，该图将系统分为九个子系统逻辑过程，九个服务与管理之间的联系和走向，连成的图好像人脑里的血管图一样复杂曲折（图 5）。体系结构中还要建立“构架模型”等。这一部分由博士生杨超的学位论文研发。

杨佩昆开始研究“国家智能交通运输体系结构”的同时，1998 年美国又

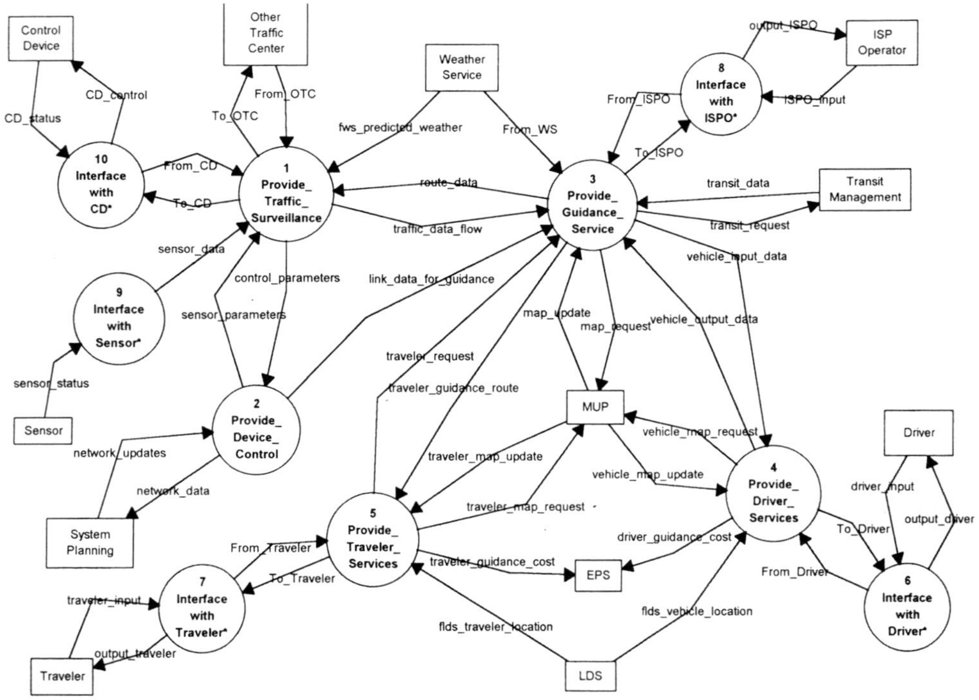

图 5　ITS 顶层（逻辑过程）数据流图

修改公布了第二版的 UNIA，日本、欧盟也着手研订国家或地区的 ITS 体系结构，接着，国际标准化组织、韩国等也纷纷先后研订其 ITS 体系结构。杨佩昆的研究正及时，代表中国学者已紧跟上了研发智能交通运输体系结构这一智能交通系统学科最新步伐。

2000 年底，杨佩昆根据杨、蒋两位研究生的学位论文，编写了《智能交通运输系统体系结构》一书（图 6、图 7）。这本书综合了以上国家自然科学基金重点项目和上海市科学技术委员会重点项目的研究成果，上报国家基金会和上海科技委，为“中国 ITS 体系结构”建立了一个框架，为国家进一步组织系统分析、交通、计算机、信息、通信领域的专家学者制订“中国 ITS 体系结构”打下了基础。这是杨佩昆为中国 ITS 事业的一份重要贡献。

2003 年，IEEE（国际电器电子工程师学会）年会在上海召开。杨佩昆凭在智能交通系统研究上的系列成就，在杨晓光的力荐下，荣获 IEEE 颁发

图 6 《智能交通运输系统体系结构》封面

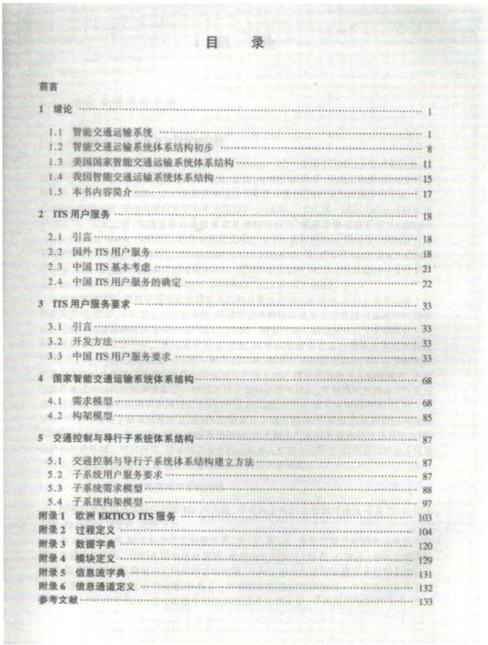

目 录

前言
1 绪论 …… 1
1.1 智能交通运输系统 …… 1
1.2 智能交通运输系统体系结构初步 …… 8
1.3 美国国家智能交通运输系统体系结构 …… 11
1.4 我国智能交通运输系统体系结构 …… 15
1.5 本书内容简介 …… 17
2 ITS 用户服务 …… 18
2.1 引言 …… 18
2.2 国外 ITS 用户服务 …… 18
2.3 中国 ITS 基本考虑 …… 21
2.4 中国 ITS 用户服务的确定 …… 22
3 ITS 用户服务要求 …… 33
3.1 引言 …… 33
3.2 开发方法 …… 33
3.3 中国 ITS 用户服务要求 …… 33
4 国家智能交通运输系统体系结构 …… 68
4.1 需求模型 …… 68
4.2 构架模型 …… 85
5 交通控制与导行子系统体系结构 …… 87
5.1 交通控制与导行子系统体系结构建立方法 …… 87
5.2 子系统用户服务要求 …… 87
5.3 子系统需求模型 …… 88
5.4 子系统构架模型 …… 97
附录 1 欧洲 ERTICO ITS 服务 …… 103
附录 2 过程定义 …… 104
附录 3 数据字典 …… 120
附录 4 模块定义 …… 129
附录 5 信息流字典 …… 131
附录 6 信息通道定义 …… 132
参考文献 …… 133

图 7 《智能交通运输系统体系结构》目录

的“在中国发展智能交通系统突出贡献奖”（图 8、图 9）。IEEE 是目前全球最大的非营利性专业学术、技术学会。IEEE 自成立以来，一直致力于推动电工、电子技术在理论方面和应用方面的发展，并奖励有突出贡献的国际学者。

图 8 IEEE 颁奖

图 9 IEEE 奖状

完成国家标准《城市道路交叉口规划规范》

在各城市推广“新式交叉口”取得显著成效的基础上，于国内首先为上海、深圳编订了交叉口规划、设计地方标准与准则，随后受当时住房建设部委任主编、完成国家标准《城市道路交叉口规划规范》。

中国在20世纪90年代进入了各方面快速发展的时期，这时，政府职能部门急需对各行业出台条例、规程、规范一类的文件，给出明确标准，指导或规定各行业在经济、建设活动中遵守、执行或参考，使行业的各方面发展避免盲目和随心所欲造成的混乱。这些文件将会是规范经济和社会发展的重要技术制度。

道路交通运输建设，一直是地区乃至全国经济发展最重要的基本建设之一。我国在近三十年里，以前所未有的速度发展：“要想富，先修路！”在郊外建设起全国公路网，村村通公路，一线甚至二线城市间建起了高速公路；在城市拓展区，新建城市道路系统；在老市区，改建原有老路，城市外围建设城市快速高架路。然而，路怎么建，按照什么标准建却是个重要问题。道路建设投资很大，好大喜功、随心所欲建路，会浪费大量社会资源，浪费纳税人钱财。随着建路需求的快速增长，有关职能部门制订道路建设相关标准、规范的需求也迫在眉睫。杨佩昆十分乐见政府的这种决定，他更是责无旁贷担当起制订标准和规范的重任。

杨佩昆作为交通工程学科的“老法师”，是“新式交叉口”的引进者，也是积极推广并帮助各地设计“新式交叉口”的先行者，最有资格参加交叉口规范、标准的制订工作。因此，他三次被委任主编地方和国家对道路平面交叉口规划或设计的规程、指引、规范等。那时，杨佩昆已经退休，但是他老骥伏枥，壮心不已。在中国交通工程标准化建设的过程中，他付出的不光是精力和心血，还有他的观念和理念。最后取得的成果，是他对中国交通工程建设的卓越贡献之一。杨佩昆也认为，主持编写国家标准的《城市道路交叉口规划规范》（GB 50647—2011），是自己一生中为中国交通工程学科发展做过的最重要的几件事情之一。

在国家标准的《城市道路交叉口规划规范》（GB 50647—2011）编写前，上海已经先行一步。1998 年，在上海市建设委员会召开的一次某工程评审会上，杨佩昆与同济大学交通工程专业本科毕业的上海交警支队科技处滕工生强联合提出："平面交叉口不仅是两条相交道路的'瓶颈'，堵塞一个交叉口，甚至会影响整条道路的交通畅通。科学设计平面交叉口对改善上海交通状况十分重要。上海应该有一本科学设计平面交叉口的规程。"建议得到市建委的批准。两人合作用了约一年时间编撰了上海地方标准《城市道路平面交叉口规划与设计规程》（DGJ 08—96—2001）（图 1）。该规程给出了一项项的标准，要求城市道路平面交叉口的规划与设计，须达到技术先进、安全有效、经济适用的目的。这些标准都是杨、滕集多年研究和管理实践得来的。完稿并经讨论、修改多次后，评审通过，于 2001 年 10 月由上海市建委颁布实施。这可以说是国内第一个发布实施的《城市道路平面交叉口规划与设计规程》。

图 1　上海市《城市道路平面交叉口规划与设计规程》

规程出版后，杨佩昆照惯例要查阅一遍，查出大小错、漏约二十余处。他把在修编时须改、补的内容写在小纸条上，贴在该予以改、补的页面上（图 2）。

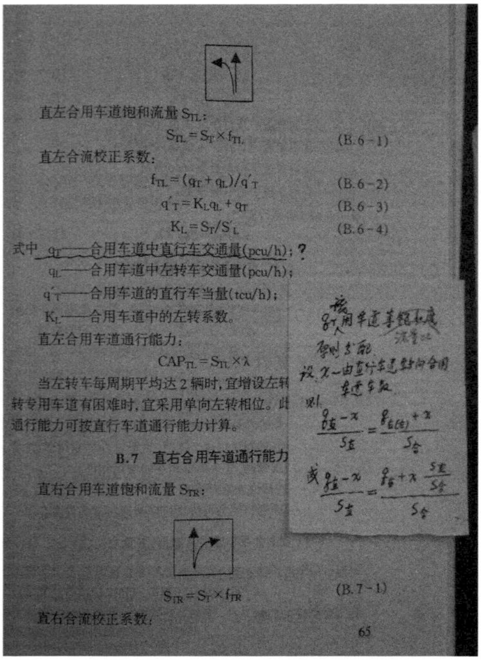
直左合用车道饱和流量 S_{TL}：

$$S_{TL}=S_T\times f_{TL} \quad (B.6-1)$$

直左合流校正系数：

$$f_{TL}=(q_T+q_L)/q'_T \quad (B.6-2)$$

$$q'_T=K_Lq_L+q_T \quad (B.6-3)$$

$$K_L=S_T/S'_L \quad (B.6-4)$$

式中 q_T——合用车道中直行车交通量(pcu/h)；

q_L——合用车道中左转车交通量(pcu/h)；

q'_T——合用车道的直行车当量(tcu/h)；

K_L——合用车道中的左转系数。

直左合用车道通行能力：

$$CAP_{TL}=S_{TL}\times\lambda$$

当左转车每周期平均达2辆时，宜增设左转……转专用车道有困难时，宜采用单向左转相位。此……通行能力可按直行车道通行能力计算。

B.7 直右合用车道通行能力

直右合用车道饱和流量 S_{TR}：

$$S_{TR}=S_T\times f_{TR} \quad (B.7-1)$$

直右合流校正系数：

65

图 2 贴在该予以改、补页面上的改、补内容小纸条

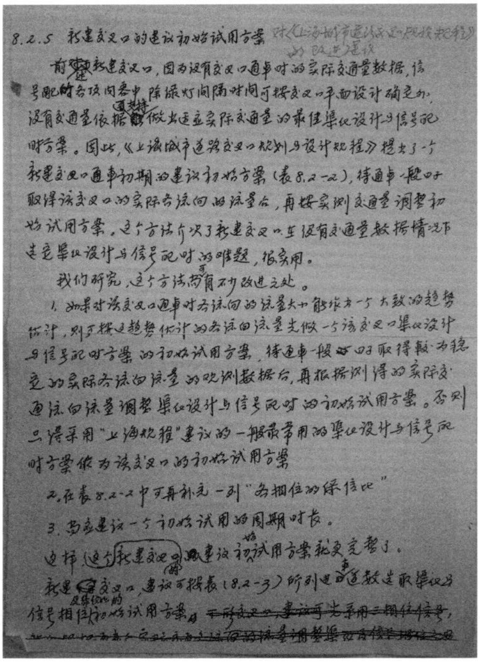
8.2.5 新建交叉口的建议初始试用方案

图 3 新建交叉口的建议初始试用方案

隔一段时间后，他突然想到：在新建交叉口，没有交通信号配时的任何参数，怎么办？于是他思考拟出一个新建交叉口的建议初始试用方案（图 3）。

杨佩昆想起，自己作为专家，参加过不少设计评审会，每一次都会提意见，而意见要得到接受，阻碍不小。当初参加评审上海周家嘴路、大连路交叉口设计方案，两条新改建的道路都很宽阔。设计单位做出的交叉口设计方案，有不少问题：没有渠化设计、在如此宽阔道路的中间竟连行人过街安全岛都没有设计等。杨佩昆对设计方案中存在的问题，提出了修改意见。对杨佩昆一介书生的意见，设计方只是听听而已。交警支队参加评审的代表滕工，他与杨佩昆意见一致，并还提了几点很有意义的补充意见，如交叉口西南角转弯太大，应在那里设计一个三角形交通岛，既有利于右转车方便通行，又有利于行人过街等。设计方提出按此意见修改设计要提高设计费，不愿接受。

会上发生激烈争执。在这种情况下，滕工态度变得非常强硬，说：你们不改，我不签字，以后有什么问题，你们负责。会后，设计单位找这位交警大队代表沟通，就此，滕工还是帮助设计方按照他的意见做好了这个交叉口的设计。建成后交通运行效果非常好。后来，杨佩昆就想，如果当初有设计规程，事情就简单多了，大家按照规程来说话，设计方必须按照标准来设计，也不用争执了。不过，这么多年下来，也正是遇到很多类似的现实问题，杨佩昆在编写规程时才考虑得很周到，使得条款更有针对性。

2002年,他退休不久,继上海之后,深圳交通研究中心邀请杨佩昆当顾问,他就在深圳待了一年。时隔几年后，交通研究中心请他为深圳的交通做了两件大事：第一件就是编制了《深圳市城市道路平面交叉口设计指引》；另一件是编制《深圳市城市道路交通管理设施设计指引》。该指引的内容是编制“交通标线”“交通标志”“交通信号灯”“交通安全隔离设施”四种交通管理设施的设计原则、设置规定、配置要求；附带还编订了《交通管理设施设计管理》与《交通管理设施设计文件组成及深度》等文件。那时，杨佩昆退休几年，已经没有研究生可以当助手，这时老同事彭国雄教授伸出援手，让自己带的研究生跟着杨佩昆完成了这两件事情。

自从为上海编制了《城市道路平面交叉口规划与设计规程》后，杨佩昆就期望能够有更高层面的平面交叉口规划与设计的国家标准规范。2003 年，杨佩昆十分高兴地看到：住建部制订了新编和修编城市建设各方面各种条例、准则、规范等的一整套计划；9 月又在深圳召开全国城乡规划标准规范工作会议（图 4）。

学校派杨佩昆去参会。更令杨佩昆欣喜的是：会上分发的要立项修编各种标准、规范名录的文件中，列有指定由同济大学主编的国家标准《城市道路交叉口规划规范》（以下简称《规划规范》）。主持会议的黄部长在会上点名要同济大学杨佩昆来主持编写。

这样一件重要任务落到同济大学，学校也感到莫大的荣幸，大力支持组

图 4　全国城乡规划标准规范工作会议

建以杨佩昆为首的《规划规范》编写小组，并多次经济支持在同济大学开会。作为主编单位，杨佩昆为主要负责人，他的弟子李克平除了承担编写工作，还是整个编写事务工作的主要组织者和执行人，教研室同仁陈小鸿、杨晓光、林航飞都参加了起草工作。这个项目的领导部门是住建部城市规划标准技术归口办公室，主任是住建部中国城市规划研究院原院长王静霞和副主任万裴。

同济方面先用半年的时间，做酝酿和准备工作，先期完成规范编写大纲、调研大纲和工作计划，并拟定参编单位以及跟踪专家等。

2004 年 7 月 6 日，由归口办公室主持的《规划规范》开题会议在同济大学召开，这是《规划规范》第一次正式工作会议。这次会议正式宣布成立了由下列单位及负责人组成的《规划规范》编写组：同济大学交通运输学院杨佩昆教授和李克平教授、中国城市规划设计研究院城市交通研究所所长赵杰、北京市市政工程设计研究总院院长刘桂生、天津市市政工程设计研究院总工王晓华、深圳市城市交通规划研究中心主任林群、成都市规划设计研究院总工郑连勇、上海市公安局交通警察总队队长左天福、重庆市城市交通规划研究所所长周涛、郑州市市政工程设计研究院总工王巨涛、华中科技大学主任李杰，还有哈尔滨城市规划设计研究院总工姚琪。

接下来是一个快速而又漫长的艰辛过程。快速的是，一个月后编写小组在成都召开第二次会议，确定了调研计划，决定以函调、实地调查和专题调研的方式对全国18个各类各级城市交叉口交通特征——饱和流量、行人过街、自行车道、公交专用道和公交车站布置、快速道路进出口交织段等项目进行调查，其中有北京、上海等9个特大城市，南京、西安等10个省会城市，青岛、无锡等8个人口达50万~100万或以上城市，中山、秦皇岛等8个中等地级城市。各参编单位各自认领了负责调查的城市，回去很快进行资料、数据、录像的收集，以及实地交通调查和资料、数据处理。

漫长的是，《规划规范》编制工作从启动到发布用了6年半的时间，到正式实施又增加了1年，一共用了7年多时间。《规划规范》编制过程中，共召开了10次由全体参编单位、跟踪专家和规划规口办公室参加的工作会议以及5次小范围的协调讨论会；在征求意见过程中，给全国各高校、规划设计单位和专家印发了120多份征求意见稿，在吸取各方面600多条意见的基础上，《规划规范》的送审稿于2007年8月形成。之后经过专家讨论和审议，听取了住建部主管部门领导的修改意见以及与行业标准《城市道路交叉口设计规程》的多次协调，《规划规范》编写组对条文内容进行了必要的精简和修改，于2010年9月形成了《规划规范》的报批稿。2011年8月至12月，确认出版社就文字、术语、标识、图例等细节问题的修订之后，终于在2011年12月正式出版，2012年1月1日执行（图5）。

出版后，杨佩昆在阅、查中发现有错、漏，就直接在有错、漏的页面上写上该改、补的内容（图6），以待改版时改、补。

编制《规划规范》是一个艰辛的过程。住建部把各类不同的标准、规程、规范归由不同部门主管：设计类规程由设计处主管；规划类规范归规划处主

UDC

中华人民共和国国家标准

GB

P

GB 50647－2011

城市道路交叉口规划规范

Code for planning of intersections on urban roads

2010－12－24 发布

2012－01－01 实施

中华人民共和国住房和城乡建设部
中华人民共和国国家质量监督检验检疫总局

联合发布

图 5　国标《城市道路交叉口规划规范》

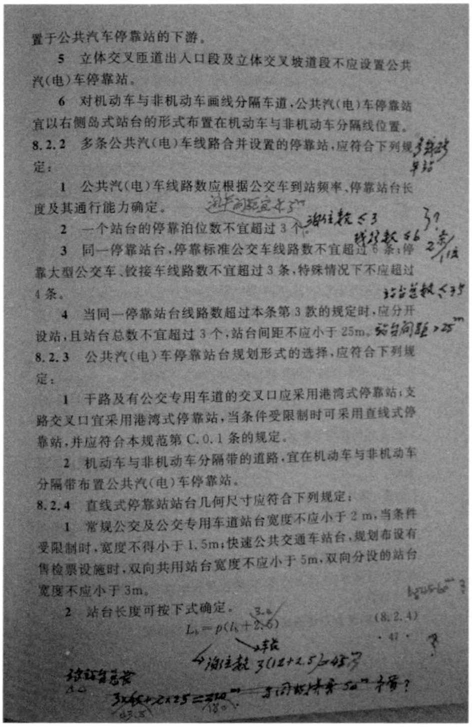

置于公共汽车停靠站的下游。

5　立体交叉匝道出入口段及立体交叉坡道段不应设置公共汽(电)车停靠站。

6　对机动车与非机动车画线分隔车道，公共汽(电)车停靠站宜以右侧岛式站台的形式布置在机动车与非机动车分隔线位置。

8.2.2　多条公共汽(电)车线路合并设置的停靠站，应符合下列规定：

1　公共汽(电)车线路数应根据公交车到站频率、停靠站台长度及其通行能力确定。

2　一个站台的停靠泊位数不宜超过 3 个。

3　同一停靠站台，停靠标准公交车线路数不宜超过 6 条；停靠大型公交车、铰接车线路数不宜超过 3 条，特殊情况下不应超过 4 条。

4　当同一停靠站台线路数超过本条第 3 款的规定时，应分开设站，且站台总数不宜超过 3 个，站台间距不应小于 25m。

8.2.3　公共汽(电)车停靠站台规划形式的选择，应符合下列规定：

1　干路及有公交专用车道的交叉口应采用港湾式停靠站；支路交叉口宜采用港湾式停靠站，当条件受限制时可采用直线式停靠站，并应符合本规范第 C.0.1 条的规定。

2　机动车与非机动车分隔带的道路，宜在机动车与非机动车分隔带布置公共汽(电)车停靠站。

8.2.4　直线式停靠站站台几何尺寸应符合下列规定：

1　常规公交及公交专用车道站台宽度不应小于 2 m，当条件受限制时，宽度不得小于 1.5m；快速公共交通车站台，规划布设有售检票设施时，双向共用站台宽度不应小于 5m，双向分设的站台宽度不应小于 3m。

2　站台长度可按下式确定。

$$L_b = p(l_b + 2.5) \quad (8.2.4)$$

· 47 ·

图 6　国标《城市道路交叉口规划规范》有改补的页面

管。设计处另外布置了编订《城市道路交叉口设计规程》(简称《设计规程》)，该《设计规程》先于《规划规范》启动编订。按理说，《规划规范》是《设计规程》的上层规范，《设计规程》应根据《规划规范》的要求来编订。但实际情况是反过来的，设计处组织编订《设计规程》在前。设计处得悉规划处要编订《规划规范》之后，知道这两者必须协调，内容不能有冲突。于是，设计处处长主动提出，召开一次由两个处共同主持的两个编写组的协调会。会上，设计处处长十分明智地提出：该协调的主要问题是确定两者分工的界限。杨佩昆略作思考后，答复说："城市规划最重要的问题就是确定规划红线，在既定规划红线范围内，规划布置各类城市结构、建筑物；交叉口规划也不例外，主要问题也就是要规划在规划红线内该规划的内容，《设计规程》应根据这些规划内容做具体的工程设计。"设计处处长点头认可，取得了总体原则的基本共识。但在实际编写进程中，争论不断，不少条款编写需要一再地协调、沟通。

任何一项对人有约束、有限制的社会规定，都会涉及不同人群的观念和利益。杨佩昆作为一直都在追求中国交通工程技术进步的学者，以人为本、交通安全、技术科学、工程经济，是他一贯所持的观念。他的弟子李克平等同济大学的学者也和老师一样，在编写国标《规划规范》中坚持这样的观念。也只有在这种观念下编制出来的《规划规范》才能对社会、对国家的技术、经济发展具有推动作用。

《规划规范》条款里提出了“交通工程规划”阶段的概念，也就是要求规划设计单位在工程设计之前，必须进行交通工程规划设计：确定交叉口形式、红线范围、交通组织方案、进口道布置、行人和自行车过街布局设计、交通岛的设计、标志标线、公交车站布置、信号控制相位方案、明确重要技术参数的取值以及上下游交叉口的信号协调关系、辅助设施等，以避免做出缺乏交通工程规划指导的盲目工程设计。这是一个很重要的概念，过去国内城市修建桥梁或立体交叉，设计单位缺乏对交通工程规划的概念，着眼点往往是桥梁或立交的用地、本身的结构和造型，很少从交通流量的角度来考量设计是否合适。而缺乏交通工程学指导的盲目设计，往往会造成城市新的“肠梗阻”。以杨佩昆为首的同济交通工程学者们遇到这种情况，总是快人快语，表明观点，据理力争，让设计方案做出修改。

杨佩昆认为：交叉口的形式、交通组织方案、各设计要素可以多种多样，各有利弊，难以套用标准方案，经过多方案比选可以使交叉口的规划设计更加合理和优化。他还认为：提出城市道路交叉口规划的总体目标，还应该包括规划交叉口的建设和运行管理的经济性。因此《规划规范》规定：设置城市道路立体交叉的门槛为 12 000 pcu/h，不到这个量，不应考虑建立交，可以采用交叉口信号控制优化设计的形式改善交通；即使达到这个量，也应该首先考虑简易立交方式。《规划规范》以此条款来约束滥建立交的现象。

近 20 年来，很多城市都喜欢修筑带有中心岛的环形交叉口，多在中心岛上布置花坛，竖立大型雕塑，以显示城市的气派，而且环道的车道数一设计就是 4 条。而杨佩昆集考察国内外道路交通的经验，明确的观点却是，常规环形交叉口不宜用于大城市，一定要修的，环道车道数不要超过 2 条。因为无论从理论分析还是从现实看，2 条车道已足够了。如果车道数多，反而容易造成拥堵，并且造成道路浪费。而在已经编制的《设计规程》中，环道车道数的设计允许 3~4 条，杨佩昆认为 4 条车道是绝对不行的，为此争论了很久，《规划规范》最后妥协，条款写道："环道车道数宜为 2 条或 3 条。"这表明：3 条车道是上限了。

在现实中，不少先期修筑环形交叉口的城市出现了杨佩昆所说的问题，采取的办法就是索性拆掉环形交叉口、重修十字交叉口，造成了很大的浪费。于是在《规划规范》中，杨佩昆又给出"药方"，在条款中指明改善和治理的措施，也就是不要急于拆旧建新，可以对已经建好的环形交叉口进行改良，也就是"在相交道路竖立减速让行标志，在交织路段设置信号灯"进行车流控制，减少拥堵和车祸。增加这些文字，表达了他无奈中的用心良苦。

在《规划规范》中被杨佩昆认为"重中之重"的内容是关于平面交叉口进口道红线展宽、进口车道宽度及展宽段长度的规定。这一条款，反映的是杨佩昆关于"新式交叉口"的一贯主张。当时在全国各地的道路规划设计中，或者说是在画道路红线时，普遍不考虑车辆在交叉口会有停车，而使交叉口的通行能力只相当于上游路段二分之一，这导致路段通行能力和交叉口通行能力严重不匹配，使交叉口成为瓶颈。设计方简单化地将道路从头到尾画两条平行线，这样看似规整，其实完全忽略了交叉口通行能力的这一基本特征，带来很大的资源浪费。正确的设计应是：如果上游车流量需要用2条车道的话，那么到了进口道，就应该展宽，划出 4 条车道来，否则交叉口就会严重拥堵。反过来，如果进口道不展宽，原本就是 4 条车道，交通很畅通，那么就说明，实际上上游路段只要 2 条车道就能满足通行能力的需要了，可以减去 2 条车道，这样既避免了道路占用大量的土地和巨额建设投资，又节省了维护管理费用。《规划规范》将这一条款作为强制性规定，因为这关系到重大的交通效益和经济效益。

关于设立行人过街安全岛的问题，在编制过程中争论非常激烈。包括不少参编单位都认为没有必要修建这安全岛，白白占用了进口车道的宽度。而杨佩昆代表的同济编写方则认为，设置行人过街安全岛，应是《规划规范》的一个核心条款。

现实的状况是：城市道路交叉口为了提高通行能力，普遍增加了进口车道数，导致行人过街距离的增加；外加由于行人过街信号并不以行人过街所需时间来配时，而是随车辆的红绿灯配时，干道车辆红灯时间短，行人过街时间跟着也短。行人过街距离长加上过街时间短，行人往往还来不及走到对面，主干道信号已由红转绿，行人就被来往车流阻隔在道路中间，腹背受到车流的威胁，极不安全；另外，干道车辆绿灯时间过长，超过行人等候过街的可忍受时间，在车流非高峰时段，又因车队稀疏时的离散现象，车流间空隙增多、空隙时间加长，行人就会借这些空隙之机，冒险违章闯红灯过街，不但会使路上交通秩序混乱，甚至发生交通事故。

因此，设置行人过街安全岛，不仅可以缩短行人过街时间、提供行人过街的安全保护，还是降低行人过街清空时间、显著降低信号周期的有效手段。

2007 年 8 月 21 日，由住建部城乡规划司主持，在北京组织召开了《规划规范》审查会。会议认为《规划规范》为国内首次编订，内容涉及面广，技术难度较大，需要协调的相关规范、标准较多。《规划规范》编写组对全国各地的交叉口规划设计实践经验进行总结和归纳，借鉴国内外交叉口规划设计方面的先进经验，并对相关重要基础理论进行了深入的研究，为《规划规范》的编制完成奠定了坚实的工作基础。《规划规范》内容完整，切合国情，编制程序符合要求，总体上体现了先进性、科学性、协调性和可操作性，达到国内同类规范编制的领先水平。

2011 年 2 月，在同济大学，由住建部规划司规划规范规口办公室主持召开全体编写组会议，为国标《城市道路交叉口规划规范》颁发优秀规范奖。杨佩昆为《规划规范》编写组、为自己是《规划规范》编写组成员之一，能得此荣誉，也为在规范编写过程中能得到学校的大力支持，感到十分欣慰。中国道路交叉口的新建、改建以及兼顾治理的规划有法可依了。这本国家标准内，平面交叉口规划部分的内容，贯彻了他和李克平主编多年来在这个领域中悉心研究获得的理念。

城市交通治理的铮铮谏言者

纵观杨佩昆的学术生涯，本质上始终围绕着“城市交通治理”这个主题，交通工程学科本质上也是因应对城市交通发展中伴生的种种弊端而诞生。将近 40 年来，中国城市发展快速，但总的来说，城市发展并没有因受发达国家的“城市交通病”之鉴而绕过那些弊端，反而因为体制、传统观念、日常陋习问题，乃至认识上的无知，使得在城市大建设中的交通状况和效益与巨大的经济和人力投入很不匹配，“城市交通病”随着小汽车量的增长而越发严重。道路、交通被认为是城市的骨骼与血脉，是推动城市发展的重要引擎；先进发达、安全便捷的道路交通系统被认为是提升城市竞争力、保障城市运行高效、生活宜居、环境舒适的必要条件，因此对 “城市交通病”的治理，该是城市治理中的重中之重。

近 40 年来，同济大学交通工程研究室孕育的杨佩昆，在学术上一直站在中国交通工程学科研究的前沿，登上了国际讲坛与权威学者平等交流。在学术研究活动之外，他更像一个热忱的社会工作者，不遗余力地为城市交通的治理鼓与呼。他应邀为政府部门、交通主管部门、设计规划部门讲课，在会议和媒体上发声，向主管副市长写信建言，无不表达了希望中国的城市交通从规划到设计到管理都能跟上交通发达国家水平的真切心意。

1. 不规划“宽而稀”的道路网，要规划宽度适当而密的道路网

杨佩昆保留着一些往年讲课用的塑料薄片和 PPT。从一件在南京为江苏省交通规划培训班讲课用的 PPT 的印刷文本中，可以看到他对城市规划与交通规划知识和理念所做的科普工作，内容包括以下几个方面（图 7）：

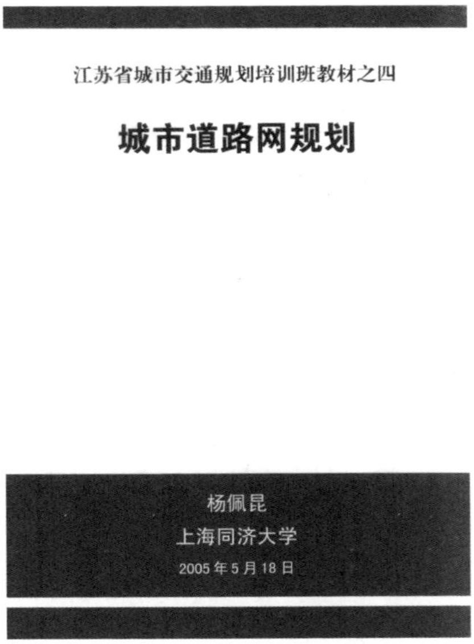

图 7　PPT 的印刷文本

（1）介绍了 100 多年来不同时期交通发达国家的城市规划理论的重点：田园城市、按有机疏散发展的卫星城等理论，其中有的规划了人 – 车分离，有的规划了人 – 车 – 公交分离的方案等。

（2）介绍了 1898 年英国霍华德（E.Howard）提出的田园城市理论；1901 年法国加尼耶（T.Garnier）提出的工业城市理论；1929 年美国佩里（T.Perry）、斯坦（C.Stain）提出的邻里单位理论；同时，斯坦与莱特提出的“田园城市 + 邻里单位”的理论，产生了新泽西州 Rardburn 新城。那里把全分离的机动车、自行车和步行交通规划在邻里单位片区范围之外，邻里单位范围内只有片区内部的悠闲步行交通，既消除了这些在邻里单位居住片区外部的交通对区内居民环境的干扰，又消除了各类交通间的相互干扰。第二次世界大战后，“新城运动”在西欧被广泛应用。

（3）摘要介绍了 1933 年《雅典宪章》（国际现代建筑协会雅典会议）的内容：批判古典规划理论和学院派单纯“追求城市面貌、不顾交通”的规划理论和方法。

① 城市按功能分区而道路不按功能分类是使交通恶化、城市混乱的根本原因；

② 首次提出城市四大功能：居住、工作、游憩、交通；

③ 指出局部改造道路不能解决交通问题，要从道路系统规划着手，发展全新的道路系统，应对道路功能分类。

（4）摘要介绍了 1977 年《马丘比丘宪章》（国际建协利马会议）。

① 肯定《雅典宪章》对城市交通问题的论述；

② 提出建立多功能的综合性生活环境；

③ 公共交通是城市发展的基本要素；

④ 城市交通政策应使私人小汽车从属于公共运输系统的发展；

⑤ 城市发展规划中要考虑交通运输系统的更新。

两届重要国际建筑师协会会议决议宪章，都充分确认了城市道路交通与公共运输系统对城市发展的重要性。

专题介绍了道路网密度的规模规划，说明道路网络是城市综合交通网中最基本的网络，其他网络往往依附于道路网而存在，例如公交网、轨道交通网、货运网等。道路网的功能结构必须为其他网络的敷设创造必要的基础。宏观的规划层面上，要考虑道路用地受限于城区总面积中可占用的比例，国标《城市道路交通规划设计规范》第 714 条："城市道路用地面积应占城市建设用地面积的 8%~15%。对规划人口在 200 万以上的大城市，宜为 15%~20%。"若把干道规划成 8 车道，占用了大量城市用地，受道路用地面积占城市建设用地面积的限制，就只能减少道路数量。微观的在道路通行能力分析层面上，为使交叉口通行能力能与路段单向 4 车道的通行能力相当，在交叉口的进口道上是否有条件能展宽成 8 车道？不如把一条单向 4 车道的道路改建成两条单向 2 车道的道路，既可增加道路数量，在交叉口又可有充分条件展宽成 4 车道的进口道，提高交叉口的通行能力。接着给出了以下结论：不规划"宽而稀"的道路网，要规划宽度适当而密的道路网。最后，介绍了发达国家的路网结构，列出了一张日本、美国、西班牙、奥地利等国知名城市的路网密度、面积率、平均路宽与我国南京、无锡两城和规范的规定数据对比表（图 8）。从中可见：南京、无锡的路网密度和面积率远小于国外各城，而平均路宽却远大于国外各城。

在这个培训班上杨佩昆还作了另外一个报告：交叉口设计。其中讲了交叉口间距、规划红线、范围、行人过街等八个问题。

2. 公交优先

必须给公共汽车在空间中有道路优先使用权，在时间上有交通信号优先通行权。

下面把杨佩昆在建设部交通研究所和上海、广州、杭州、深圳等城市所作有关公交优先问题的报告，摘要、汇编如下：

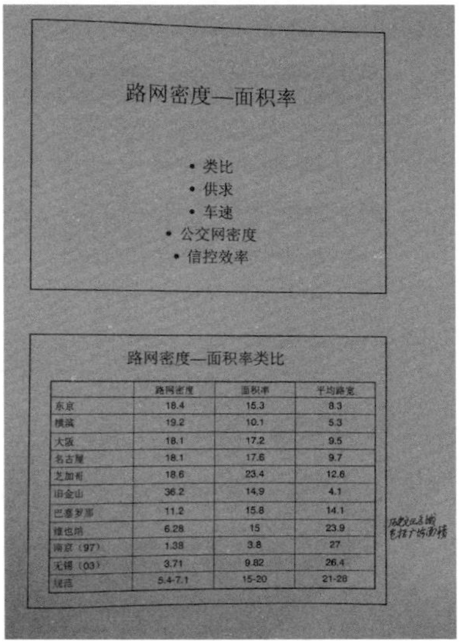

图 8　国内外城市路网密度、面积率、平均路宽类比表

国内不少城市开辟了几条公交专用道，但在交通信号控制等交通管理方法上还全是老一套，也号称实施了公交优先，实是无知、欺人之言。管理者却还持有不少无稽论调，比如：“辟公交专用道不能影响社会车辆畅通”；“人家买了车，怎能限制人家尽兴使用”；“公交信号优先会搞乱原来的信号配时方案”；“横向道路公交车同时到达怎么办”，等等。

杨佩昆先指出：开辟公交专用道，还要严管其他车辆占用公交专用道（急救车、大型客车除外）；另外，这只是有了道路使用权的保障，还没有道路优先通行权的保障，不可能达到公交优先的主要目标。必须配上对公交车交通信号优先，加上公交车有了优先通行权，才能达到提高公交车的运行车速和准点率的目标。

然后他驳答管理者的无稽论调：要实施交通信号对公交优先，并不像某些管理者想象的那么可怕，要实施也并不十分困难。有一些最简单的公交信号优先方法，如检测到公交车到达时，实施绿灯早启或迟断，让公交车少停车；检测判断到达公交车是否误点时，按检测到相交道路的交通状况，尽快给误点公交车亮绿灯；先后检测相交道路公交车的到达时刻，判断相交道路公交车到达的先后次序，按序优先；等等。在信号自动控制系统中，一般都有执行这些功能的方法，只要不懒于开发这些功能，就可实施公交信号优先。

杨佩昆特别提醒首都北京和国际大都市上海，应该登高望远，观摩世界、学习世界。

一张在2013年对杭州综合交通研究所讲学的PPT提纲上，杨佩昆讲述了美国政府1990年发布的《道路交通白皮书》，标志着美国交通政策的大转变，其中对道路使用权与通行权依次排序是：行人、公交、自行车、汽车。政策规定：道路使用与交通信号灯通行的绝对优先权，授予大众公共汽车和属于道路弱势群体的行人。出行交通方式从个体私驾车转化向群体人性化的公共汽车交通大转型。北京、上海、广州、南京、深圳等城市都曾请外国交通咨询公司来调研、编写过《道路交通白皮书》，主要内容相仿，差别就在于有的是公交、行人……有的是行人、公交……汽车都排在最后一位。

接着他举例讲述国外几个城市采取的一些具体的改善措施。

伦敦，除实施以上排序外，还实行市内私家车收费措施。

米兰，采取了限行个体汽车、优化自行车及行人通行设施——辟自行车专用道、在自行车道和人行道上空建挡雨遮阳篷等措施。

德国执行的公共汽车交通信号控制绝对优先，连达尔姆（Darm）这样的小城都能做到：在每个车站，都设有公交车到站的时刻表，让乘客可以按表上的时间准时到站，以极少的候车时间乘车，另外，还有发展轨道交通并配合发展免费存车换乘轨交系统（Park and Riding Sistem，即P+R）、市内存车收费差别化、改善行人系统、辟自行车专用道、发展公共自行车等措施。

除上述各项措施外，各国还都在研发智能交通系统（ITS）。

值得注意的是：德国、法国、美国、日本等这些国家，都是世界上的汽车生产大国。其户（人）均汽车占有量虽远超我国，但在采取这些措施后，他们的日车均出行不超过 1.8 次，这是因为他们没必要把汽车作为常规上下班的出行工具，而是作为访亲问友、旅游等特定活动的出行工具。而在我国，曾有报导，日车均出行竟达 2.8 次，高出人家不少，难怪我国不少城市交通拥堵程度远比人家严重，特别是北京，还要加上大量公务车出行。

电视新闻开始报导空气质量指数 AQI 以后，杨佩昆特别提出，必须关注的是：

“交通严重拥堵的后果是严重的汽车废气排放。空气质量指数 AQI PM2.5 是需要注意的，但必须特别注意的是：电视新闻上已见上海 AQI 有 O_3 甚至 NO_2 的报道，这是一种有损居民健康的气体。节目主持人很好，在报道 AQI 有 O_3、NO_2 的同时，还专门提醒大家：没有要事，尽量不要出门。北京交通拥堵严重程度远超上海，不知北京是否见有 AQI O_3、NO_2 的报道？O_3、NO_2 浓度高到一定程度，是导致洛杉矶在近 100 年前因这汽车废气曾发生死人事故的原凶（见张学孔教授发来的复信）这一严重事故，逼迫政府必须作出决策，怎么办？在美国，不允许私车拥有，是行不通的，只能设法使用高质量服务的公共汽车和大容量交通工具来吸引驾车族弃驾就乘。于是，洛杉矶采取了改造公交线路、开辟公交专用道、公共汽车交通信号优先通行、修建轨道交通、鼓励合乘车（carpool）、在高速公路上开辟 HOV 车道（多乘员车道）等多元化综合措施来改变人们的出行方式，减少私驾小汽车的出行量。后来，到 1990 年，美国政府发布了《道路交通白皮书》，用制订技术法则的方法，以及采取上述各种综合技术措施来改变人们的出行方式，降低车辆的出行量。

“可悲又可怕的是，我们的有关部门却都硬抱着僵化的老观念：我们的国情同人家不一样，我们不能限制汽车发展。但为什么不看看世界上的汽车生产大国，有哪一个国家限制他们的汽车发展了？又为什么不看看、学学人家改变人们出行方式的技术措施？我们不少城市也都制订了同人家一样的‘道路交通白皮书’，可是有哪一个城市像人家一样采取具体的技术措施来切实执行白皮书的规定？

“关键是要学习人家真正彻底执行公交优先。什么叫优先？有优先就要有后退，没有后退哪来优先？公交要优先，谁后退？当然是私家小汽车。怎么能使小汽车自愿地后退？必须要使公共汽车的出行服务质量水平高于小汽车出行。最重要的是公交车的出行必须绝对准点，这就要交通信号给公交车绝对优先。比如在德国，检测到公交车驶近停车线或靠站后起步，即对公交车亮绿灯，让公交车可不停车畅行通过。再必须使乘公交车出行到达目的地的时间比私驾小汽车要短，就是公交车的车速要快。除信号优先已给了保障外，还涉及公交车站点设置问题。深究这问题有点难度：站距远了，人们到站步行距离就会超过可忍受程度；近了，就会降低公交车的车速。最重要的还是要兼顾居住区居民乘车需求的地点来设站。另一个重要问题，是乘公交车的舒适程度，要能相当于坐私家小汽车。如此，试看在上下班常规出行高峰期间，会有多少私家小汽车还在交叉口红绿灯前时停时行？这才是真正执行公交优先的效果。这也正体现了我国古代治理水患的‘不塞不流’的哲学理念。”

3. 接受上海城建科委采访谈浦东公共交通

2005 年 4 月，杨佩昆接受了上海市城建科委特地组织人员对他的采访，录音整理后发表在《东方建筑》期刊上。采访中杨佩昆谈了不少看法，以下综合整理一些超前的观点。

1）路网密度不够是浦东公交问题的主要原因

浦东现在公共交通问题的主要原因是道路网的密度不够，达不到公交线网应有的密度要求，他说：

“陆家嘴商务区可能在其他方面具备世界级水准，但其中的道路却是与之不相匹配。陆家嘴开发时，我曾经提出建空中走廊，参照香港的中环或展览中心周围，人行系统完全穿插在商场里面，用空中走廊把高楼群全部连接起来，但没有被采纳。

“浦东新规划的地区，道路间距都是 1 公里以上的大方块。有些‘高档’社区，在开发建设时，认为在这种社区，公交车档次太低，居民都会用私家车出行。居民入住后，才发现没有公交车，出行非常不便，再重新要求开通公交线路。再加上开发商为了获取最大利润，突破规划限制，尽量扩大社区范围，政府也不加干预，最终解决交通问题所需的花费，远远超过开发商的利润。

“自己反对做宽而稀的路网，其实宽路的交通效益不如窄的路，应该建窄而密的路网。从交叉口通行效率上讲，没必要修单向四车道的道路，不如修两条单向二车道的道路。如果现在已经有三条车道的道路，可大胆地开辟一条公交专用车道。”

2）浦东要尽早开辟公交专用车道

法国在戴高乐时期曾大量建造高速公路，发展小汽车，结果造成交通堵塞。20 世纪 70 年代，他们开始搞公交优先，到现在为止，巴黎任何一条公交线都有专用车道。上海市交通管理局非常希望开公交专用道，但交警不同意，所以目前没有什么进展。

3）尝试实行“一票通”

一张公交票，下车半小时或更长时间内换乘有效，在技术上没有什么难度，主要是公司与公司之间如何出账。实行“一票通”看起来好像少赚了钱，但实际上会增加客流量，类似商品的薄利多销。上海应该能做得到，浦东可以尝试实行“一票通”，能做的先做起来。

4. 以人为本，行人优先

城市管理的核心是人，人是城市的主体，城市中人的人文风貌、行为习惯，构成城市品质和气质。从城市管理的大命题，到过马路问题，要经过交通管理、道路管理、路口管理等多个层级的子命题。一个简简单单的过马路问题，让多少城市管理者挠头不已。

对行人优先，杨佩昆强调：这是保障行人安全至关重要而又兼顾步行方便的问题；既涉及交通管理立法、执法，又有关交管与设计双重技术处置的错综复杂的课题。

现实中，少见有实施这样“人是城市的主体”、以人为本的保障行人安全又方便步行的管理与技术措施。

（1）车让人。杨佩昆提醒交管部门要重学我国《道路交通安全法》，其中第44条规定：“机动车通过有信号交叉口按信号通行，无信号交叉口应当减速，并让行人和优先通行车辆先行。”第47条规定：“机动车经人行横道线时，应减速，遇有行人过街时应当停车让行。”他说：《道路交通安全法》一连订有两条车让人的规定，这是一部多么人性化的法律！但可叹啊！看，这地方连行人信号绿灯时车都不让人（图9）。

无信号灯交叉口车不让人，那是屡见不鲜的事。过去警力有限，要管好确有困难。上海市区现在并非以“法管”为主，而要靠电子警察来“机管”。不是上海所有地方以及其他城市都有条件用电子警察来“机管”的，所以还是应大力实施以“法管”为主。在发放驾驶证之前，要严教领证司机遵纪守法，发生事故，辨明责任后，按法处罚，严惩不殆。重要的是要依法治理，培育人的文明气质。持“法治”以恒，“铁杵磨成针”，逐步训练司机的文明气质，养成车让人的优良习惯。

（2）行人过街信号配时。2010年开始实施的中华人民共和国公共安全行业标准《人行横道信号灯控制设置规范》中第5.2条规定，人行横道信号灯绿灯总时长的计算方法为：“绿灯总时长应保证红灯期间等待过街的全部行人安全过街所需的时间。”上海市交巡警总队2001年发布的《上海市道路交通信号绿灯间隔时间、行人安全通行时间和最小相位时间的设置规范》第4.1条有详细规定，行人安全通行时间的计算和设置条文中还列出了详细的计算公式。又是一份多么人性化的国家标准与地方标准啊！

上海并没有执行上述国标以及自己订的规定——按行人过街需要的安全时长设置，而都是随机动车信号灯配时设置。在宽、窄路交叉口，宽路通车

图 9　行人过街信号绿灯，车不让人

量大，需要绿灯较长，车辆红灯时长就较短，行人过街绿灯时长也因此较短，不够行人过街所需时长。如此，行人尚未走到对面人行道，车辆信号已亮绿灯，行人被夹在车流中间，处于进退两难的窘境，险象丛生。

（3）行人过街横道斑马线与安全岛。交叉口上，进出口道车道总数达五条时，设置在进出口道分界处；路段中间，车道条数达四条时，在行人过街横道上，必须设置行人过街安全岛。行人过街信号灯要与之相适应。

上海控江路、鞍山路 T 形交叉口，在没有路中分隔带、宽仅 16~17 米的控江路两侧行人横道线上，硬是划出 1.5 米左右的行人过街安全岛，岛两侧还设立了防撞柱，真是一款巧思佳作，可圈可点啊！（图 10）别处交叉口也还可能找到类似佳作。

相应地难免会有遗憾之作：在四相位信号控制下，500～600 米长、7～9 条进出口道宽的海宁路、吴淞路交叉口，建了一座人行天桥，在交叉口进、出口道上竟不设计行人过街横道线，且在路中架设了一道栅栏，逼得行人只

图 10　控江路行人过街安全岛

能绕道爬天桥过街，更是苦了行动不便者，只能望桥兴叹，怎么过街？

（4）行人过街横道线间距。上海市标准《道路交通管理设施设置技术规程》（DBJ 08—39—1994）第三章第3.2.2条第七节“人行横道线”中的第1段，详细规定了“路段人行横道线设置条件”，其中第（3）条规定：“城市道路横道线间隔不宜大于300m，最小间隔不宜小于50m。”这意味着相邻交叉口间距大于300米时，在两交叉口间就该设置路段人行横道线。又是一条多么人性化的规定！但是上海有几条道路是按自己订的规程实施的？长阳路、四平路、长宁路、淮海路？

所以杨佩昆发出以下不寻常的声音：“作为一个交通工程工作者、年迈步行过街人，不得不发一声叹言：规划无份；设计不当；有法不依。试问驾车人是否要步行、过马路？如此重车轻人，满是‘车性’，缺乏‘人性’，是否欺人太甚？所谓‘中国式过马路’（凑够一撮人，集体闯红灯），应认为实是行人对‘过街难，难于驾车行’的一种无奈的集体讨权行动，应该正确受理。叹言别无他意，仅为恳请赶快增规划、改设计、正执法。请罚款慢行，应该先执行自己订的技术法规《道路交通管理设施设置技术规程》后，再执行罚款，才是合法的执法，才能服人，才能见效。”

杨佩昆在发表这些意见时，他所主持编写的《城市道路交叉口规划规范》（GB 50647—2011）已经公布执行。以人为本是《城市道路交叉口规划规范》中的核心理念，但现实仍有不执行或执行走样的情况，因此杨佩昆态度较为激烈。平时待人接物态度一向平和的杨佩昆，在接受记者采访或撰写文章时却会有重磅的言论和思想表露，一针见血，切中时弊，但无不出于深思熟虑和一片公心。

5. 交通运输管理体制改革势在必行

杨佩昆在一本刊物上发表了题为“交通运输管理体制改革势在必行”的文章。文中写道：“在工程技术上，上海已有了很好的规划方案，也有了《市区三五年内道路交通工程项目实施计划》。这些方案、项目的实施，无疑会对缓解交通起积极的作用。但这些方案、项目能否按规划和计划实施，实施后能否合理运营等问题，就不单是规划、计划所能解决的了。”

接下来，他说：“当前我们有关交通的主管部门却不下十来个，条块分割。这种主管部门的分散性同处理交通问题所必需的综合性之间，存在着严重的矛盾，使有些工程技术措施难于实施或效果受到严重的束缚。且看方案之争喋喋不休，三年五年争而不决，成为方案疑案的项目已不是一两起。技术上，对交叉口通车效益的研究，在时、空协调的要求上可说是已到了‘寸土必争，分秒必争’的地步（还在继续改进中）。如空间中的交叉口平面设计、渠化画线、同时间上的交通信号配时设计，都应融为一体。而我们却把这三项内容分割由三个单位分管，由于各单位之间的看法、意见不一致，各搞各的一套，这样使现代技术如何用得上？只能眼看着交叉口前车辆排队如龙，而交叉口的通车空间、时间却在那里白白地浪费掉。又如，即使有了改善方案，到实施时，还会遇上种种矛盾，就以改善交叉口来说，要稍微动些拓宽小手术的话，就必须牵涉四五个单位，只要有一个单位不同意或有意见，再好的方案也实施不了或不能完全实施。”

杨佩昆还引用了世界银行研究报告丛书《城市交通运输》中针对发展中国家的弊病的说法：“他们的职责常常不甚分明，结果造成任务的重复，暗中拆台和抵制变革。”杨佩昆紧接着说：“看，是否打中了我们的要害？”

他介绍说：“不少国家在实践上认识到这个矛盾之后，国际上的交通运输机构体制，总的趋势都是从分散趋向于集中。美国、日本、法国以及当时的苏联、西德等交通发达的国家都是这样。”接着他说：“我们的交通分管体制，已经束缚了我们交通综合治理各项科技措施的手脚，使英雄无用武之地。体制改革已势在必行，迟改不如早改，到了该下决心的时候了。”

杨佩昆在以学术成果服务于整治交通的生涯中必定经历过体制弊端带来的切肤之痛，才说出这些忠言逆耳的话。

6. 公车改革与道路收费

交通拥堵是世界大城市中多发、常见的“城市病”之一。根除此病的城市实属罕见，能缓解此病的城市倒有不少。缓解的医案都是在建有合理道路系统的城市机体上配以“交通需求管理”。“交通需求管理”医案的正确理念是：引导人们采取科学的交通行为，理智地使用（不滥用）道路交通设施的有限资源。目前，按“交通需求管理”的医案，通用药物有建轨道交通、优先发展公共交通、鼓励组织“合乘车”等，配以停车、过桥、过路收费政策，以及良好的 P+R 换乘系统，引导人们把全程小汽车出行改为短程换乘轨道交通、公交出行，以减少道路上的汽车交通量。

此外，交通发达国家已对能高效缓解交通拥堵病的新药研究多年，即电子计价收费（ERP，不是 ETC、ATC）。

ERP 是运用 IT 技术研发的一种具有自动计价功能的电子信息卡，贴在汽车的车头部位，能接收该车所行驶各路段不同拥挤程度的信息、按拥挤度而增加的单价，累计整个行程的总价，并按每次行程的总价自动扣除卡内的存款。ERP 不但是一种能使道路成为真正意义上的商品的计价收费方法，还体现了社会各阶层在使用道路资源上的公正、公平；而且，它还能鼓励车辆行驶于廉价的稀疏或流量低的道路，以均衡各条道路的拥挤程度，兼备了路线诱导系统的功能，是当前缓解交通拥堵的一种可望的特效药。

上海目前车辆数远不算多，《2004 年上海市综合交通发展报告》载：“到 2003 年底，上海户籍人口 1300 万人，机动车（包括摩托车）合计 175 万，其中汽车 72 万辆。”汽车平均每 18 人 1 辆，机动车平均每 7.5 人 1 辆，与境外大城市一般每 2 人 1 辆汽车相差甚巨，但上海交通拥堵却不逊于境外大城市。除城市过大、建筑超密等雷同原因外，历史给上海留下的是一个远比欧、日城市不健全的道路系统。此外还有一个深层原因：大量公车滥用道路。2004 年 8 月 18 日报载《上海暂停党政机关购公车》一文中谈到“到 2003 年底上海拥有近 50 万辆公车（包括政府机关、事业单位、国有企业用车）”。

上海第二次交通大调查，上海平均每车每日出行将近 60 公里，而日本大城市汽车出行每年 1 万公里，每天仅 20 多公里。以出行里程计，上海 1 辆车使用道路相当于日本近 3 辆车！这种滥用道路的起因，与公车拥有量太高、公车私用严重有关。现在，公车改革已在试点，但是效果甚微，因为：①限制了公车数，并不等于限制公车出行，减少公车可以提高公车使用效率，但这恰恰也提高了公车的出行量；②凡是收费的措施，对占 80% 的公车都不起作用，不会见效。但当前能有效缓解交通的良药，都必须配以各类经济措施。因此，可以说：排堵保畅的种种挖潜措施固然需要，但毕竟是相当于病痛时的止痛剂，能缓解一阵子，却终非长久治病之计。最重要的措施是彻底公车私改，即要使所有使用道路的车主都要自己付钱。公车私改不彻底，种种能缓解交通的需求管理措施都无法见效，花了大量投资建设的轨道交通系统等工程技术措施都难于到达目的，ERP 也没有用。因为不同拥堵道路按不同标准收费，公车均能报销。所以，在没有实施彻底的公车私改前，任何城市道路收费措施，都不宜执行。这个问题不仅上海，全国都一样。

当然要实施彻底的公车私改，有相当的难度，相信一定会有更好的政策来处理这个问题。

7. 改善上海道路交通工程建设的贡献

上海市政有关道路交通建设的评审会议，都会请杨佩昆参加，他会提很多专业的意见，改善了不少项目的设计方案。其中最显著的一件重大工程的实录，就是上海修建贯通南北的高架路，他提的意见得到采纳并明显地见效。南北高架路上有三个大立交：卢浦大桥立交、延安路立交、天目路立交。当时设计方案全部采用环形立交，设计方说是因受周围建筑物的限制。杨佩昆坚决反对，理由是：环交最容易堵塞交叉口，将来这三个立交必将成为上海最堵的立交。杨佩昆当时提出可以做左转匝道内包式立交，占地不大，不会增加拆迁，又解决了车流堵塞的问题。设计方也许觉得重新设计太麻烦了，不予接受，会上为此事激烈争论了整个上午。直到下午，副市长夏克强前来听会，对此争论表示：“不妨试试嘛。”后来，另一家设计院设计成功。但是卢浦大桥立交已开工，无法修改；天目路立交因受北面跨铁路桥影响，也不能修改。这个方案只用在修改延安路立交。看看三个立交的现状：延安立交畅通无阻；卢浦立交、天目立交都堵得受不了。卢浦立交另外补充加建了匝道；天目立交加了红绿灯，成为类似于一个平面交叉口，绿灯行、红灯停。

8. 对上海交通大整治给白副市长的建言

尊敬的白副市长：

欣读《新闻晨报（5·11）》头版以“沪 BCE263，白少康为你点赞”头条新闻报导，市长在热线访谈节目上的发言：①将优化完善黄线标志；②交通违法整治是全覆盖的；③交通整治没有时间限制；④对车辆或行人都一视同仁，并赞扬沪 BCE263 遵法停车让行人。这样概括的几点，是交通整治执法有望能得长治久“安”的精髓。

这次交通大整治，由广大交警奉命辛勤执法所取得的成效值得赞赏，可大大降低历年来屡增难减的交通事故，并使上海在交通面貌这一软件建设上离国际大都市又前进了一步，非常必要。朽见：上海要建成国际大都市，硬件建设卓有成效，关键短板是在城市管理——含交通管理等的软件建设上。因此，就这精辟的几条，在贯彻执行的具体操作上，容冒昧建言，诚望能有助于使上海交管面貌更接近国际大都市的水准。谨请审察。

1. 关于完善黄线标志

这十分必要。此外，最好对全市干路做一次全面调查，完善所有不合格的标志、标线、信号灯设置和信号配时，特别是行人横道线与行人过街信号灯的配时。另外，上海使用 SCATS 系统的规模很大，但因检测器等外场设施损坏而降为单点定时控制的交叉口为数不少，应予检查修复，尽可能恢复 SCATS 系统的正常功能；还应把现行单点定时信号的多段式配时，精益求精，增加多段配时的段数，使各时段的周期时长能适应该时段的流量，以减少不必要的停车延误、废气排放与行人过街的等待时间。

2. 关于全覆盖

除各条道路外，从传媒新闻看，对学校（包括幼儿园）门口的停车拥堵状况已予关注，还有值勤交警设法帮助某些学校找到了附近可以停车的地方（也该点赞）。但这毕竟不是长远之计。建议：下决心逐步推行校车制（实际上，我国已制订校车标准与运行准则；已有城市使用校车；上海也见有外语、双语学校的校车）。可以先从停车最多的学校（幼儿园可考虑有家长陪伴）试点实施。

尚未见有治理医院门口乱停车、行车导致交通拥堵的报导。建议：交管部门应调查医院实际情况，主动同医院协商提出治理措施。应按《中华人民共和国道路交通安全法》（2011 年 5 月 1 日起施行）第三十三条“应当配建、增建停车场”执法，提出在可用地面或合适位置的地下空间，配建、增建停车场；车辆进出口应分开，选择合适地点开辟后（侧）门；医院内部道路应组织单向交通（原双向行车道路，视情况可将空出的一条车道改为停车道）；在院内大楼间人流较为密集的路段，划设行人横道线，并在来车方向的右侧设立“注意行人横道线”的标志牌。

上海路多，警力毕竟有限，监测设施也难做到全覆盖。还有不少次、支路段尚未经整治，见到的就有武进路、彰武路东段、鞍山路周边、抚顺路等。可能是“扫帚不到，灰尘不消”，或“警在法在，警走法毁”，都会有损全覆盖。群众举报是个好办法，但举报人毕竟是少数，且按违规作证的严格条件，合格率难能很高，作用难免有限。建议：

（1）把定点静态值岗为主的执勤改为分段负责、巡逻动态执勤为主。曾见几条主干道上有交警巡逻车在执勤，用的是五座小轿车。不知执行什么任务？若为执法，这不妥，有诸多缺点：小车运行，只能挤在车流中，行动受限，不能按巡视需要灵活运行；交警坐在车内观察车流运行状况，视野受限；发现违章运行，巡逻车就在路边停车，交警下车处理，本身构成违章停车，等等。建议改用助动车。

（2）加严处罚方法：除扣分、罚款外，按规定的违章严重程度（如累计扣分达 6 分），记入诚信系统违章黑名单。此举必须提前一段时日颁发“安民告示”，不可突然袭击；不知是否尚须报请市政府审批？

3. 关于没有时间限制

交通违法事件难能彻底清除，只能越治越少。提出这一要求，意义重大，是警示交管部门，必须警钟长鸣，交通整治没有结束的日子。但甚难坚持如今“大整治”规模的态势，不希望因而发生“扫帚不到、警走法毁”场面。因此建议应严格执行《交通安全法》第六条：“各级人民政府应经常进行交通安全教育……交管部门……应当加强交通法的宣传……”此外，尚须发动“机关、部队、企业事业单位、社团组织应当对本单位人员进行交通安全教育”。建议在将修订的《上海交管条例》中，根据《交通法》[①]第六条，规定一条：对扣分达 3 分的违规者，同时记录并发通报给其工作单位；对单位进行员工违规统计并定期（2 或 3 个月）公示，以督促单位对员工加强遵守《交通法》的教育，特别是对违纪员工。今（14 日）见电视报导：浦东一企业，对交通违规员工予以劝退处分；《新闻晨报》报导：“昌硕科技”把“交通违法员工绩效扣分”纳入员工规范，说明此法对促进企、事业单位对员工进行遵守《交通法》教育可以有效。昌硕创举，应好好宣扬推广。但劝退一类的处理，是否应考虑会增加社会负担？对无工作单位的违规者，扣分达 3 分时，择期重考《交通法》；外地司机，扣分记录达（如 9 分）时，定期不准驶入本市。《交通法》第六条还规定：“新闻……电视等有关单位，有交通安全教育的义务。”据此建议：要他们改变当前把交通事故单纯作为新闻来播报，

① 指《中华人民共和国道路交通安全法》，简称《交通法》。

而应着重播报发生交通事故的源头——交通违规，把交通事故作为交通违规的后果来播报；电视录像报导，不能单播交通事故现场场景，而应像“东方110”那样，尽可能播放从交通违章运行到发生交通事故的全过程(可由交管部门提供监控录像)，播报员也应着重播报交通违章过程；报纸也应着重报导发生交通事故的交通违章运行。

4. 关于车辆与行人一视同仁

你在“市长热线”上点赞了遵法在横道线前让行人先行的车辆，这太重要了。因为，在人行系统内“车让人”，是表征一个城市的交通面貌是否人性化、是否堪称为国际大都市的重要交通文明之一，而这恰恰是上海建成为国际化大都市在交通面貌软件建设上的一块短板。但遗憾的是，交管部门却没有理解你的良苦用心。从大整治开始直到你在“市长热线”上的讲话后至今，尚未见有处罚车辆在横道线前、甚至在行人绿灯期间不让行人的违法行为的报导(衷心希望是我没有见到)；但对行人违章过街严格执法的报导却并不少见。对行人在红灯时以及不在横道线过街的违规行为理应处罚，但不禁要问：对车、人同是在通过横道线的违规行为的执法，何以会如此之不公?《交通法》中甚至重文有两条规定车辆应让行人先行过街的条文（第四十四、四十七条）：前条规定的是在没有任何管控的交叉口、后条甚至还规定在没有交通信号的道路上，机动车遇行人横过道路都应当避让。更让人不能理解的是：《交通法》是在2011年5月1日公布执行的，是为保护人身和公众财产安全的国家大法之一，执法部门无疑是交管部门，但上海交通执法者，长久以来，对车辆在横道线应让行人先行，提出的口号竟是以“礼”让人、而不是以“法”让人，甚至根本从未管过，甚至在这次这样大规模的大整治中，却尚未见有惩治此类违法行为的报导。甚为遗憾的是：直到今天（11日），“东方110”还赞誉公交车自觉在停车线前以“礼”让人；《新闻晨报》也依此口吻报导：“无信号灯路口公交礼让行人1

分钟。”难道上海交管部门，自上到下，至今还都不知道，在2011年5月已颁布、实施了我国的《交通法》和其中用重文规定的第四十四、四十七两条法规？

曾记得，几年前，传媒以附有照片的大幅版面报导：一位外国朋友，面对车辆站在横道线上，抗议车辆到横道线不让行人；还有附照片报导：一批外国游客，呆在交叉口上，手足无措，不知如何过马路。遗憾的是对这样的抗议与警示，交管部门并没有意识到：这是外国人对上海交通面貌的鄙视性批评，竟未能惊动交管无视《交通法》的重车轻人的陋习惯性。

再者，不妨深察由行人过街横道线和信号灯组成的上海行人过街系统。

（1）行人过街横道线。上海大多仅在交叉口进口道上划设行人横道线。上海交叉口间距相当长，绝大部分超过400米，甚至有长达千米上下者。在这些长距交叉口之间的路段上，极少见有横道线。如此，以普通居民的身份来思考如何过街：在路段中间小区内的居民，要到对街办事，不用思考，习惯性地会就近过街。他们不知道《交通法》（没有人教过他们，而常用的“过马路要走横道线”是宣教语，不是法规词）；但长久以来的过街经历却教育了他们，即使绕一个大圈子从远在交叉口的横道线过街，同样要躲避车辆来撞，还不如省时省力就近过街。还有公交站点的添乱，很少有靠近交叉口的，站点处就自然成为下车乘客就地过街的地段。国外，交通发达国家都严格执行“交叉口间距达300米时（有的国家规定400米），在路段中间适宜地点必须设划横道线”的规定；其实，在上海1994年制订的《道路交通管理设施设置技术规程》第3.2.2条第七款“人行横道线”一节中，也有规定：“城市道路横道线设置间隔不宜大于300米……”订得多好啊！可是，20多年了，为什么至今尚未执行呢？另外建议，在修订这一《设施设置技术规程》时，根据上海公交设站的特点，应该加一条：公交站点离交叉口达100米时，应在站点处划设行人过街横道线。

（2）行人信号灯。公安部订有行标《人行横道信号灯控制设置规范（GA/T851—2009）》，上海自己也订有《上海市道路交通信号行人安全通行时间设置规定》（2001年6月），都订有行人过街最短安全时间的规定。但不知何故，也都未被遵守执行。现行上海横道线行人信号灯的绿灯时间，与横道线平行道路上直行车的绿灯时间同步。如此，在上海采用多相位信号的情况下，就会产生两个问题：①在平行于支、次路的干路行人横道信号的绿灯间隔时间会很长，干路上过街行人就需等待很长的时间才能过街；②因支路上直行车绿灯时间远比干路上的要短，与支路直行车绿灯时间同步的干路上行人过街绿灯时间也随着很短，加上干路上过街行人为避让横向驶来的各种车辆，还要等待不少时间，这样，过街行人只走到马路中间，行人绿灯却已结束，使行人夹在横向驶来的车流中，处于进退两难的窘境，险象丛生。如此，行人需等很长时间，才能等到绿灯，却又不能顺利过街，就只能被迫闯红灯了。理应执行多年前自己制订的规范，全面检查并改善行人过街信号灯的配时，按行人过街需要的最短安全时间，延长行人过街绿灯时间，免得行人闯红灯，确保行人过街的安全。

在全市行人过街系统全面彻底得到改善后，加上按《交通法》第四十四、四十七条严厉执法，试看还有几多敢冒车祸风险的低素质人士乱穿马路。

5. 在大整治取得成效的同时，还值得反思

（1）这次大整治，成效值得赞赏，很有必要，但要反思为什么会要发动这样大规模的大整治？因为多年来交通事故屡增难减，“积疾难治”，必须用猛药。试问：如若自《交通法》颁布之时起，就依法严格执行，何至会要今日之大整治？斗胆直陈，历届交管领导是否有违背依法、执法失职之嫌？反思之后，充分提高对严谨执行这一为保护人身与

公众财物安全大事而订的国家大法的重要意义的认识，才可望今后能贯彻坚持全面、持久的严谨执法。

（2）在这次大整治中，多见抗拒执法的报导，不乏一些有意逃避处罚者与低素质者。但从文明执法、理性执法、人性执法的严要求执法思考，还有三点值得改进：①多年来没有依法执法，突然发动这样大规模的大整治，按我们办涉民大事的优良传统：对这样一件涉及全市全部交通参与者的大事，有没有以充分的时间广发“安民告示”？以突然出现在人行道侧石上的黄线为例，绝大部分驾驶员还不知道是怎么一回事，糊里糊涂在线旁停了车，交警过来要当场罚款、记分，自然会莫名其妙，难免会出现争辩甚至争吵的场面（除驱车企图逃离，显然抗拒执法者外）。事前既未发“安民告示”、假如当时又未曾以礼、依理说服当事人，就此以抗拒执法论处，这符合文明、理性执法的要求吗？②这次执法，凡停车必受罚、凡违规（无论是驾车人、骑车人或行人）必当场罚款，甚至对有些争辩、抗议者，以妨碍公务罪，予以行政拘留，凡此种种，是否有法可据？学学《交通法》第九十三条：“对违反……关于机动车停放……规定的，可以指出违法行为，并予以口头警告，令其立即驶离……不立即驶离，妨碍其他车辆、行人通行的，处……罚款。”第一百零七、一百零八条:“对违法行为人……交警可以当场作出行政处罚决定，并出具处罚决定书……”“当事人应当……十五日内，到指定银行缴纳罚款。”第一百一十一条：“……予以拘留的行政处罚，由……公安机关裁决。”如此执法，是否有违《交通法》？③网上广传两条较为典型的信息：董淑贞（5.10）致王毅部长函；一骑车女士被铐手铐后嘴咬交警手臂的录像（电视播放的录像，是女士咬交警后才被铐手铐）。以后没有看到过有关此两信息的后续报导。诚望这两条信息不是真实的。但对类似的事件，总应该查一查，给出一个明确的说明与处置的结果。否则，这会给民众对交警执法形成一个怎样的形象？

看来，交管部门干警还得好好重新学习《交通法》。《交通法》第七十八条："……交通管理部门应当加强对交通警察的管理，提高交通警察的素质和管理道路交通的水平……进行法制和交通安全管理业务培训、考核……考核不合格的，不得上岗执行职务。"总结、反思这次大整治的经验与教训，应该认识到执行《交通法》这条规定的重要性与迫切性；还应认识到，要正确做到文明、理性、人性执法，并非易事。为适应韩市长最近提出的要加强改善上海城市管理工作，在改善交通管理工作上，有必要认真执行《交通法》第七十八条，加强对交警的管理，为全体干警分批分期举办"识法、执法培训班"：学习正确、全面、深刻理解《交通法》，提高交管水平；培训真正做到文明、理性、人性执法；端正警纪、警容、警貌，提高交警的素质；在上海这一国际化大都市，还得着重礼貌执法、培训讲究警士风度。培训后，按法进行考核。特别是对以后新入伍的交警，必须执行这样的培训与考核，使在上海的交通管理面貌上，能博得市民的赞誉，赶上符合国际大都市的标准。

昨晚（19 日）欣见《新闻联播》播报：上海交通大整治使交通事故降低了 40% 多，实是可喜可贺。

杨佩昆

2016 年 5 月 11 日起笔，6 月 21 日完稿

芬芳桃李，设立人才基金敬师恩

第一个以他名字命名的奖学基金

2012年，杨佩昆硬朗地走进人生的第八十周年。他的弟子、广州市建委主任陆原和市政工程设计院副院长张怡伟发起，联系校内李克平教授、北京中规院交通所所长赵杰、住建部城市交通工程技术中心副主任马林、清华大学深圳研究生院物流与管理学部主任缪立新教授等，想给他举办一个八十寿诞。杨佩昆不怎么愿意，只同意开一个专业研讨会。这几位却十分积极地合作组织、分工通知交通工程和城市建设专业的师姐妹兄弟，由李克平操作，在上海举办寿诞。

图1　王静霞颁发“优秀规范奖”

后来，建设部城市规划规范规口办公室主任王静霞，借杨佩昆寿辰之机，组织《城市道路交叉口规划规范》（以下简称《规范》）发布会，邀请《规划规范》参编单位领导与成员参会，并在会上颁发“优秀规范奖”（图1）。

图2　汪部长在寿筵上致辞

原建设部部长汪光焘，也就借此会之良机，为杨佩昆举办了八十寿诞（图2），邀请《规划规范》发布会参会全体成员、校领导、交通工程教研室全体老师、杨佩昆的全部学生及业界好友参加（图3、图4）。所有工作，全由李克平主持操办、

图3　受邀参筵宾友合影

图 4　全体参筵研究生合影

陆原、赵杰等协办。

图 5　陈小鸿老师在“筹立奖学基金讨论会”上建言

在寿辰之前，杨佩昆想趁弟子们要为他办寿诞之机，把他从美国带回来的一批书籍义卖了，其中有几本还是交通流理论的经典著作，筹立一个研究生奖学基金。陈小鸿老师得悉后，对杨佩昆讲：“完全没此必要，要筹立奖学基金，只要在寿筵时发动一下即可，这些书可以送给系图书馆。”在杨佩昆寿辰前一天，她组织召开了一个“筹立奖学基金讨论会”，参会众弟子都热情赞助筹立奖学基金（图 5）。

图 6　朱兆芳院长签献奖学基金

在讨论奖学基金名称时，起初杨佩昆坚决不肯以自己的名字命名。以陆原为首，众弟子们提出，基金名称中一定要有杨佩昆的名字才名正言顺，经反复争论，基金的名称最后才定名为“同济佩昆交通人才基金”。陈小鸿老师会同李克平老师准备了一本基金赞助名册。寿辰那天，参筵弟子有以单位名义、有以个人名义，纷纷在基金赞助名册上签署资助。1963 年毕业于城建系的学生朱兆芳，是全国为数不多的“设计大师”，任天津市政设计院院长，她以设计院的名义，领头一下子就捐了 10 万元（图 6）。

北京、深圳、广州、杭州等 10 家校友单位也都捐了上万元，其他弟子依己所能，资助几千上万的，很快聚集了 48 万元。该基金已成为上海同济大学教育发展基金会的一部分。筹立此基金的意义是：纪念 1979 年 9 月，在同济大学建立中国第一个交通工程研究室，因此，同济就成为中国最先招收交通工程研究生的学校；宗旨是奖励在交通工程学科学习、研究成绩特别优秀的研究生，以促进和推动中国交通工程领域研究和技术的发展。

第二个以他名字命名的奖学金

2016 年，同济大学交通运输工程学院又有一个以杨佩昆名字命名的奖学金诞生了。这是他的优秀博士生朱旭东捐款设立的，捐款 100 万，分 5 年到位。从教几十年的教师很多，但是能够像杨佩昆这样受到学生推崇、以他的名字由学生捐赠设立基金的老师不是很多。12 月 19 日，“同济大学杨佩昆奖学金”捐赠签约仪式在同济大学四平路校区逸夫楼 103 室举行。同济大学常务副校长、教育发展基金会副理事长伍江，教育发展基金会秘书长李建昌，同济大学交通工程学科创始人之一杨佩昆，上海浦东科技投资有限公司董事长朱旭东，深圳市交通工程研究中心总工程师、杨佩昆的优秀弟子吴岳，交通运输学院、土木工程学院、建筑城规学院的相关负责人共同出席签约仪式。签约仪式由交通运输学院党委书记吴兵主持。

杨佩昆在致辞中回忆了朱旭东的特优博士论文，对朱旭东回馈母校的社会责任感给予了高度评价。交通运输工程学院院长凌建明感谢朱旭东校友为奖学金捐资，也展望了学校和学科发展的美好前景。李建昌秘书长和朱旭东董事长分别作为同济大学和上海浦东科技投资有限公司代表签署了“同济大学杨佩昆奖学金”捐赠协议，并由伍江向朱旭东校友赠送了捐赠证书及纪念品。

朱旭东致辞中回顾了自己的同济求学之路，以及在浦东新区政府和浦东科技投资有限公司的工作和创业之路，认为在杨佩昆先生门下接受严谨科研训练的过程，锤炼了自己认准目标、勇往直前的精神和韧劲，帮助自己在工作中不断开拓创新、勇挑重担；受到杨佩昆先生高尚师德的感召，他捐资设立奖学金，希望将杨先生的治学为人精神传承下去，并祝愿同济大学发展更上一层楼，祝福杨佩昆先生身体健康。

伍江副校长发言高度赞赏杨佩昆先生等老一辈学者为学校和学科发展作

出的开创性贡献，并代表同济大学感谢朱旭东校友及上海浦东科技投资有限公司对母校人才培养和学科建设的支持。伍江指出，学校的发展离不开广大校友的大力支持，每位校友对母校的关注和回馈犹如一砖一瓦，不断建设同济大学这座高楼大厦。他展望了学校发展与校友之间的良性互动，并祝愿上海浦东科技投资有限公司的事业兴旺发达。

“杨佩昆奖学金”主要用于奖励在交通运输工程学院、土木工程学院和建筑城规学院就读的本科生、研究生共 20 人，每人奖励人民币 10 000 元，每年总金额为人民币 20 万元。

贤弟子们的这一系列对学校、交通工程学科所作的贡献，让杨佩昆深受感动，他说：“实属我当教师一生所得的终生之慰。”

光阴荏苒，人事变迁。2014 年有一首《时间都去哪儿了？》的歌打动了很多人，诸如“还没有好好感受年轻就老了”等歌词很容易触及人心中对岁月不知不觉流逝的感怀。但是，有一种职业的人对此会看得很淡，这就是教师，特别是优秀的教师，岁月流走到他们身后，回过头来却是桃李芬芳，满园果实，时间都去哪儿了？时间都在学生身上，没有感怀、感伤，只有欣慰和满足（图 7）。

图 7　杨佩昆教授及学生同济百年校庆留念

杨佩昆不仅是一位优秀的教师，还是一位优秀的学者，优秀的科学工作者。如果拉出一张生命明细账，一件件事迹历历可数，可以看出，他的时间都给了中国发展交通工程学科，给了同济大学在国内创立交通工程学，给了学生，给了国家的交通建设和发展。即使在“文革”十年的逆境中，他也没有虚度，而是在学术上自我修炼、自我充实、自我提高，使同济在发展交通工程学上，成为系统研究的国内第一高校，奠定了同济大学乃至国内该学科的研究基础。

编后记

记得2016年年中时，在办公室跟孙剑和倪颖副教授聊起在业内陆续看到一些回顾中国交通工程发展早期的文章，那时同济大学交通工程系也考虑在2019年搞一个交通工程研究室成立四十周年的活动。回忆起2009年三十周年庆典的策划、组织、资料收集和编写，觉得同济应该给业界留下一些有价值的史料，也澄清一些交通学科发展历史事件的原貌。当时就商议是不是请杨佩昆先生写一本回忆录，从一个侧面来展示中国交通工程的发展历程，遂决议由我和倪颖副教授找杨先生问问他的意思。

登门说明来意后，杨先生一口答应，非常高兴来做这件事。我和倪颖很快找了同济大学出版社并请了两位编辑来进行具体采编。资料收集、采编、成文、修改等事宜陆陆续续进行，中间由于杨先生出门避寒、避暑、诊医，也有采编人员出差、出国、休假等各方面的原因，进展比较缓慢。

采编初稿于2017年5月基本形成，但是杨先生觉得不少地方的轻重缓急把握不好、描述不尽妥帖，特别是一些专业表述，还需逐字逐句斟酌，杨先生遂花了大量时间反复修改，最后于2019年初形成比较完整的版本。后给了同济的几位老师试读，又经多次修改，于2019年下半年出了样书，基本形成了最后的这个版本。

现这本书已进入最后的编辑出版阶段，杨先生请我写个后记，我倍感荣幸！

杨先生是我的恩师，因遇到了杨先生而彻底改变了我的人生轨迹。我本科硕士就读同济电气工程系自动化专业，按原来的就职方向，要么进入大型工业企业，要么在高校从事工业自动化领域的教学和研究。当时硕士毕业基本上已定了去上海某高校任职。一个偶然的机会碰到杨先生的几位与我同级的研究生弟子，说他们导师想招一位自动控制方向的研究生做博士生，我一听非常感兴趣，因为可以有机会攻读博士，成为更高级的专业技术人才。（1987 年，电气系自动化专业电力拖动方向没有博士招生计划，能做博士是我的一个强烈愿望，当年吴启迪校长从瑞士理工毕业来同济，我还是一个研究生，见到她的第一面就请她赠我一本她的博士论文，想看看国外博士论文是啥样？这本论文我保存至今）

找到杨先生，说明来意，杨先生非常客气，给我详细说明了报考博士生的要求和程序，非常欢迎我报考。那个时候没有现在各种其他的录取通道，唯有通过招生考试。临走杨先生借给我两本交通方面基础知识的参考书，其中有一本是随机服务系统。结果我专业课几乎考了满分，就毫无悬念成为了杨先生的第二个博士生弟子。

后来才知道，杨先生招我来，是因为 2443 这个公安部重点攻关项目。我和同届博士生吴岳、硕士毕业留校任教的林航飞、之前留校的杨晓光就开始了（除课程以外）日日夜夜研究城市交通信号控制系统的研发工作，我负责自适应信号控制优化算法这个核心内容。我那时是半路出家，还旁听杨先生给硕士生的课程，从零开始学习交通工程，特别是城市交通信号控制的知识（现在把当年的听讲笔记拿出来，就可以给研究生讲课）。在杨先生手把手的指导下，信号优化理论研究报告完成了。这时学校突然通知我获得了德国科技文化交流中心（DAAD）赴德国留学的奖学金，在当时科研工作十分紧张的时候，杨先生还积极支持我赴德国达姆斯塔特工业大学他的老朋友雷茨柯教授那里学习深造，令我获得了提升的机会，我终身难忘和感谢！

在德学习和工作期间，每回上海探亲，我一定会去看望杨先生，他也携夫人几次访德。

2003 年我回同济任教，又常听先生教诲，特别是杨先生受住建部委托编制《城市道路交叉口规划规范》，我有幸担任杨先生的主要助手，参与规范编制的各项工作。杨先生对城市道路交叉口问题特别是一些争议问题的独特、深刻、全面的认识，给了我极其难得的启迪，加深了我的专业理解。他在规范编制过程中既坚持原则，又能够抓大放小、体现一定灵活性的协调态度，以及对大量内容的甄别甚至逐字逐句反复修改的精益求精精神，皆为我等楷模。

杨先生是我交通专业的启蒙老师，尽管年长我不少，但是他具有的开拓精神、学科交叉的发展思路、对新技术的敏感和洞察，远超我辈甚至更年轻的一辈人。

杨先生是中国交通工程学科的开创者，经历和部分主导了其间六十多年的发展历程。这本书记载了他从 20 世纪 50 年代开始跟随当时的苏联专家从事城市建设方向的课程建设和教学，到“文革”后期敏锐发现在中国进行交通工程学科研究的必要性，以及后来成立同济大学交通工程研究室，访学美国加州伯克利分校，承担“七五”攻关课题以及其他重大研究，培养一大批早期学者和国家建设人才的经历，给我们生动地呈现了这段光辉的学术历史，展现了杨先生在不同的环境下对学术的求真务实精神，对我们后辈从中吸取营养，正确认识学科发展的历程和未来发展方向，具有不可替代的作用。

在此谨向杨先生致以最深的敬意，祝先生身体健康！

同济大学交通学院

2020 年 2 月 2 日　于同济园

附　录

交通工程系

杨佩昆先生生于1932年2月，1953年毕业于同济大学，享受政府特殊津贴专家。曾任同济大学助教、讲师、副教授、教授、博士生导师、道路与交通工程系系主任，现任同济大学综合交通信息与控制工程系名誉系主任。曾任上海理工大学、华南理工大学兼职教授，中国交通工程学会常务理事，上海交通工程学会副理事长，上海土木工程学会理事，上海市建委科技委交通工程学术委员会副主任，首都规划建设委员会专家咨询组专家，浦东新区城建科技委技术顾问，深圳市城市交通规划研究中心技术顾问，杭州市城市规划咨询委员会委员，上海城建设计院技术顾问，重庆交通科研设计院学术委员会委员，眉山市联合国资助项目“数字化交通”咨询专家等。长期从事交通与道路工程专业的教学和科研工作，主要研究方向是智能交通系统、交通控制与管理、交通规划与设计。

1979年，杨佩昆先生提出在同济大学道路研究所应开拓交通工程研究的建议，在时任校长李国豪先生的支持下得以实现。杨先生等受命在同济大学成立了中国大陆第一个交通工程研究室并担任研究室主任。在国家“七五”攻关重点项目“实时自适应城市交通信号控制系统”中，杨佩昆先生主持完成了我国第一套城市交通信号实时自适应控制系统核心软件的研究与开发，获国家“七五”科技攻关重大成果奖、个人突出贡献一等奖，还获国际经济评价（香港）中心世界华人重大科技成果评审委员会授予的“世界华人重大科学技术成果”荣誉证书；主持完成的“上海城市道路交通现代化研究”“上海 21 世纪道路交通供求模型及应用”，参与的“上海市综合交通规划软件包研究”均获上海市科技进步三等奖；主持的“南宁市交通规划和交通综合治理研究”获广西科技进步三等奖；主持完成了国家“六五”科技攻关分项“信号灯交叉口设计方法研究”，交通领域第一个国家自然科学基金项目“中小城市交通规划”、第一个重点项目“城市交通流控制与诱导系统”以及面上项目“自行车交通流理论”和“车辆行驶安全车距自控系统”，上海市科委重点项目“上海市道路交通路线导行系统”“上海市智能交通系统体系结构研究”等；主持上海市建委项目《上海市城市道路平面交叉口规划与设计规程》；获 2003 年国际电器、电子工程师学会智能交通系统理事会（IEEE.ITSC）授予“研发中国智能交通系统杰出贡献认证奖”。

杨佩昆先生早在 1961 年就参编首批国内高校统编试用教材《城市道路与交通》、“十五”国家级规划统编教材《交通管理与控制》的第一版和第二版；主要参与编写了国内第一部交通工程专业教材《交通工程》；参与编写了《交通工程手册》《现代城市交通》《英汉道路工程词汇》《道路与交通工程词典》，参译《道路交通分析与设计》（英文）；编写了《中国土木工程师手册》中的“交通工程”篇；编著《智能交通运输系统体系结构》、科普著作《智能交通》等。同时，杨佩昆先生主持编写了国家标准《城市道路交叉口规划规范》等多部国家、行业和地方规范，培养了大批博士和硕士研究生，为同济大学乃至整个中国交通工程，特别是交通信息工程及控制学科的发展作出了卓越的贡献。

杨先生曾受美国堪萨斯大学、德国达姆斯塔特工业大学、慕尼黑工业大学、勃伦纳 + 慕尼希公司、日本京都大学邀请，赴这些学校、公司作“自行车交通流叠加 + 散布模型”“实时自适应城市交通信号控制系统”“中国自行车交通流特征研究”等学术报告。

城市规划大百科全书

杨佩昆（1932.2.3—　）经历

杨佩昆，1932 年 2 月 3 日生于上海。1950 年考入上海复旦大学土木工程系，1951 年秋随复旦大学土木系被调整到交通大学土木系，自选土木系公路组学习，1952 年随全国院系调整，从交大土木系并入同济大学公路铁路系，在汽车干路与城市道路专业就读。1953 年毕业，留校在道路教研室任助教（兼系秘书）。1956 年，同济创设城市建设系、城建教研室，所属城建专业的专业课有《城市道路与交通》《城市运输》和《城市经济学》等。杨佩昆奉命调城建教研室任助教（兼教研室秘书）。同济城建使杨佩昆改变了一生的学术生涯，由“道路工程学科”转向“交通工程学科”，为他学习、调查、分析、研究“交通工程”打开了大门。1960 年底，被委任为城建教研室主任并提升为讲师，期间荣获“文教方面社会主义建设先进工作者奖”。以后，累升为副教授、教授。早在 1961 年春，就开始组织城建教研室同仁，到上海延安路—西藏路交叉口，观测左转车穿越对向直行车的各项运行参数；1977 年后，继续组织道路教研室同仁，扩展观测车辆驶出停车线到交叉口中各特征点的运行参数。这些观测参数，在 1981—1982 年间经统计、分析后，编写成 20 本国内绝无仅有的交通工程技术资料，分发给各有关单位及高校；其中《车辆通过信号控制交叉口冲突点的通行能力》是国内最早发表的“交通工程学科”的学术论文，后来在澳大利亚悉尼“第十七届世界道路学术会议”上作报告，并在 *ARRB* 杂志上发表。这些都是 20 世纪 80 年代国内首批交通工程研究成果，奠定了我国交通工程研究的基础。1979 年同济大学成立了我国第一个交通工程研究室，杨佩昆被任命为研究室主任。同济的这一先机，为杨佩昆创出了一系列国内的第一：1981 年，国内第一个被选去美国加州大学伯克利分校当访问教授；1981 年批准为硕士生导师，1983 年同济大学设硕士点，1985 年批准为博士生、博士后导师，1991 年同济大学设博士后流动站，1995 年同济大学设博士点，他培养了我国大批交通工程领域骨干技术人才；1986年，国内唯一一个由德国DAAD奖学金资助去德当博士生的名额落实给交通研究室，选派学习德文的博士生李克平赴德深造，杨佩昆成为他的由DAAD资助的副导师。1986年，担任国内绝无的苏联访问学者伊凡副教授的导师。

1982年，在深圳首推增加交叉口进口道车道数以提高交叉口通行能力的设计，逐步推广到全国。主编了上海地方标准《城市道路平面交叉口规划与设计规程》《深圳市城市道路平面交叉口规划与设计指引》，以及由住建部规划规范规口办公室颁发优秀规范奖的国标《城市道路交叉口规划规范》。

曾完成国家自然科学基金面上项目“中小城市交通规划”（是国内第一个城市交通规划的自然科学基金项目）、“自行车交通流理论”和“车辆行驶安全车距自控系统”等；“上海市城市道路交通现代化研究”“21世纪上海市中心区道路交通供求模型及其应用”和“城市综合交通规划软件包设计与编制”三项，获上海市科技进步三等奖；“广西南宁市内地开放城市交通规划”获广西科技进步三等奖。

1986年，作为公安部的国家“七五”攻关重点科研项目“城市交通信号自适应实时控制系统”交通模型与算法课题负责人，研发了国内第一个“城市交通信号自适应实时控制系统”的软件。系统中的创新成果有：车流的散布模型；基于绿初左转自行车影响参数的自适应自行车影响控制模块；自适应调整控制子区划分和自适应左转相位与配时；系统周期、绿时差、绿灯时间分配自适应模块等；成果处于当时国际先进水平，获科技部、财政部、发改委联合颁发的“‘七五’攻关科技成果突出贡献奖”，获公安部科技进步一等奖，并获香港世界华人重大科学技术成果评审委员会授予“世界华人重大科学技术成果”荣誉奖。

1987年，受李国豪院士委托，参与他主持的院士咨询项目“中国综合运输系统规划”，主持其中的分项目“全国综合交通运输管理机构体制改革方案和对策”“城市综合交通运输系统规划”。经国家科委科技进步奖评审委员会代评审，荣获1993年省部级一等奖。

1998年，研发“广州市内环路交通监控系统”。在此系统中，创新研发了进口匝道控制方式自适应选择控制、出口匝道与下游平面交叉口联动控制功能。这些创新功能，在三次解答世界银行邀请的国外技术专家提出的质疑后，才得到认可，通过审查。建成后，通车试运行，效果良好，符合控制要求。

1998年，完成国家自然科学基金博导重点项目“城市交通流控制与诱导系统”，被列为“中国智能交通运输系统体系结构”的分项，研发了在交叉口中间任何位置发生交通事故时的诱导路径选择模型。结题验收会上，评审专家对成果综合评价为：全面完成计划，研究工作取得突出进展；评分为A⁻级。1999年，完成上海科技委重点项目“上海智能交通运输系统体系结构”的研究。2001年，在以上两项研究成果的基础上，编写出版了实际上是“中国智能交通运输系统体系结构”的专著《智能交通运输系统体系结构》。

作为国内交通工程学科的知名学者，在1995年我国建设部、财政部与世界银行、亚洲银行联合主办的“中国城市交通发展战略国际研讨会”以及1996年韩国汉城（现首尔）“第五届国际智能交通系统会议”分会上当选执行主席。

1990年，按中德合作协议规定，由德国DAAD资助，以联合培养博士生副导师身份，赴德国达姆施塔特工业大学交通工程研究所访问。期间在达姆斯塔特工业大学及应邀赴慕尼黑工大交通研究中心，作“实时自适应交通信号控制系统”的学术报告。1991年，应美国堪萨斯大学交通研究中心邀请当访问教授，被要求作自行车交通流叠加—散布模型等研究成果的学术报告。1998年，应日本京都大学交通工程学部饭田教授邀请，赴该校访问，作“自行车交通流研究”报告。1999年，应德国Breenne+Munich交通科技开发公司邀请，赴该公司作“中国自行车交通流特征研究”的报告。

1980年，参与创建国内第一个上海市交通工程学会，历任理事、副理事长、理事长；1985年，被上海市城乡建设规划委员会聘为上海市综合交通规划工作组顾问；1988年，被上海市建委聘为科学技术委员会委员兼交通委员会副主任委员；1999年，受聘为杭州市城市规划专家咨询委员会委员；2001年受聘为首都规划建设委员会的首都规划建设专家咨询组专家。2003年经北京市人民政府批准，受聘为北京市交通委员会专家委员会委员。

2003年，荣获IEEE（国际电器电子工程师学会）颁发的“中国智能交通系统研发突出贡献奖”。

从在国内最早启动交通工程学科研究，到后续一批获国内、国际大奖的高精尖科研成果，杨佩昆当之无愧地成为我国交通工程学科的开创者和奠基人。

主编、参编著作

参编《城市道路与交通》，主写其中“交通工程”部分的内容，是国内第一本“城市建设专业全国统编教材”；

参译《交通设计与分析》，英国R.J.索尔特编著，主译第三篇“交通信号控制”，是国内出版的第一本英文版交通学科专著；

主编《交通管理与控制》的第一版和第二版，从第二版开始，被评为“十五”国家级规划统编教材；

主编《中国土木工程师手册》中的“交通工程”篇；

主编《智能交通运输系统体系结构》；

参编《交通工程》，主写其中“交通信号控制”一章，是交通工程专业教材；

参编《交通工程手册》《现代城市交通》《英汉道路工程词汇》《道路与交通工程词典》等。

兼任职务

现兼任同济大学综合交通信息与控制工程系名誉系主任，曾任上海理工大学、华南理工大学兼职教授；

中国交通工程学会常务理事、上海交通工程学会副理事长、上海土木工程学会理事；

首都规划建设委员会专家咨询组专家、上海市建委科技委交通工程学术委员会副主任、上海城建设计院技术顾问、浦东新区城建科技委技术顾问、深圳市城市交通规划研究中心技术顾问、杭州市城市规划咨询委员会委员、重庆交通科研设计院学术委员会委员、嘉兴市城市规划专业委员会评审委员、眉山市联合国资助项目“数字化交通”咨询专家等。